U0689989

浙江大学"985工程"国家新农村建设与发展研究项目资助成果

教育部人文社会科学研究规划基金项目"流动人口子女高度集中地区基础

教育布局的现状与对策研究：以江浙两省为例"资助成果

区域教育现代化实践探索丛书

丛书主编　胡小伟 刘正伟 俞　斌

北仑机制：
区域基础教育质量评价研究

杨　明　赵　凌　李舜静　著

ZHEJIANG UNIVERSITY PRESS
浙江大学出版社

总　　序

在我国进入全面建设小康社会、加快推进社会主义现代化的背景下,教育作为促进社会进步、民族振兴的基石,面临着前所未有的机遇与挑战。全面深化教育改革,大力推进教育现代化建设,已经成为当前教育发展的迫切任务和时代使命。在知识经济迅猛崛起的今天,教育更是成为区域经济、政治、文化、社会和生态的可持续发展的内在动力资本。宁波市北仑区作为全国改革开放的排头兵和产业优化发展的前沿阵地,多年来一直在积极探索区域教育现代化发展的经验与模式,探讨教育如何与区域经济社会同步发展、率先实现教育现代化、打造全省乃至全国教育现代化强区典范等问题。

众所周知,教育现代化建设是一项系统工程,全面实现教育现代化必须从传统的以学校为单位的组织变革转向区域性的教育整体变革。特别是随着教育管理权限的下放,探索区域层面教育改革与教育领导能力建构,开始成为重要的课题。第一,以区域推进的方式进行教育变革往往能够增强教育改革的抗风险能力,通过政府的领导组织,有效防止教育改革与发展中的动力不足、能力不强和外部支持环境不良等问题。第二,区域性教育变革往往具有整体规划的意识,能够在系统思想的指导下,建立本地区的教育运行秩序和机制,有利于大面积地提高教育质量和教育整体效益。第三,区域性的教育变革强调从经验性、行政性的改革转变为专业化、系统性的改革,关注区域教育革新的顶层设计、持续推进、能力建构和经验的提炼与推广,体现教育改革中理论与实践紧密整合的作用。因此,在我国全面推进教育现代化建设、实现教育均衡与优质发展的过程中,探索区域性教育变革的模式已经成为提升教育整体水平的普遍战略选择。

北仑教育变革是我国东部沿海经济发达地区教育改革的一个缩影。改革开放以来,北仑教育界创造了"北仑现象"及诸多教育奇迹,从最初的撤县建区,到承担国家义务教育课程改革实验,到均衡发展的率先探索与推进,再到建立教育现代化强区,改革不仅是北仑教育变迁的结果,也构成了北仑教育发展的特质、基因乃至精神，而落实科学发展观，办人民满意的教育是北仑教育改革一以贯之的主线。30多年来，北仑教育界知难而上、攻坚克难，通过深入调查和研究区域教育的各种内生矛盾与问题，化解症结，破解难题，不断确立阶段性改革目标，将北仑教育推向新的发展水平。

北仑教育界从不满足于以往取得的成就，而把改革视为教育工作的一种常态、一种精神、一种信念，在改革中，"时时矫正自己，日新日日新"。在探索教育变革的动力源泉和路径时，北仑教育界始终把根扎在区域这片沃土上，研究自身的问题，共同探讨及解决教育发展的本土问题，推出许多行之有效的改革举措，积累了许多卓有成效的经验。尤其值得一提的是，多年来，北仑教育一直坚持以区域性教育变革为根本战略，用区域整体布局和系统思维的方式，探索出了一条由专业研究人员参与和区域自主探索相结合的区域性教育改革与发展的北仑路径。区域教育现代化实践探索丛书正是对多年来北仑教育改革与发展成果的理论性与经验性的总结。一方面，丛书反映了北仑区坚持教育优先发展、以人为本、促进公平、提高质量、改革创新的区域教育现代化建设的实践成果；另一方面，丛书也是对北仑教育现代化建设行动研究的理论提升，较为系统地检视了北仑区域教育现代化发展的阶段特征与独有模式；此外，丛书还呈现了大量区域教育现代化建设的优质案例，对于从整体层面推动教育现代化建设具有一定的参考价值与借鉴意义。

丛书包括《北仑范式：区域推进式农村学前教育发展模式探索》《北仑经验：区域推进综合实践活动课程研究》《北仑策略：区域推进体艺特色学校建设研究》《北仑实践：区域推进学校文化建设研究》《北仑机制：区域基础教育质量评价研究》和《北仑模式：区域教师专业发展探索》等六个分册，主要以体制创新、课程改革、特色创建、文化建设、质量监控和教师能力建构等六个方面为抓手，构建了北仑教育区域性改革与发展的内在体系。《北仑范式：区域推进式农村学前教育发展模式探索》从体制创新的角度探讨了新农村建设背景下的学前教育区域性变革的北仑范式，总结了北仑所探索的农村学前教育的人本管理模式、农村学前教育的集团化整合模式、农村学前教育的生态化课程模式和农村学前教育师资区域本位化培养模式。《北仑经验：区域推进综合实践活动课程研究》以课程革新为人才培养的突破口，探讨如何通过区域统筹规划，推动区域校本课程开发、实施、评价、管理和师资培养的系统策略，总结了区域课程革新的策略系统和实用资源。《北仑策略：区域推进体艺特色学校建设研究》立足于学校体艺特色和区域特色的建构,在实证调研和理论分析的基础上,以区域规划理论、协同理论、区位优势理论、竞争合作理论为依托,为区域体艺特色学校建设提出了革新性策略。《北仑实践:区域推进学校文化建设研究》提出区域教育内涵发展的关键在于学校文化建设的理念,并通过区域教育政策引导的轴心作用,构建了包括物质文化、制度文化、行为文化和精神文化的北仑特色的多重学校文化建设的核心体系。《北仑机制:区域基础教育质量评价研究》从区域教育质量评价的理论、体系、标准及其实施等层面构建全面教育质量评价与监控体系的理念、具体策略和实践案例,为区域教育实现均衡与优质发展提供了北仑探索之路。《北仑模式:区域教师专业发展探索》站在区域教育均衡发展的立场,从政府主导和草根推动两个方向,探索了"分层运作·多维融合·载体推动"的区域教师专业发展模式,从教研训层次、教研训体系和教研训载体等不同方面探索区域教师专业发展的理论与实践,为其他地区整体筹划教师专业发展、实现教师专业化提供有益的借鉴。

区域教育现代化实践探索丛书作为对北仑教育现代化建设的较为系统的盘点与反思,反映了多年来北仑教育局落实科学发展观、办人民满意教育、探索教育现代化留下的足迹。第一,丛书力求反映北仑区教育现代化探索中的愿景与使命领导的意识,区域教育的改革紧紧围绕教育现代化建设中教育优先发展、育人为本、促进公平、提高质量和改革创新的本质精神,通过挖掘教育变革的内在精神引领教育事业的全面突破,以体现北仑教育发展的战略选择。第二,丛书力求反映较强的聚焦意识和问题意识,六个专题的研究均以我国教育现代化建设中最迫切、最核心和最关键的重大问题为研究对象,包括学前教育体制创新、人才培养模式变革、现代学校建设、质量提升与内涵发展等,以破解教育现代化中的难题。第三,丛书力求反映实践智慧的力量,体现区域教育发展依托于理论又超越并发展理论的意义,各个专题的研究都扎根于深厚的专业理论基础,又在实践中探索了创新性的策略、方法和经验,将鲜活生动的教育现代化建设实践同教育现代化的理念与内涵相整合,从而促进研究成果的推广与辐射。第四,丛书力求反映研究方法的规范意识,各个专题的研究综合运用了理论研究、比较研究、实证研究、案例分析等方法,对北仑区域教育现代化的理论与方法、制度与政策、经验与模式、问题与对策进行了系统而规范的探讨,发展了研究的内在逻辑关系和方法系统,可以为同类地区教育现代化的研究提供参考与借鉴。

区域教育现代化实践探索丛书是北仑教育现代化建设的一个结晶，是北仑教育改革与发展的创新点，也是北仑教育改革与发展的特色所在。我们希望这些探索不只局限于北仑区域，而是在更广阔的范围为我国推进区域整体教育现代化提供一个理论与实践参照的视角。我们期望北仑的实践经验和探索能够产生更大范围的辐射效应，一方面，希望它能进一步激发北仑教育在实现教育现代化、打造全国教育强区的道路上不断前行；另一方面，也为我国其他地区教育现代化建设提供一个可供解析的标本。

主　编

2013 年 8 月

目　　录

第一章　北仑区基础教育质量评价的缘起

第一节　区域基础教育质量评价兴起的背景

综观世界各国,教育发展是一个循序渐进的过程。人们最初步的要求是兴办学校,改善办学条件,提供充足场所,让学生能进学校读书,做到使学生"进得来";继而人们会要求改革教育体制和结构,设置合理的课程,进行生动有趣的教学,让学生在学校安心地学习,做到使学生"留得住";再进一步,人们还要求对学校进行科学管理,开展科学评价,全面提高教育质量,做到使学生"学得好"。毋庸置疑,考试和评价是教育教学过程中的必要环节,它可以为教育教学工作提供信息反馈,引导行为改变。考试和评价的形式多种多样,无论是高考、中考、会考等学校外部主宰的考试形式,还是课堂内部的考试和测查,或者是教学过程中对课程开设、教师表现、教学效果和学生发展水平的评价,都会对学校教育质量产生巨大影响。考试和评价的导向作用是不可否认的。有时考试和评价机制甚至会成为教育教学工作的指挥棒。鉴于考试和评价在改进教育教学工作中所起的关键作用,现在亟须通过恰当的教育评价全面提高基础教育质量。

区域基础教育评价改革与区域基础教育质量提升之间存在着密切的关系。基础教育质量提升是目的,基础教育评价改革是手段。离开质量提升,单独为评价而评价,是没有目的的评价。只关注质量提升,而忽视评价,则质量提升缺乏必要的动力机制和保障手段。提高教育质量是基础教育可持续发展的根本目标之一。提高基础教育质量的方式方法很多,但是评价改革是一个必须很好地加以利用的手段。没有合理的评价,即使其他手段十分完备,也不一定会导致教育结果的尽善尽美。科学、合理的评价机制是保障基础教育可持续发展的关键因素之一。教育评价对基础教育发展及其质量提升产生导向性、基础性和全局性的影响，与学生成长、人才培养、教师发展和学校建设乃至社会及教育的和谐发展直接相关。改革和完善评价机制是促进基础教育质量提升的一个有效途径。

为了充分发挥评价对提高基础教育质量的引领作用，人们首先必须正确认识以往基础教育评价改革取得的进展和面临的挑战。随着教育改革的不断深化，21世纪以来我国基础教育评价中出现了一些新气象。第一，新课程改革中凸现评价的重要性，广大一线教师深刻地认识到基础教育评价本身存在一些非解决不可的问题，清醒地认识到改革的必要性和紧迫性，将评价改革逐步纳入到新课程改革的重要议事日程之中。第二，国外教育评价的理论和方法得到介绍、宣传和推广，先进的教育评价思想观念在基础教育界得到传播，广大教师积极学习和使用国外先进的评价方法。第三，一些教师尝试学习、开发和使用一些新颖评价方法，包括档案袋评价、表现性评价、真实性评价。第四，人们开始引入学生综合素质评价方式，注重形成性评价的促进作用，淡化终结性评价的区分功能，强化评价的促进学生发展的功能。

但是，基础教育评价改革并非一帆风顺，这种改革面临着巨大挑战。在一些地方，由于受高考指挥棒的影响，新的评价思想观念的传播和方法的应用还存在一些困难和问题。这些困难和问题突出表现在四个方面：一是过于重视考试成绩和升学率排名次的作用，轻视学生全面发展的意义；二是过于强调学生认知能力的培养，忽视学生行为习惯、人格、创新能力和实践能力的系统培养；三是过于强调卷面考试成绩分析等量化评价方式，忽视对学生行为观察、成长记录的细致分析及从主体自评、互评和家长评价等多个角度收集评价信息，对学生进行全面客观的综合评价；四是过于重视终结性评价，忽视过程性和发展性评价，存在依据一次考评结果下结论的倾向。

在实际工作中，如何促进国外评价知识和技术的本土化应用，如何创新符合我国国情的评价制度，如何开发适合基础教育实际的评价方法和技术，如何综合运用评价手段提高教育效果，都是人们必须面对并有效加以解决的问题。本专著以北仑区为例，着重探讨如何在区域层面进行基础教育质量评价，以利于逐步改进基础教育评价和激励机制，提高评价效能，最终促进区域范围内教育质量的全面提升。

总的说来，目前国内区域基础教育质量评价研究方面还存在一些不足之处。区域基础质量评价和监控机制的构建尚未得到充分重视。目前为数不多的研究仅限于理论论证和设计阶段，缺乏对质量评价和监控的现状和实践探索进行深入的反思、总结和提升。我国对基础教育质量的评价和监控主要采用督导评估制度、各种统考会考制度、年度统计报表制度、各种评比制度、义务教育质量抽查制度、学校内部教育质量管理制度等。在基础教育由讲求规模数量扩大转变到追求质量提高的新阶段，基础教育评价和监控方式显得越来越乏力。这方面主要的欠缺有三个：

第一，评价目的不明确，评价的随意性较强。部分教育工作者认为，评价的主要目的是证明教育结果，而非增进教育成效。比如，我国虽然建立了比较系统的三级教育督导机制，但其主要职责仍限于"督政"，即监督教育政策、法规的执行情况，"督学"的职责履行不尽完善。针对评价后基础教育质量提升这一目的而专门实施的督导改进措施及相关机制建设，还未得到充分重视。各种评价和监控活动往往受上级主管部门的影响，受主管人员认识的局限性的制约，基层的主动性和积极性得不到重视和充分发挥。同时，教育行政管理部门较为缺乏学生学业质量分析数据，在制订重大教育规划方面，缺乏足够充分的事实材料尤其是质量方面的基础数据的支撑。工作结束环节未能给有关人员及时有效的信息反馈。信息反馈速度慢，所反馈的问题较为零散、笼统。

第二，在重视评价和提供深入细致的实情分析方面还存在一些问题，对居于核心地位的调节控制措施及相关机制研究较少。大部分文献关注对基础质量评价和监测的国外经验的介绍和比较、国家及省级监测体系的建构的探讨、课程标准制定和测试工具编制的分析，对于根据评价和监测结果进行"调控"开展的行动研究较少。实际上，简单的学业质量评价和监测结果的分析，难以做到既有助于政策的制定和实施，又有助于给教师提供教学信息反馈的双重作用。事实上，在学习方面犯同样错误的学生，其犯错的原因可能是不同的，针对学生出现的同一问题，教师只有深入分析不同学生的实际情况，才能真正解决特定学生的特定学习问题。学业质量评价和监测结果反馈对于教师来说，永远存在先确定实情、再因材施教的问题，存在从理论分析到实践的具体操作的问题。根据评价和监测结果采取有效的调节控制措施，才是基础教育质量评价和监控的核心所在。

第三，评价和监控的内容比较狭窄。这体现在两个方面：一方面，评价和监控内容过于集中于学生的学业质量方面，对形成学生学业质量的教育过程与管理过程的质量关注不足。人们之所以必须强调教育过程与管理过程的质量，是因为正是教育过程和管理过程本身决定了质量的高低，而不是事后确定的结果分析决定质量的高低。另一方面，目前基础教育评价和监控过分关注对学生的学业成绩等认知领域的变化的质量监控，忽略对学生非认知领域的进展的质量监控。在基础教育质量评价和监控过程中，人们不仅要关注学生学业水平，而且要关注学生全面发展的其他重要领域，学生的身心健康、创新精神、实践能力、艺术素养以及影响学生学习质量状况的相关因素也需要得到重视。

为了今后更好地开展区域基础教育质量评价和监控，人们有必要做好以下两方面的工作：一是进一步明确区域基础教育质量评价和监控的主体在实际工作中的职责划分。在理论上阐明存在哪些区域基础教育质量监控主体，在实际工作中明确政府主体的作用、学校主体承担的使命和社会主体的职责，可以更大程度上和更大范围内围绕教育目的、教育过程和教育结果开展有效的质量评价和监控。二是构建有助于完善区域基础教育质量的评价和监控机制。通过现状调研和典型案例研究，分析目前区域基础教育质量评价和监控机制在设计和使用方面存在的问题，结合实际情况说明区域实施质量评价和监控的表现形态与实施效果，探明质量评价和监控的基本规律，形成思路比较清晰、结构比较完整、程序比较规范、措施比较明确、方法比较科学的区域教育质量监控运行机制。

第二节　区域基础教育质量评价研究的意义

一、理论意义

区域基础教育质量评价研究是一个极富探索性的研究课题。在义务教育全面普及，部分发达地区和城镇即将实现普及高中教育的背景下，将大面积提高基础教育质量作为基础教育事业发展的首要任务，是许多基础教育工作者的真诚愿望和心声。基础教育质量提升的途径和方法多种多样，但是，毫无疑问，改进质量评价的方式方法是基础教育质量提升的关键举措之一。本研究着力探讨区域基础教育评价和质量提升之间的关系，对于正确认识评价的功能、选择合适的评价工具、采用合适的评价方案、提供清晰的评价结果，具有现实意义。

区域基础教育质量评价是一项复杂的任务，它超越了单个学校、班级、教师和学生的评价范围,有助于从更广阔的视野审视基础教育改革和发展的实效,为人们提供关于基础教育任务落实、行动过程和结果及效应方面的综合信息。这种研究有助于发现基础教育评价中的新情况和新问题,也有助于通过行动研究和实证研究,提供新鲜经验。这些经验为进行教育质量管理学研究、教育评价学研究,提供了有用的第一手资料和可资参考的分析素材。区域教育质量评价研究有助于提高人们对质量评价的概念、理论、方法、机制、过程、结果的全面的认识。

二、实践意义

区域基础教育质量评价具有四个方面的实践意义:

第一,基础教育质量评价是全面推进素质教育的必要途径。在我国,实施素质教育是一项光荣而艰巨的任务,必须持之以恒地抓下去。《国家中长期教育改革和发展规划纲要》指出:"义务教育是国家依法统一实施、所有适龄儿童少年必须接受的教育,具有强制性、免费性和普及性,是教育工作的重中之重。注重品行培养,激发学习兴趣,培育健康体魄,养成良好习惯。到 2020 年,全面提高普及水平,全面提高教育质量,基本实现区域内均衡发展,确保适龄儿童少年接受良好义务教育。"[①]《国家中长期教育改革和发展规划纲要》突出强调提高质量的现实意义:"提高义务教育质量。建立国家义务教育质量基本标准和监测制度。严格执行义务教育国家标准、教师资格标准。"[②]从基础教育改革和发展目标和手段的角度看,开展基础教育质量评价,是保证学生达到国家规定的基本要求的手段,全面推进素质教育、促进学生全面发展是目的。

第二,基础教育质量评价是推动基础教育均衡发展的根本保障。全面提高基础教育质量,不仅是素质教育区域推进的必然要求,也是推进基础教育均衡发展的根本保障。基础教育的核心组成部分是义务教育。目前人们基本上形成一种共识,就是义务教育发展方面必须着重抓好促进均衡发展这一中心工作。《国家中长期教育改革和发展规划纲要》指出:"均衡发展是

---

① 教育部:《国家中长期教育改革和发展规划纲要》,人民教育出版社 2010 年版,第 22 页。

② 教育部:《国家中长期教育改革和发展规划纲要》,人民教育出版社 2010 年版,第 22 页。

义务教育的战略性任务。建立健全义务教育均衡发展保障机制。推进义务教育学校标准化建设,均衡配置师资、设备、图书、校舍等资源。"①实践证明,办学条件均衡只是义务教育均衡发展的一个方面。只有在质量上、在内涵上实现义务教育均衡发展,才能有效地解决义务教育阶段学校办学中的一系列矛盾,才能真正实现高位义务教育均衡。义务教育均衡工作搞好了,国家和地方的基础教育均衡发展就有了坚实的基础。

第三,基础教育质量评价是深化课程改革的内在需要。基础教育领域课程改革的主要内容不仅涉及目标定位、内容重组、方法选择,而且涉及考试和评价方式的改革和创新。课程改革实验进行到目前这一新阶段,国家和地方教育行政部门应着力建立义务教育阶段学校学生质量评价和监控系统,对中小学生学习质量进行有序的监控。这不仅是课程改革评价发展的内在需要,而且是课程改革成效不断凸显的重要标志。

第四,基础教育质量评价也是促进学校内涵发展的动力源泉。对于任何一个单位来说,激励机制是优化资源配置、提高工作绩效的常规性机制。没有评价,就难以知晓人们工作的多少和好坏。通过评价可以发现人们工作的优势和劣势、成绩和不足,并借此提供未来发展的方向和动力。学校建设要做到硬件建设和软件建设两手抓,两手都要硬。而注重学校的内涵发展,整体提升质量是关键。基础教育质量评价有助于学校放眼于长远目标,切实将工作重心放在内涵发展上面。

第三节　基础教育质量评价相关文献分析

区域基础教育质量评价研究是一个极富探索性的课题。在研究和实践过程,人们需要广泛收集和分析相关文献。这些文献包括国外相关文献和国内相关文献两个方面。

一、国外相关文献分析

基础教育质量评价的国外文献主要涉及以下六个方面文献。

---

① 　教育部:《国家中长期教育改革和发展规划纲要》,人民教育出版社 2010 年版,第22页。

（一）不同的质量观相关文献分析

国外著名管理学家对质量、质量管理、质量改进等论题提出了不同的看法。

美国质量理论的重要贡献者戴明（Deming）特别强调持续不断地改进质量的意义，他认为，质量不佳并非员工的过错，而是源于对系统的持续改进方面的不良管理。他提出质量管理的 14 个要点：确立坚定的目标；采纳新哲学；停止大量的检验；结束仅仅依靠价格选择供应商的做法；持续改进系统；进行工作岗位培训；提升领导能力；消除恐惧心理，打破部门之间的障碍；消除滥用口号的做法；取消工作标准；排除其他障碍；使员工以自己的工作为荣；制订教育计划和自我改进计划；让所有员工都积极参与。[①]

朱兰（Julan）强调质量管理的三个重要的相互关联的过程，即计划、控制和改进。一切质量改进都是从质量计划开始的。质量计划的目的就是给运营部门提供生产出符合顾客需求的产品的方法。质量控制包括收集与过程有关的数据，以确保过程的一致性。组织内部的质量改进应以项目实施的方式进行，对项目进行优先性排序。[②]

美国管理学家费根鲍姆（Feigenbaum）提出了新质量改进观，它包括质量领导、质量技术和组织承诺三个要素。质量领导是质量改进的驱动力，质量技术包括可用来改进技术的统计分析与机器设备，组织承诺则是指所有人都努力改进质量。[③]

美国管理学家克劳斯比（Crosby）提出质量是免费的这一重要观点。他认为："质量是免费的，虽然它不是礼物（可以不劳而获），却是免费的。真正费钱的是不合质量标准的事情，也即没有在第一次做对。"[④]克劳斯比对五个错误的假设进行了批评：第一个错误的假设认定，质量就是美好的东西，它们昂贵耀眼、光彩夺目；第二个错误的假设认定，质量是无形的抽象名词，无法进行评估和测试；第三个错误的假设认定，质量有经济成本；第四个错误

①　Deming W. E. Out of the Crisis. Cambridge：MIT Press，1986.

②　Julan J. M. Juran on the Quality in the Past Century. Paper Presented to the ASQ Annual Quality Congress，1995.

③　Feigenbaum A. Total Quality Control. New York：McGraw-Hill，1983：27.

④　克劳斯比：《零缺点的质量管理》，陈怡芬译，生活·读书·新知三联书店 1991 年版，第 3 页。

的假设认定,所有质量问题都是由生产线上作业的人造成的,它经常发生在制造业的生产线上;第五个错误的假设认定,质量是质量管理部门的人员所应该做的事。①

美国学者福斯特(Foster)认为,没有任何单一方法或灵丹妙药可使公司改进质量,为此他提出审视质量管理的集成方法。"所谓集成方法,是指从系统全面的观点看待质量和质量管理问题,构建质量理念、质量管理体系、质量管理方法等方面的系统框架。"②

(二)质量评价

从质量管理角度看,质量评价是指对实体具备满足规定要求能力的程度所做的系统性的检查和结果分析。从运行过程角度看,质量评价是对某一指定区域产品和服务质量的优劣程度进行定性和定量的描述和评定。根据需要评价的时间段的不同,质量评价可分为回顾评价、现状评价和预测评价三种。回顾评价可以分析质量的演变过程和变化规律,现状评价可以了解质量的现实状况,预测评价可以了解质量的发展趋势。这三种评价均对确定质量状况有一定的帮助。

王立志、李钊指出:"产品质量的评价体系应从符合性、适应性和外部性三个方面进行设计。遵循科学合理、易于理解和实施的原则,可设计和使用抽查合格率、质量损失率、回收利用率、产品投诉率和顾客满意度等五个指标。"③

(三)教育质量概念界定相关文献分析

瑞典学者托斯坦·胡森(Torsten Husen)认为:"质量指教育的产品,而不是指生产出这些产品的资源和过程。质量是指学校里进行某些教育活动的目标达到什么程度。"④米亚拉雷(Mialaret)早在1985年就提出,教育质量

① 克劳斯比:《零缺点的质量管理》,陈怡芬译,生活·读书·新知三联书店1991年版,第5页。

② 福斯特:《质量管理:集成的方法》,何桢译,中国人民大学出版社2006年版,第4页。

③ 王立志、李钊:《产品质量概念模型及其评价指标体系研究》,《未来与发展》2010年第5期,第89页。

④ 托斯坦·胡森:《论教育质量》,施良方译,《华东师范大学学报》(教育科学版)1987年第3期,第29页。

的一般性定义应强调两个方面：一是以一般的或具体的方式表达的社会期望；二是教育过程的实际特征以及在学习水平上所观察到的变化。① 联合国儿童发展基金会在《教育质量定义》这一文件中提出了教育质量的五个要素：学习者、教育环境、教育内容、教育过程和教育成果。② 联合国在《2005年全民教育全球监测报告：提高教育质量迫在眉睫》这一报告中，从学习者特征、背景、投入（主要包括教材、基础设施和条件、人力资源）、教与学、结果五个相互关联的维度出发定义教育质量，把教育质量视为一个受政治、文化和经济背景影响的复杂系统。③

国际上不少学者将诸如教育制度、教育计划、教育内容、教育过程、教育方法及教育者素质、学生的基础、师生参与教育活动的积极程度等因素也纳入了教育质量的评价范围，并认为教育质量是包含多个维度的概念。这种观点有利于政府和全社会共同承担起提高教育质量和教育水平的责任，从整个社会系统的角度全面提高教育质量和水平。

（四）基础教育质量评价的作用和目的相关文献分析

格兰特·威金斯（Glant Wiggins）在《教育性评价》一书中提出了新的评价功能观。他认为："教育性评价的根本作用是改进学生的表现，而不是'审判'学生，评价应该具有真实性和反馈性，不能脱离生活和学生的实际。"④

国际教育发展委员会在《学会生存：教育世界的今天和明天》一书中提出了新的学生学习成绩评价观。"对于大中小学成绩的真正评定，不应以简单的、速战速决的考试为基础，而应以全面观察整个学习过程中的工作为基础。评定应少注意学生所记忆的知识有多少，而应多注意学生智力的发展，

---

① 米亚拉雷：《关于大学教学论的当代思考》，《华东师范大学学报》（教育科学版）1994年第2期，第36页。

② 胡玲：《教育质量的内涵、评估及改进策略——联合国教科文组织对提高教育质量的关注》，《大学研究与评价》2008年第11期。

③ 秦玉友：《教育质量的概念取向与分析框架——联合国教科文组织的研究与启示》，《外国教育研究》2008年第3期。

④ 格兰特·威金斯：《教育性评价》，国家基础教育课程改革"促进教师发展与学生成长的评价研究"项目组译，中国轻工出版社2005年版，第35页。

即推理能力、批判性的判断力、解决问题的熟练程度等方面的发展。"[①]

厄内斯特·波伊尔(Ernest Boyer)探讨了基础教育质量评价的目的。他指出:"基础学校是一个负责任的学校,它对家长、学生、社区负有责任。学校制定了语言和核心知识成绩的标准,并使用指标以监控学生的学习成绩。学校关注学生个人素质和社会素质,并由老师作正式的评估。基础学校所做的评价是为学习服务的。"[②]"基础学校评价的目的不仅仅是加强社区,更在于丰富学习的环境,为每个学生的成功创造更好的机会。在基础学校,测量结果意味着寻找切实可行的方法,来肯定和加强每个孩子的这种潜能。"[③]

(五)基础教育质量评价的政策引领相关文献分析

随着世界各国对基础教育质量问题越来越重视,不同国家宏观层面的质量评价更加注重细分不同评价层次。这是因为基础教育系统本身是分级管理的系统。传统的基础教育质量评价忽视了这种层次结构,从而忽略了系统内部许多重要特性。为了克服这一局限性,反映基础教育系统运行状态的评价应该考虑不同级别教育的结构和功能的差异。基础教育质量评价指标既要综合考察投入、过程和产出之间的关系,也要考虑学生、班级和学校的特点。

国际上最有影响的基础教育评价项目之一是国际学生评价计划(Programme for International Student Assessment,PISA)。它是经济合作与发展组织(OECD)发起并组织实施的评价项目,该评价项目的目标是建立常规的、可靠的、与政策相关的学生成就评价指标体系,帮助各国政府和决策者评价和监控国家的教育成效。2006年度国际学生评价计划实施中,有58个国家和地区参与,抽取约1.4万所学校样本,超过39万名学生参加了测试。评价的群体为15岁在校生,评价领域为阅读、数学、科学,评价工具是13套经过等值处理的试题册;每个学生完成一套2小时题量的测试并填写调查

---

① 联合国教科文组织国际教育发展委员会编:《学会生存:教育世界的今天和明天》,华东师范大学比较教育研究所译,教育科学出版社1996年版,第246页。

② 厄内斯特·波伊尔:《基础学校:一个学习化的社区大家庭》,王晓平等译,人民教育出版社1998年版,第91页。

③ 厄内斯特·波伊尔:《基础学校:一个学习化的社区大家庭》,王晓平等译,人民教育出版社1998年版,第101页。

问卷表。

国际学生评价计划是建立在终身学习理念基础上的评价计划。为了拥有终身学习的能力，学生需要在阅读、数学及科学能力方面形成稳固的基础；同时懂得安排及调节自己的学习进度，学会独立学习和团队学习，学会解决学习过程中所遇到的困难，还必须注意使用思考方式、学习策略及方法。为全面评估学生以上各项能力，在国际学生评价计划实施中，除了评估15岁学生的知识及技能外，还要求学生报告其学习情况，从而了解他们的学习动机及学习模式。测试内容不局限于学生所学的课程内容、学生在学校里所获得的知识，而是把着眼点放在实际社会生活情境中的知识应用。[①] 国际学生评价计划中的数学测试主要从数学技能、数学概念、数学课程因素和数学情境四个领域展开，其中数学技能和数学概念为主要领域，数学课程因素和数学情境则是次要领域。国际学生评价计划中的科学测试主要从科学概念、科学方法和科学情境三个角度进行测试。国际学生评价计划中的阅读测试主要从获取信息、理解信息和思考与判断能力三个方面进行测试。[②]

国际学生评价计划实施中的问卷主要收集学生及其所在学校的特点，其目的是为了确定与学生表现相关的社会、文化、经济以及教育方面的因素。它有三个方面的作用：(1)提供学生的基本人口维度的信息，以便对学生的成绩进行分类比较；(2)提供学生生活和学习背景信息，力求对学生成绩差异作出合理的解释；(3)为家长、教师和教育决策者提供参考。[③]

国际学生评价计划的测试题目摆脱了具体学科和具体年级的局限性，从更广泛意义上的能力角度来评价15岁学生具备的解决问题的能力，它不局限于在校学到的知识，而是强调所学知识在不同情境中的应用和形成面对实际生活挑战的能力。由于评估内容来源于学生生活的多个方面，而不仅仅反映学校教育的成果，所以它测试的成绩不能简单用来分析教师教学的好坏或学校教育的成败。但是这种评价是从未来社会对人的要求出发的，所以评价的结果对于各个国家和地区的政府制定教育发展的政策具有

---

① 杨明：《2003年国际学生评价计划：评价目的、评价内容和评价方案》，《课程·教材·教法》2007年第6期，第93页。

② 杨明：《2003年国际学生评价计划：评价目的、评价内容和评价方案》，《课程·教材·教法》2007年第6期，第93页。

③ 杨明：《2003年国际学生评价计划：评价目的、评价内容和评价方案》，《课程·教材·教法》2007年第6期，第93页。

重要的导向性作用。

国际数学与科学学习成就趋势测评(Trends in International Mathematics and Science Study,TIMSS)是由国际教育成就评价协会(International Association for the Evaluation of Educational Achievement,IEA)在 1995 年进行的第三次数学和科学成就比较,它选择澳大利亚、韩国、美国、日本、奥地利、德国等 41 个国家,针对 5 种不同年级水平的 50 万学生的数学和科学知识进行了测试和调查。除了测试和问卷调查之外,它还包括课程分析、数学课堂的录像、观察和有关政策研究,它是一个能够帮助参与国家在数学和科学教育方面取得进步的诊断工具。国际数学与科学学习成就趋势测评关注学生的三个不同的阶段:小学后阶段,中学低年级阶段和中学的最后阶段。因为每个国家学生的入学年龄不完全相同,在对学生进行测试时,必须考虑年龄和年级两个因素。[①]

(六)基础教育质量评价的改革进展相关文献分析

不同国家的基础教育质量改进的途径和方式是多种多样的。20 世纪 90 年代以来,美国通过立法实施国家教育进展评估(National Assessment of Educational Progress,NAEP),它又被称为国家教育报告卡(Nation's Report),其首要目标是向美国公众报告中小学生的教育状况,促进教育质量和学生学业成绩的不断提高。这项评价由美国国会授权、由教育部所属的全国教育统计资料中心管理,由教育考试服务中心(Educational Testing Service,ETS)实施。NAEP 的组织者每隔两年对全国进行一次阅读和数学测试,在时间和资金允许的情况下,还定期对写作、科学、历史、地理、公民学、外语、艺术等学科进行测试,测试内容主要涉及学校课程和国家课程实施方面学生的共同的知识和技能的掌握情况。评价结束后,NAEP 的组织者向公众报告四年级、八年级和十二年级学生的学业进展情况。NAEP 包括几种类型的评价方式,即全国评价、州评价和试点城市评价。

在评价目的上,作为全国成绩评定方式,它的目的不是指导教师如何进行教学,而是向公众、政策制定者和教育者提供学生在各个学科方面能力的相关信息。在评价工具设计上,NAEP 组织者通过分层抽样方法对全国中小学进行抽样,测量学生成绩,也用矩阵方法对试题进行设计。设计的试题

---

① 　魏冰:《TIMSS 中的科学素养》,《外国中小学教育》2001 年第 1 期,第 23 页。

分成很多小项目,分别由不同社区、学区、州的学生完成,每个学生完成的题目数量有严格的限定。评价内容既包括学生在数学、阅读、写作、历史、科学等学科学业水平的发展趋势,也包括对影响学生能力发展的各种因素的大规模调查。调查内容包括学校教育情况、家庭教育背景等,调查对象包括学生、教师、校长和家长。

　　实施教育绩效评价(performance assessment)是 20 世纪 50 年代以来美国基础教育评价改革的主要趋势。它以"标准化教育"改革运动为契机,以"保障教育平等,促进教育卓越"为使命。20 世纪 90 年代初,美国一些州开始实施以学校为主要责任单位的新教育绩效制。进入 21 世纪,基于教育绩效理念而制定的《不让一个孩子掉队法》,进一步加大了美国州政府及地方政府对中小学教育的干预力度,推进了学校教育评价改革的深化。此次改革的一个根本宗旨是落实教育绩效制,提高学生学业成绩。但由谁来负责任,负什么样的责任,如何负责却是颇有争议的问题。教育责任的划分,在某种程度上改变了评估形式,如评估学习的条件和资源,包括学校领导、教师教学、政府财政支持和社区协助等。虽然美国现行公立教育系统绩效评价制度业已普遍建立,但不同的州和学区在具体的评价方法、绩效政策、实施途径和奖惩措施上却有所不同。沈南山、李森指出:"美国中小学教育绩效评价的实施既源于政治、经济、文化变革等外部原因,也源于学校及相关利益主体追求自身利益的内部原因,它所蕴含的业绩文化和绩效责任文化对我国基础教育评价改革有许多有益的启示。"[①]

　　英国基础教育质量评价的改革力度也不小。英国颁布的《1988 年教育改革法》规定,义务教育阶段可划分为四个关键阶段:KS1,5～7 岁;KS2,7～11 岁;KS3,11～14 岁;KS4,14～16 岁,国家分别对 7、11、14 和 16 岁的学生在国家统一课程中各科目的学习情况进行全国范围的统一评定。也就是说,在 7 岁时,所有学生都要参加国家的语文和数学测试;在 11 岁时,除了参加语文和数学测试外,还需参加科学测试;在 14 岁时,参加与第二阶段相同科目的测试(这三个阶段的测试叫做国家课程评价(SATS));在 16 岁时,参加剑桥评价等机构举办的中等教育证书考试(GCSE),考试科目不再限于语文、数学和科学,数量多达 50 余种,学生在其中任选 9 门参加考试,国家

　　① 　沈南山、李森:《美国中小学政治绩效评价制度改革及其启示——以马里兰州绩效责任政策为例》,《比较教育研究》2009 年第 9 期,第 12 页。

要求所有考生至少要达到 C 级水平。国家课程评价不仅进行统一的测试，还要求教师把自己平时对学生的评价与统一考试相结合。教师评价要求根据自己对学生的观察、学生的课堂表现以及作业情况，对学生在各个目标上的水平作出判断。

一帆探讨了澳大利亚教育质量评价改革问题。澳大利亚教育进展评价（National Assessment Program，NAP）是澳大利亚政府于 2008 年推出的全国性评价项目，NAP 由联邦政府批准设立并划拨专款，对中小学 3、5、7、9 年级的各个学科情况进行全面的测评，对各地教育水平作出定期的、系统的评价。从 2009 年开始，澳大利亚所有学生均要参加 NAP，统一阅卷，统一进行统计分析。此项评价是由澳大利亚政府采用招标方式委托澳大利亚教育研究所（Australia Council for Educational Research，ACER）和澳大利亚考试中心（EAA）等机构分别承担的。题型包括选择题、简答题和问答题，科学科目还有 2 道实验题，做答方式是采取学生先分班分组做实验，收集数据，然后再由学生单独回答的方式，考试时间为 45 分钟。NAP 的结果报告包括公共报告和技术报告两种，主要提供给政府和学校。[1]

由澳大利亚考试中心（EAA）进行的评价是对学校系统进行的最为全面的评价项目，每年大洋洲各国有 170 万学生参加考试，另外有来自新加坡、中国、马来西亚、南非、印度尼西亚和印度的 70 万海外学生在本国参加此项考试。这一评价的考试科目包括：英文（三至十二年级）、数学（三至十二年级）、写作（三至十二年级）、拼写（三至七年级）、科学（三至十二年级）和计算机（三至十年级）。最近 EAA 又推出了一套一般成就测验（GAT）。每年考试中前 1% 的学生获得大学金牌，前 10% 的学生获得优秀证书，其他学生也将获得各类参赛证书，以标明其成绩水平。随着该评价项目的不断推进和数据库资料的逐步积累，它已经越来越成为一项重要的诊断性测验，能比较全面地评价中小学各年级学生的知识和能力。由于经过等值处理，考试后，EAA 每年对不同国家进行纵向和横向比较，将不同年级学生的表现放在同一量表上去进行分析，为学校教学和学生学习提供反馈信息。EAA 为学生提供诊断报告，明确地指出其优势和劣势；EAA 还为参加测评的各个学校提供一份结果分析报告，为评价该校各科教学状况和各个年度的发展情况提供依据。

---

① 一帆：《澳大利亚国家评估项目》，《教育测量与评价》2011 年第 8 期，第 35 页。

二、国内相关文献分析

(一)质量含义和作用相关文献分析

龚益鸣探讨了现实中质量提升的三个方面的作用。他认为,质量是国家和社会可持续发展的战略因素,质量不仅是财富的结晶,而且是创造财富的生产力。质量是提升企业竞争力的关键因素,高质量的产品和服务在竞争中总能处于有利的地位。质量也是供需双赢的重要制约因素,企业必须坚持不懈地追求技术创新和质量改进,以满足消费者不断增长的消费需求,在激烈的市场竞争中求生存和发展。[①]

(二)质量评价含义和功能相关文献分析

张延明认为,评估是关于一个组织内部的人在实现组织目标的过程中效率提高和持续发展的问题。在学校里,目标就是学生在各个行为和知识领域的学习掌握程度。评价应是使团体有效实现学校目标的过程。[②]

(三)教育质量概念界定相关文献分析

关于教育质量的定义,学术界的认识不尽相同。这里主要指出三种主张:

一是从教育结果或成果的角度审视教育质量。教育质量取决于培养对象的质量,是教育水平高低和教育效果优劣。陶西平主编的《教育评价辞典》认为,教育质量的衡量标准是教育目标和各级各类学校教育目标的实现程度。[③]"教育水平高低"是指对所有受教育者的一般要求,即教育的根本质量要求;"教育效果优劣"是指对受教育者的具体要求,即衡量培养出来的学生是否达到具体的质量规格。

二是主张教育质量是包括学习者、教育环境、教育内容、教育过程和教育成果等因素的多维度复杂系统。[④]

---

① 龚益鸣:《现代质量管理学》,清华大学出版社 2007 年版,第 4 页。

② 张延明:《建设卓越学校:领导层、管理层、教师的职业发展》,北京大学出版社 2004 年版,第 494 页。

③ 陶西平:《教育评价辞典》,北京师范大学出版社 1998 年版,第 67 页。

④ 胡玲:《教育质量的内涵、评估及改进策略——联合国教科文组织对提高教育质量的关注》,《大学研究与评价》2008 年第 11 期。

三是从产品质量的角度，引用"国际标准化组织"的定义，即质量是"实体满足明确或隐含需要的能力的特性的总和"，并继而应用"质量管理与质量保证标准"中的种种理念，来阐释教育质量的内涵。如果把教育理解为一个由输入、过程和输出构成的流程，那么对学生来讲，教育的输入、过程和输出是同等重要的。尽管好的教育输入会导致好的教育过程，好的教育输入和好的教育过程又会导致好的教育结果，但是从满足学生需求和让学生满意的角度讲，这些环节之间，不存在谁为目的和谁为手段的关系。作为向学生提供服务的教育，其质量应该被理解为：教育输入、教育过程和教育结果特性满足学生要求并使学生满意的程度。对于学生而言，教育质量必须通过教育全过程即教育输入、教育过程和教育结果三个方面来体现。① 从国内对教育质量研究的大量文献中可以看到，尽管对教育质量的提法不同，但都将学习者认知能力的发展作为体现教育质量的主要的、明确的目标。同时，研究者强调学习者态度转变、情感发展的意义。

（四）基础教育质量评价体系相关文献分析

郑富之提出构建国家基础教育质量监测评价体系的四个设想：充分认识建立质量监测评价体系的重要性和紧迫性；准确把握质量监测的指导思想和基本原则；明确质量监测的主要内容；认真组织实施。他主张，全国基础教育质量监测结果显示的是国家基础教育的状况、水平与特征，对全国基础教育质量的跟踪监控将影响国家对基础教育管理的政策选择。因此，当务之急是成立国家基础教育质量监测指导委员会，负责对监测工作的统筹和指导，并设立专门机构开展工作：尽快成立国家基础教育质量监测中心，制定教育质量监测标准，研发监测工具；开展基础教育质量监测工作；为各地开展教育质量监测提供技术支持和业务指导；整合全国相关专业力量，形成一支由课程、学科和教育评价、学业测量等方面的专家组成的专兼结合的专门化队伍，为教育质量监测工作提供学术咨询和支持，创新监测工作运行机制。建立国家基础教育质量监测的专业机构，是一项开创性的工作。为了确保工作的高效、有序，人们必须以创新的模式来构建监测机构的管理和

---

① 程凤春：《教育质量特性的表现形式和内容——教育质量内涵新解》，《教育研究》2005 年第 2 期。

运行机制。①

（五）基础教育质量监控相关文献分析

不同的教育质量观衍生出对教育质量监控的不同理解。王毓认为，教育质量监控是监控组织通过对本国关键年龄段学生学习情况在一定时间间隔内进行抽样测试，及时发现可能存在的质量问题，以便教育决策部门制定教育政策，控制教育行为，从而提高国家教育质量的过程。②

文喆认为，教育质量监控不仅包括效果监控，更重要的是对学校办学硬件及软件条件的要素监控。例如，为学校提供实用的校舍和场地；适合的设施与图书以及合格甚至优良的教师队伍；为学校发展提供必要的社会、社区的支持与保证，包括有经费的保证，有鼓励创新、鼓励探究、支持学校与社会社区结合的环境与氛围的保证等；进行流程监控，如加强对教育过程、教育实践的全过程管理，了解各种教育环节的工作与质量状况，了解教学实施的各个环节。这些方面都应有必要的要求，也应有及时的情况了解与信息反馈。对这些具体环节，不仅教师要有设计、有操作、有变通发展、有反思提升，校长和一切从事教育管理的人，也应该了然于心，有数据，有例证，真正参与到教育过程、教育管理中。他认为，教育要素和教育过程是真正决定教育质量的关键因素，要素监控、流程监控和效果监控要做到三位一体。③

目前，国内关于区域教育质量监控的理论研究较少。相关研究主要涉及以下三个方面问题：

第一，对区域开展教育质量监控的意义和原则展开讨论。洪松舟、汪琪认为，实施教育质量评价是区域教育实践和发展的诉求，对于学校、教育行政部门和社会都有非常重要的实践价值，目的在于提供反馈和指导，促进区域教育均衡发展，促进县级政府提高教育管理和决策的科学水平，推进素质教育的实施和促进教育公平。④

唐华生认为，在实践中，一要充分发挥政府主体的作用、学校主体的作

---

① 郑富之：《构建国家基础教育质量评价体系》，《中国教育报》2007 年 11 月 8 日。

② 王毓：《国外教育质量监控述评》，《外国教育研究》1999 年第 6 期。

③ 文喆：《论教育质量监控》，《教育科学研究》2003 年 12 期。

④ 洪松舟、汪琪：《区域教育质量监测的几个基础性问题决策与思考》，《当代教育科学》2009 年第 17 期。

用和社会主体的作用;二要围绕教育目的、教育过程和教育结果开展监控;三要构建质量监控的队伍支持机制、投入保障机制和信息反馈机制;四要运用单项监控与综合监控相结合、个体监控与群体监控相结合、静态监控与动态监控相结合的方法;五要遵循质量监控的规范性原则、整体性原则和发展性原则。①

第二,研究国外学区管理的成功案例。乐毅注意到越来越多的美国中小学喊出了"向管理要质量"的口号。通过对美国得克萨斯州布拉索斯伯特独立学区成功地将教育全面质量管理理论和美国国家质量奖标准运用于学区学校管理实际的实践案例进行研究,可以发现,为使学区内学校走出困境、提高管理效率,不仅需要政策的支持,更需要现代管理理论的指导以及相应的国家级学校质量评价标准的驱动。依据国家质量标准,运用现代管理思想,更多关注并做好学区层面学校管理的规划和实施,将是今后质量评价和监控的一个研究亮点。②

洪松舟、汪琪认为,区域教育质量监测包括基础性监测、过程性监测和结果性监测,针对本区域基础教育的办学机构及参加人员,运用多元方法,按学科、分阶段进行全面监测,其基本程序包括建立标准、施测、反馈、问责、干预,设置监测机构,并由专兼职人员实施具体监测工作。③

第三,对区域教育质量监控存在的问题进行分析并提出对策建议。任春荣认为,区域教育质量监测作为新生事物,还存在一系列问题,需要在提高监测人员素质、促进监测工作标准化、改进监测内容和形式、多角度分析监测数据等方面改进工作。④

就区域教育质量评价的实践探索而言,从 2007 年开始,上海市浦东区,北京市东城区、海淀区先后开展了基础教育质量监控工作,摸索出了一些有价值的先进经验。在测试内容上,除语文、数学、英语等学科外,海淀区进行了美术和科学等学科测试。在测试方式上,东城区实施了英语实践能力的

① 唐华生:《县域基础教育质量监控体系的多维构建》,《四川文理学院学报》2010 年第5 期。

② 乐毅:《学区学校质量管理的一种有效尝试:标准、理论与实践——以美国得克萨斯州布拉索斯伯特独立学区为例》,《教育理论与实践》2004 年第 9 期。

③ 洪松舟、汪琪:《区域教育质量监测的几个基础性问题决策与思考》,《当代教育科学》2009 年第 17 期。

④ 任春荣:《区县级教育质量监测的研究初探》,《中国考试》2009 年第 2 期。

人机对话和口语测试。① 海淀区改进了教育教学与管理实践,结合测试提供调研结果。在实施技术上,浦东区建立了网络环境下区域性学习质量监测系统,具体分析了学科学习与教师、家长等因素的关系,并提出了对策和建议。教研部门实施质量监控在一定程度上提高了学校和教师对教育质量的关注度,为学校、教师找到重点问题和教学突破口提供了帮助。

目前,基础教育质量监控本身还存在一些问题需要思考:一是以监测代替监控是否恰当、科学? 如何实施监控才能整体提高区(县)的教育质量? 二是谁来监控才能保证监控的结果客观? 监控的力度如何得到落实? 监测后学校从面临的现实问题到实践改进的行动,如何得到专业人员指导? 三是如何科学地评估县(市、区)基础教育的监控水平。

第四节　基础教育质量评价研究思路和方法

区域基础教育质量评价研究有一定的内在逻辑,这种逻辑就是依循从理论研究到政策研究、再到实践研究的路径。理论研究旨在探明何为基础教育质量及这种质量评价的本质。政策研究旨在探明为了切实提高基础教育质量,需要出台哪些政策,采取哪些重要措施。实践研究旨在探明质量改进目标是什么,以及怎样达成这种目标。

本研究主要采用观察法、历史分析法、文献法。

观察法是指研究者根据一定的研究目的,用自己的感官和辅助工具去直接观察被研究对象,从而获得资料的一种方法。科学的观察具有目的性、计划性、系统性和可重复性。常见的观察方法包括核对清单法、级别量表法、记叙性描述。本研究注重深入学校、课堂,了解学校的运行情况,了解学校教师的教学和学生的学习情况、考察质量管理的手段,并分析实际效果。

历史分析法是依据发展的观点、动态的观点,通过对有关研究对象的较长时段的变化过程进行科学的分析,说明事物在历史上是怎样发生的,又是怎样发展到现在的状况的。历史分析的目的,是为了弄清楚事物在发生和发展过程中的"来龙去脉",从中发现问题,启发思考,以便认识现状和推断

---

① 张卫光、孙鹏:《北京市海淀区小学义务教育教学质量分析与评价研究报告》,北京师范大学出版社 2010 年版,第 21 页。

未来。对于研究工作来说,离开了对调查对象的历史分析,研究就缺少历史感,而没有历史深度的表述和结论都是不彻底的。本研究拟对外国和中国基础教育质量评价政策制定和实施的历史发展进行描述和分析。

文献法主要是指搜集、鉴别、整理文献,并通过对文献的研究形成对事实的科学认识的方法。本书对相关文献作综合梳理和分析,并利用文献提供分析方法和实际素材。

第五节　基础教育质量评价相关概念界定

一、区域概念界定

区域是按照一定指标划分出来的空间单位。按照划分标准的不同,区域可分为各种类型。按区域性质,可分为自然区域、经济区域和社会文化区域。自然区域是根据自然地理环境的地域分布规律,依照一定的目的去揭示自然地理环境结构的特定性质而划分出来的自然地理综合体。经济区域是人类运用科学技术、工程措施等对自然环境进行利用、改造和建设过程中形成特定性质的生产地域综合体。社会文化区域是根据人类社会活动的特征,在人口、民族、宗教、语言、政治等因素的交互影响下而产生的附加在自然景观上的"人类活动形态"。按照划分方式,区域可分为区划区域和类型区域。区划区域,也称区划单位,是指其中每一个具体单位都具有空间的连续完整性,不能独立存在于该区域之外又从属于该区域的单位。类型区域,也称景观形态类型单位,是指每一单位在地域上表现为分离的分布区。

二、教育质量概念界定

顾明远主编的《教育大辞典》将教育质量界定为"对教育水平高低和效果优劣的评价""最终体现在培养对象的质量上"。"衡量标准是教育目的和各级各类学校的培养目标。前者规定受培养者的一般质量要求,反映教育的根本质量要求,后者规定受培养者的具体质量要求,衡量人才是否合格的质量规格。"[1]

---

[1]　顾明远:《教育大辞典》第1卷,上海辞书出版社1990年版,第24页。

教育质量有宏观与微观之分。从宏观层面看,教育质量即整个教育体系的质量,也可称之为"体系质量"。所谓体系质量,实质上是指其与系统规模、结构和效益等之间协调的表现。也就是说,它以系统内部各要素之间是否协调一致为标准。什么时候系统各要素之间协调一致了,什么时候就表现出较高的体系质量。微观教育质量最终体现在培养对象的质量上,是指学生培养方面教育水平高低和效果优劣的程度。

三、评价概念界定

评价过程是一个对评价对象进行价值判断的过程,是一个综合利用计算、观察和咨询等方法得出结论的过程。

评价是一个非常复杂的过程。它本质上是一个判断过程。布鲁姆将评价视为人类思考和认知过程的等级结构模型中最基本的因素。根据他提出的模型,在人类认知处理过程模型中,评价和思考是最为复杂的两项认知活动。他指出:"评价是一种获取和处理用以确定学生水平和教学有效性的证据的方法。评价包括了比一般期末书面考试更多的证据。评价是简述教育的重要的终极目标与教学任务目标的一种辅助手段,是确定学生按照这些理想的方式发展到何种程度的一种过程。评价作为一种反馈矫正系统,用于在教学过程中的每一个步骤上判断该过程是否有效。如果无效,必须及时进行变革,以确保过程的有效性。"[①]评价就是对一定的想法(ideas)、方法(methods)和材料(materials)等作出价值判断的过程。它是一个运用标准(criteria)对事物的准确性、实效性、经济性以及满意度等方面进行判断的过程。

四、教育质量控制概念界定

教育质量控制是指为达到教育质量要求所采取的有意识的调节活动。也就是说,教育质量控制是为了通过监视教育质量形成过程,消除质量环节上所有阶段引起不合格或不满意效果的因素,以达到质量要求而采用的各种活动。

---

① 　布鲁姆:《教育评价》,邱渊等译,华东师范大学出版社 1987 年版,第 5 页。

五、教育质量评价概念界定

教育质量评价就是评价主体对评价客体(价值事实)进行评价的过程。其中,评价主体作为外在评价者,对评价客体的评价并不是凭空进行的,而必须以教育的运行状态为尺度。依据价值论的观点,评价是一个价值判断的过程。所谓价值判断,是关于一定客体对一定主体有无价值、有什么价值、有多大价值的判断。教育质量评价则是指就教育活动及其现实表现对于主体来说有无价值、有什么价值、有多大价值所进行的判断。

第二章　20 世纪 80 年代以来部分发达国家基础教育质量提升和评价的政策演进分析

基础教育作为造就人才和提高国民素质的奠基工程,在各国教育改革中都占据十分重要的位置。

一些发达国家从 20 世纪 80 年代初期就开始了以提高基础教育质量、迎接国内外新挑战为主题的大规模基础教育改革。部分发展中国家在扩大教育机会方面作出巨大努力,在提高基础教育质量方面也不甘落后,纷纷采取改革措施。由于基础教育在提高人口素质、促进社会可持续发展方面具有重要作用,基础教育质量提升和评价工作得到国际社会的普遍关注,并取得重要进展。

自 20 世纪 80 年代开始,发达国家基础教育出现了追求优质化的发展趋势。这些国家之所以努力追求基础教育的优质化,一是源于经济社会发展的客观要求。随着发达国家经济发展水平和人民物质生活水平的进一步提高,随着教育战略地位的提高,人们对基础教育的要求也日益提高。为保证与其他领域改革进展相一致,人们要求基础教育质量也相应得到提高。二是受教育自身发展的内在逻辑的约束。人们对基础教育质量的要求是与时俱进的,在基础教育发展初期,人们要求有书读就可以,而在基础教育发展到一定水平后,人们就要求读好书。基础教育是一种国民教育和基本教育,只有基础教育质量得到提升,其他后续阶段的教育质量提升才能有充足的后劲。三是人们的社会身份和地位竞争的需要的驱使。基础教育既担负培养人的功能,也担负选拔人的功能。从个体发展的角度看,能接受优良的基础教育,就能在终身学习和终身发展上占据一定优势地位;反之,如果不能接受良好的基础教育,就会在社会向上流动过程中处于劣势。基础教育担当着促进个性全面发展、迎合个人兴趣、充分发挥个人潜能、促进个人最佳发展的职责。

本章对三个发达国家自 20 世纪 80 年代以来提高基础教育质量的改革

行动尤其是基础教育质量评价予以审视,以便为我国进一步做好基础教育质量评价工作提供一些有参考价值的经验。

第一节　美国基础教育质量提升和评价的政策演进

美国的教育行政实行地方分权制。"美国实施和管理教育事业的责任,以州为主体负有主要责任,地方承担具体责任,联邦具有广泛的影响。"[①]基础教育管理方面,州决定基本方针,大部分实际管理权委托给学区行使。美国现行学制是单轨制,各级各类教育在结构上相互衔接,上下沟通,体现了现代教育的民主性。总体上看,美国实施从学前到高中12年级的免费义务教育,简称"K-12"教育。学前教育机构主要包括幼儿园、保育学校和日托中心三种,或单独设置,或附设于其他机构。初等教育机构为小学,主要包括四年制、六年制和八年制三种小学,其中六年制小学占绝大多数。小学课程主要包括阅读、语言技能、数学、社会研究、科学。中等教育包括初中教育和高中教育,实施机构为中学,依学制划分主要包括四年制、六年一贯制和三二制三种。中学以综合中学为主体,但也有单独设立的普通中学、职业技术学校和特科中学。中学教育要完成教学、指导和服务三项任务。中学课程包括英语、社会科学、理科、数学、外语、人文学科,以及卫生、体育、家政、音乐、美术、工艺等。基础教育课程设置均由州政府和地方政府决定。

一、政策议题的讨论

进入20世纪80年代,美国社会由工业化向信息化发展,工业生产从劳动密集型为主逐渐向知识密集型为主转换。这就要求工人必须接受高中以上教育,具有较高科学文化水平,以适应新科技革命的挑战。同时,在国际竞争中,美国面临来自日本、德国等盟国和其他新兴经济体的挑战。一些美国有识人士认为,加快教育发展步伐是确保美国竞争优势的关键因素。

第二次世界大战结束以来,美国基础教育改革方面存在三个重点关切领域:一是实现社会公平;二是促进各种族融合;三是在中小学办学水平上

---

① 吴文侃、杨汉清:《比较教育学》,人民教育出版社1999年版,第334页。

达到优质水平。20 世纪 60 年代，美国基础教育改革重点关注教育机会均等和教育公平问题的探讨和解决，70 年代，美国出现了回复基础教育运动（Back to Basic Movement），但是到了 80 年代，如何提高基础教育质量成为美国整个社会关注的焦点。美国基础教育质量提高成为社会各界持续关注的焦点问题。

（一）颁布《国家处在危险之中，教育改革势在必行》，推动基础教育"去平庸化"和优质化

1981 年，美国成立了一个由 18 人组成的国家高质量教育委员会（National Educational Excellence Commission，NEEC），其成员包括大学校长、教育厅长、中学校长、社区学院院长、教授、州教育委员会委员、前州长、中学教师等。经过一年半的调查研究，1983 年 4 月，国家高质量教育委员会向美国教育部长提出了《国家处在危险之中，教育改革势在必行》的报告书。

报告书认为，美国教育改革迫在眉睫。报告书指出："我们的国家处于险境。我国一度在商业、工业、科学和技术上的发明创造毫无异议地处于领先地位，现在正在被世界各国的竞争者赶上。"[1]美国之所以处于险境，主要是由于教育平庸化。"我国社会的教育基础目前受到日益增长的庸庸碌碌的潮流的腐蚀，它威胁着整个国家和人民的未来。"[2]教育平庸化见之于一些关键指标值方面的表现不佳。报告书列举了 12 项美国中小学生学业不佳的表现。就其中前三项表现而言，"十年前对各国学生成绩所作的国际比较表明，19 项学业考试成绩评比中，与其他工业化国家比较，美国学生从未得过第一或第二，有 7 项获倒数第一。凭借最简单的测验，即每天的阅读、书写和理解，美国有 2300 万成人是半文盲（文化程度不足于履行自己的职能）。17 岁的美国青年中，约有 13% 可以说是半文盲，少数民族中半文盲的青年可以高达 40%。"[3]为改变美国教育落后的面貌，就要确立新的教育发展目标。报告书从达成目标的角度提出了高质量的三层含义，就学习者个

---

① 教育发展与政策研究中心编：《发达国家教育改革的动向和趋势》第 1 集，人民教育出版社 1986 年版，第 1 页。

② 教育发展与政策研究中心编：《发达国家教育改革的动向和趋势》第 1 集，人民教育出版社 1986 年版，第 1 页。

③ 教育发展与政策研究中心编：《发达国家教育改革的动向和趋势》第 1 集，人民教育出版社 1986 年版，第 4 页。

人而言,高质量"意味着每个学习者无论在学校或者工作岗位上,应在个人能力的极限上工作,从而可以考验本人的极限,并把这种极限推向更高"。就学校和学院而言,"高质量指的是一个学校或学院为全体学生规定了高标准和目标,然后想方设法协助学生达到这些目标。"就社会而言,"高质量指的是社会将有能力通过教育和提高本国人民的能力对迅速变化的世界的挑战作出响应。"①就未来时期教育发展目标而言,"我们的目标必须是充分发挥个人的才能。达到这一目标需要:我们希望并且帮助所有的学生最大限度地发挥他们的能力。我们应当希望学校建立真正的高标准,而不是最低的标准,同时,我们希望家长支持和鼓励他们的子女去最大限度地发挥他们的天才和能力。"②为了实现教育发展的宏伟目标,报告书提出了五大改革建议。建议之一涉及教学内容改革。报告书指出:"我们建议提高州和地方中学毕业生的要求。凡是要取得高中毕业文凭的学生最低限度应有'5项新基础课'的基础,即在他们4年的中学期间要学习下面的课:4年英语,3年数学,3年科学,3年社会方面的课程,半年计算机科学。对准备升入大学的学生,不管他们以前学过多少外国语,强烈建议他们在中学期间再学两年外语。"③建议之二涉及教育标准和要求。报告书指出:"我们建议学校、学院和大学对学生的学业成绩和品德采取更严格和可测度的标准,提出更高的要求,并且提高四年制学院和大学的入学要求。这样有助于学生在一个支持学习和真正成就的环境中,面对挑战性的学习材料,能全力以赴地学习。"④建议之三涉及时间安排。报告书指出:"我们建议把更多时间用于学习'新基础课',这就需要更有效地使用现有的在校日,每天在学校的时间更长一些或者延长学年内的学习天数。"⑤建议四涉及教学的具体实施。报告书指

---

① 教育发展与政策研究中心编:《发达国家教育改革的动向和趋势》第1集,人民教育出版社1986年版,第8页。

② 教育发展与政策研究中心编:《发达国家教育改革的动向和趋势》第1集,人民教育出版社1986年版,第8页。

③ 教育发展与政策研究中心编:《发达国家教育改革的动向和趋势》第1集,人民教育出版社1986年版,第19页。

④ 教育发展与政策研究中心编:《发达国家教育改革的动向和趋势》第1集,人民教育出版社1986年版,第22页。

⑤ 教育发展与政策研究中心编:《发达国家教育改革的动向和趋势》第1集,人民教育出版社1986年版,第23页。

出:"每个部分都试图改进培养师资或者把教学变为更值得从事的和受人尊敬的职业。"①建议五涉及领导和财政资助。报告书指出:"我们建议全国公民要求教育工作者和当选的官员负责领导完成改革,同时公民们要提供财政资助和实现改革所需要的稳定性。"②《国家处在危险之中,教育改革势在必行》报告发表之后,关于美国教育改革的报告书铺天盖地地涌来。这些报告书关注的焦点是"平庸"(mediocrity)问题,是公立学校的质量问题,是教育效能问题。徐辉指出:"20世纪80年代,如何提高教育质量成为整个社会关注的焦点。正因为教育改革重点的变化,美国教育学者将20世纪80年代中期以来的改革看作是美国历史上继进步主义教育改革和20世纪60年代的公平教育改革后的第三次教育大改革,也即优质教育改革。"③

（二）颁布《普及科学——美国2061计划》,提出科学扫盲的新构想

美国科技教育存在严重的两极分化现象:一方面,科技精英取得的成就令人刮目相看;另一方面,普通大众科技知识贫乏。这种情况严重影响美国科技事业的可持续发展。因此,更好地实施科技教育成为美国专家学者和普通大众关注的热门话题。

2061年彗星会再次临近地球。为了使美国当今儿童适应那个时期科学技术和社会生活的新发展,在卡内基(Andrew Carneigie)公司和安德鲁·梅隆(Andrew Mellon)基金会的资助下,自1985年开始,美国促进科学协会(American Association for the Advancement of Science,AAAS)聘请和组织了几百名知名专家学者和部分教育实际工作者,组成全美科学技术教育理事会和5个学科专家小组,总结战后科学、数学和技术领域的深刻变化和未来发展趋势,汲取美国20世纪80年代以来进行教育改革和实践研究的成果,希望提出美国从20世纪80年代中期至21世纪初进行基础教育改革的基本构想。理事会和5个学科专家小组于1989年递交了《普及科学——美国2061计划》总报告和《生物科学和保健科学》《数学》《自然科学》《信息科

---

① 教育发展与政策研究中心编:《发达国家教育改革的动向和趋势》第1集,人民教育出版社1986年版,第24页。

② 教育发展与政策研究中心编:《发达国家教育改革的动向和趋势》第1集,人民教育出版社1986年版,第25页。

③ 徐辉:《当代国外基础教育改革》,西南师范大学出版社2001年版,第217页。

学和工程学》《社会科学和行为科学》《技术》等6个分报告。

全美科学技术教育理事会和五个学科专家小组提出了"三步走"的实施计划。第一步，研究改革理论和指导思想，设计总体方案，明确未来时期儿童和青少年从读小学到高中毕业为止应当掌握的科学、数学和技术领域里的基础知识。第二步，设计不同课程模式，确定课程实施所需的条件、手段及战略；同时，就研究报告展开广泛讨论，制订相应的教育改革的计划。第三步，用十年或更长时间，在争取从美国总统、国会和政府到社会各界的支持的前提下，在一些州和学区进行科学、数学和技术教育革新试验。

总报告指出普及科学基础知识的必要性。总报告指出："普及科学基础知识包括普及科学、数学和技术，它已经成为教育的中心。然而，在今日美国，普及科学基础知识问题仍在困扰着我们，近10年的研究清楚地表明，不论参照国内标准或是国际标准，美国未能给予许多学生充分的教育，从而导致国家衰退。不论出于何种考虑，美国没有任何事情比进行科学、数学和技术教育更为迫切。在教育改革方面，对美国人希望他们的学校应该取得什么成果应当在全国达成共识。"①总报告提出了普及科学基础知识的行动策略，它包括厘定科学基础知识的内容，依据内容提供可供选择的课程模式，促进科学基础知识在全国的普及。

总报告提出了精简内容这一重要建议，"'2061计划'的前提是，无须要求学校讲授越来越多的内容，教学的重点应集中在最基本的科学基础知识上，并且更有效地把它教好。因此，理事会提交的关于人人应当学习的核心内容的建议书，限制在对普及科学基础知识来说最富于科学和教育的意义的范围内。"②总报告提出了更好地普及科学基础知识的四个建议：第一，"为了确保所有学生具有科学基础知识，必须改变课程，减少教学内容的绝对数，软化或者排除僵死的科目界限，更多地注重科学、数学和技术之间的相互联系；指明科学事业是一个社会性事业，它强烈地影响人的思维和行为，同时又受人的思想和行动的影响；培养科学的思维方法。"③第二，"有效地讲

①　教育发展与政策研究中心编：《发达国家教育改革的动向和趋势》第4集，人民教育出版社1992年版，第1页。

②　教育发展与政策研究中心编：《发达国家教育改革的动向和趋势》第4集，人民教育出版社1992年版，第2页。

③　教育发展与政策研究中心编：《发达国家教育改革的动向和趋势》第4集，人民教育出版社1992年版，第4页。

授科学、数学和技术知识以及其他的知识和技能,应根据经过系统研究并认真验证和亲身体验的学习原则进行。而且,同普及科学基础知识有关的教学应该与科学探索精神、科学的价值观融为一体。"[1]第三,"教育改革必须全面,应该注重所有孩子的学习需要,包括所有的年级和全部的科目,涉及教育系统的各个部分和各个方面。"[2]第四,"改革必须协同进行,必须包括行政人员、大学教员、社团、商界、劳工和政治领导人,以及教师、父母和学生本人。"[3]《普及科学——美国 2061 计划》重点将基础教育改革目标锁定为科学扫盲。科学扫盲有四个要点:一是让所有学生在毕业时都了解现在科学界正在做哪些努力,了解这些努力与他们的文化和生活有什么关系。二是学生应该树立一套由科学的概念和原理所阐明的令人信服的世界观。三是学生能从文化和科学史的角度看待科学努力,并熟悉跨越科学、数学和技术前景展望的一些强有力的观念。四是所有学生都掌握科学价值、态度和思想形式。

(三)颁布《国家为培养 21 世纪的教师作准备》,致力于解决教师质量危机

美国社会各界向来重视经济发展和人力资源开发之间的关系,并为应付面临的经济挑战制定相应的教育政策。1986 年,卡内基教育和经济论坛组建"教育作为一种专门职业"工作组,并于 1986 年 5 月发表了《国家为培养 21 世纪的教师作准备》的报告。这份报告书分析了当今动荡时代的基本特征,指出教师队伍建设面临的挑战,提出抓住机会的设想,描绘 21 世纪学校蓝图,提出完整的发展计划,并关注计划实施。

该报告书提出未来时期教育发展战略目标,即"现在又一次适时地提出改进青年人的知识、精神、精力、技能的教育方面的要求,使国家在工业、商

---

① 教育发展与政策研究中心编:《发达国家教育改革的动向和趋势》第 4 集,人民教育出版社 1992 年版,第 4 页。

② 教育发展与政策研究中心编:《发达国家教育改革的动向和趋势》第 4 集,人民教育出版社 1992 年版,第 4 页。

③ 教育发展与政策研究中心编:《发达国家教育改革的动向和趋势》第 4 集,人民教育出版社 1992 年版,第 5 页。

业、社会公正和进步以及捍卫自由社会的思想方面再一次恢复全面的竞争力"①。该报告书充分肯定教师队伍建设在提高教育质量方面的关键作用。"第一,美国的成功取决于更高的教育质量,这一质量标准是迄今从未有人敢于提出和追求的一种高标准;第二,取得成功的关键是建立一支与此任务相适应的专业队伍,也即一支受过良好教育的队伍。"②"没有这样一支教学水平高、业务能力强和具有远大抱负的专业队伍,任何改革都不会长久。"③在提高教育质量的具体措施方面,该报告提出,要"建立一个全国教学标准委员会,成员由地区和州的相关成员组成,它负责确定教师应当达到的高的应知应会标准,并为达到标准的教师颁发证书。改组学校,为教师提供一个良好的教学环境,使学校充分享有决定最好地满足州和地方对儿童培养目标的要求的权力。同时学校对学生的进步负责。改组教师队伍,在学校中推出一种新型的教师,他们被称为'领导教师'(lead teacher),这些教师在重新设计学校蓝图和帮助同事提高教育质量和教育水平中,显示出积极的先锋作用。把取得文、理科学士学位作为学习教育学专业的学生的前提条件。在教育研究生院为攻读教学硕士学位制订新的授课计划,该计划以系统学习教学理论、见习和在中小学实习为基础。调动国家资源培养少数民族青年从事教师职业。把对教师的奖励与全校学生成绩挂钩"④。该报告提出高质量教学的新标准制定的建议。"工作组建议成立一个全国专业教学标准委员会。委员会的根本职能是,建立专业教学的高标准,给达到标准的人颁发资格证书。"

《国家为培养 21 世纪的教师作准备》指出美国社会面临的重大挑战,强调基础教育确立优异标准的重要意义,制定高质量教育新标准,制定师范教育的高标准严要求,从而为美国教师教育改革和发展提供了一份具有前瞻性的计划书。

---

① 教育发展与政策研究中心编:《发达国家教育改革的动向和趋势》第 2 集,人民教育出版社 1987 年版,第 265 页。

② 教育发展与政策研究中心编:《发达国家教育改革的动向和趋势》第 2 集,人民教育出版社 1987 年版,第 265 页。

③ 教育发展与政策研究中心编:《发达国家教育改革的动向和趋势》第 2 集,人民教育出版社 1987 年版,第 265 页。

④ 教育发展与政策研究中心编:《发达国家教育改革的动向和趋势》第 2 集,人民教育出版社 1987 年版,第 266 页。

（四）颁布《美国 2000 年教育战略》，提出高质量教育目标

《美国 2000 年教育战略》是由时任美国教育部长的亚历山大起草、时任美国总统的乔治·布什于 1991 年签发的主要由四个部分策略和六项教育目标组成的纲领性文件。《美国 2000 年教育战略》主要涉及三个方面内容，即面临的挑战、全美教育目标和教育行动策略。《美国 2000 年教育战略》提出 2000 年全美教育目标。它包括：(1)所有美国儿童入学时乐意学习；(2)中学毕业率至少提高到 90%；(3)美国学生在四、八、十二年级毕业时，充分证明其有能力应对英语、数学、自然科学、历史和地理学科内容学习方面的挑战；(4)美国学生在自然科学和数学方面的成绩居世界首位；(5)每个成年美国人能读书识字，并胜任在全球经济中进行竞争的角色；(6)每所美国学校没有毒品和暴力，并提供一个秩序井然的有益于学习的环境。[①]《美国 2000 年教育战略》提出了今后美国教育改革的基本策略：为今日的学生创建更好和更负责任的学校；为明日的学生创建新一代美国学校；为其余人创建一个全民皆学之邦；为普通民众创建可以进行学习的社区。

就基础教育质量评价方面的关键举措而言，报告提出确立新的世界标准；进行全美成绩测验；鼓励大学采用这种测验结果；设立总统优异教育成就奖；设立总统成绩奖学金；提供成绩报告卡，进行报告卡撰写所需的资料收集；增加学生及家长的选择权；促进学校改革；设立优秀学校奖；建设州长负责的学校领导学院；设立州长负责的教师薪金；颁发遴选教师和校长的证书；嘉奖教师。[②]《美国 2000 年教育战略》还指出："如果各种标准、各种测验和报告书向家长和选民通报他们学校办得怎么样，那么选择权就赋予家长和选民采取行动的杠杆作用。"[③]

总之，《美国 2000 年教育战略》清晰地厘定了六大教育目标，指出了四大行动策略，明确了联邦政府、州政府、地方政府、社会团体、学校、家长、教师和学生各自的职责。

---

① 教育发展与政策研究中心编：《发达国家教育改革的动向和趋势》第 4 集，人民教育出版社 1992 年版，第 546 页。

② 教育发展与政策研究中心编：《发达国家教育改革的动向和趋势》第 4 集，人民教育出版社 1992 年版，第 546—549 页。

③ 教育发展与政策研究中心编：《发达国家教育改革的动向和趋势》第 4 集，人民教育出版社 1992 年版，第 546 页。

　　(五)发表《基础学校:一个学习化的社区大家庭》,强调抓住质量
评价枢纽

　　1995 年,美国著名教育学家厄内斯特·波伊尔出版了《基础学校:一个
学习化的社区大家庭》一书。在厄内斯特·波伊尔看来,通过推广一种将优
质教育的各种基本因素都综合起来的方法,将有可能使每一个孩子都能接
受高质量的基础教育。

　　厄内斯特·波伊尔系统地探讨了基础教育评价问题。他指出:"基础学
校是一个负责的学校。它对家长、学生、社区负有责任。学校制定了语言和
核心知识成绩考核的标准,并利用指标以监控学生的学习成绩。学校关注
学生的个人素质和社会素质,并由教师进行正式的评估。基础学校所作的
评价是为学生的学习服务的。"①

　　厄内斯特·波伊尔认为:"基础学校参加地区和州的评价活动,并对学
生能够取得好成绩的能力充满信心。基础学校把评价和教学直接联系起
来。这是教学的一个重要部分。"②基础学校评价包括三个部分:一是制定标
准,二是收集材料,三是对学校进行评价。就制定标准而言,"评价首先要有
目标,要明确我们期望学生所达到的目标"③。这些评价目标包括学生的语
言水平、核心知识、学习动力、良好的社会和情感状态、责任心等。厄内斯
特·波伊尔指出:"建立目标之后,下一步就要制定出学业成就标准及基本
指标,以便定期检查学生的语言水平。"④就收集材料而言,"要对一个学生进
行评价,需要利用大量的材料加以证明,而且还要长期地收集反映学生学习
成绩的样品。"⑤收集样品的方式包括笔试、教师的观察、学生的作品和表现、

---

　　①　厄内斯特·波伊尔:《基础学校:一个学习化的社区大家庭》,王晓平等译,人民教育
出版社 1998 年版,第 91 页。
　　②　厄内斯特·波伊尔:《基础学校:一个学习化的社区大家庭》,王晓平等译,人民教育
出版社 1998 年版,第 91 页。
　　③　厄内斯特·波伊尔:《基础学校:一个学习化的社区大家庭》,王晓平等译,人民教育
出版社 1998 年版,第 92 页。
　　④　厄内斯特·波伊尔:《基础学校:一个学习化的社区大家庭》,王晓平等译,人民教育
出版社 1998 年版,第 92 页。
　　⑤　厄内斯特·波伊尔:《基础学校:一个学习化的社区大家庭》,王晓平等译,人民教育
出版社 1998 年版,第 92 页。

家长和学生的资料。就学校评价而言，基础学校评价的目的就是要使全体学生成功地达到五个目标，即具有文化知识、一般知识、动力、良好的生活观、责任感。

厄内斯特·波伊尔的《基础学校——一个学习化的社区大家庭》系统地论述了美国基础教育结构、办学思想、教学内容、课堂组织，并归纳出优异的基础学校的四个基本要素，即学校成为社区大家庭、具有连贯一致的课程、具有良好的学习环境、注重学生品格的塑造。

（六）颁布《我们的学校与我们的未来：我们仍然处在危险之中吗？》，进行改革展望

2003年，克莱特基础教育工作组发表了《我们的学校与我们的未来：我们仍然处在危险之中吗？》研究报告。该研究报告着重探讨了建立中小学教育责任制，改进中小学教育评价问题。该研究报告指出："基于标准的改革还没有实现其潜在的效能。虽然前景看好，但却很难获得公正的待遇。从一些州的实践效果看，如果教学责任制得到坚持贯彻且实施得当，它将提高学生的学习成绩，特别是少数民族和贫困家庭学生的学习成绩。但各州在标准的设立上很难达成一致，同时，将考试与标准挂钩以及让严格的责任制发挥作用，也有相当的难度。"[1]克莱特基础教育工作组指出："美国人需要利用更好、更及时的信息反映学生的学习情况，不仅仅是反映全国情况和国际比较的信息，还需要获取针对每所学校和每个师生的信息。我们需要更多、更明晰的数据来了解学校做了什么、钱花在哪些地方以及取得了怎样的成绩。"[2]克莱特基础教育工作组就基础教育质量评价问题提出了如下建议："与学术标准相配套，每个州还需要设定一套考查学生对各学科知识掌握程度的评价系统，包括针对基础知识和基础技能的测试。每个州需要通过考试和其他评价方法来准确测量每个学生、每所学校、每个学区对学术标准的执行情况。这些评价应该成为对每所学校进行增值评估的基础，对学校的

---

① 吕达、周满生：《当代外国教育改革著名文献（美国卷·第四分册）》，人民教育出版社2004年版，第340页。

② 吕达、周满生：《当代外国教育改革著名文献（美国卷·第四分册）》，人民教育出版社2004年版，第341页。

奖惩应该由学校对学生学习的贡献大小来决定。"①

克莱特基础教育工作组探讨了教育教学责任制的实施问题。"每个州制定的教育教学责任制，要使结果不仅由学生承担，同时也由负责的相关成人承担。取得成功的应该给予奖励，未达标的学校应该关闭、重组、被其他行政机构接管、对外承包给私人办学机构，或者给予学生转到更好的学校上学的权利和充足经费。"②

克莱特基础教育工作组提出，学校应该用三种方式报告学生的学习成绩：一是绝对值的方式，它反映学生按照学校的标准加以评定的条件下表现如何；二是增加值方式，它反映学生学年末比学年初多学了哪些内容；三是比较值方式，它反映学校在学区、州和全国的标准框架下表现怎样，以及和其他学校及学生的比较情况。"③

二、政策的制定和实施

(一)召开三届教育峰会，明确基础教育质量评价的目标和任务

提高教育质量是美国 20 世纪 80 年代以来教育改革的重要目标。美国先后召开了三届"教育峰会"，以便达成基础教育改革目标。

1989 年由时任美国总统的乔治·布什召集的美国首届"教育峰会"(Education Summit)在弗吉尼亚的查特鲁特什威尔召开，历史上称其为查特鲁特什威尔峰会。在本次峰会上，提出了四项极其重要的教育改革任务：(1)创建国家教育目标；(2)各州必须重视所有学生成绩水平的提高；(3)形成关于教育改革的共识；(4)明确下列要素在教育改革中的重要作用：财政支持、研究和传媒的支持、赋予管理计划以更大的弹性。

1998 年 6 月 15 日，第二次教育峰会召开，时任美国副总统的戈尔到会并发表演讲。本次峰会将建立严格的学业标准和准确测量学生学业成绩的考试制度作为州政府和地方政府应尽的义务和责任写进大会决议，各州州

---

① 吕达、周满生：《当代外国教育改革著名文献(美国卷·第四分册)》，人民教育出版社 2004 年版，第 342 页。

② 吕达、周满生：《当代外国教育改革著名文献(美国卷·第四分册)》，人民教育出版社 2004 年版，第 342 页。

③ 吕达、周满生：《当代外国教育改革著名文献(美国卷·第四分册)》，人民教育出版社 2004 年版，第 344 页。

长承诺在其后两年时间里,在自己州内制定和实行具有竞争力的学业标准,各州负责重编高质量、严要求的教学大纲。在这一系列大纲的指导下,编制出全州统一的各个年级考试卷,进行考试和成绩分析。

1999年9月30日至10月1日,第三届教育峰会在国际商用机器公司(IBM)的行政中心举行。这次峰会的主题主要集中于提高课堂教学质量以及与此紧密相关的教师质量的提高和教师工作努力相联系的奖惩制度的完善。

(二)通过制定法律落实责任制

2001年1月23日,时任美国总统的乔治·布什向国会递交了《不让一个孩子掉队法》教育改革计划,这是布什上任后的第一份立法动议。2002年2月8日,美国国会通过了这一法案。

布什总统指出:"公立学校的质量直接影响到我们每一个人——不论是家长、学生还是公民。但是,美国有太多的孩子因期望值低、识字少和缺乏自信而被隔离开来。在劳动力技能要求日益复杂化而且不断变化的世界里,仅就识字而言,孩子们正落在后面。情况不应该是这样的。"①《不让一个孩子掉队法》提出:"今天,将近70%的城区四年级学生在国家阅读测验中未达到基本的阅读水平。在国际数学测验中我们的高中学生落后于塞浦路斯和南非的学生。将近三分之一的大学新生在他们能够开始正常的大学课程前却不得不参加补习课程的学习。"②《不让一个孩子掉队法》提出四大教育改革措施,即强化对学生业绩考核的责任制,注重可行的项目,减少官僚主义、增加灵活性,加强家长的作用。同时提出下列立法条款,即通过高标准和教学效能核定来实现教育平等目标,通过把阅读放在首位来提高读写能力;提高教师质量;激励英语熟练程度有限的学生达到英语流利水平;促进家长的选择和革新计划;建设21世纪的安全学校;等等。

《不让一个孩子掉队法》提出的评价改革举措包括:"对三至八年级的每一个学生进行年度测评。每年的阅读和数学测验将为父母提供需要的信息,让他们了解孩子在学校的学习情况,以及学校对孩子进行教育的情况。各州可

---

① 吕达、周满生:《当代外国教育改革著名文献(美国卷·第四分册)》,人民教育出版社2004年版,第191页。

② 吕达、周满生:《当代外国教育改革著名文献(美国卷·第四分册)》,人民教育出版社2004年版,第192页。

以有充分的时间进行规划、实施教学改革和设计适当的测验。唯一的要求是对学生成绩进行逐年比较。各州将用三年时间开发测验。联邦经费将支付开发测验的全部费用。要求报告所有学生的成绩。配合联邦政府制定的法律，各州要求学校将向家长报告学生的成绩评价结果。为了履行学校提高所有学生成绩的责任，这些结果必须按照种族、民族、英语能力、能力和社会经济地位分类公之于众。"①"在目前的法律制度下，学区必须根据学生是否达到州设定的内容和成绩标准，判断每所第一条款要求的学校是否每年取得了足够的进步。"②"一个学年中没有取得足够年度进步的学校和学区将被学区认定为需要改进的学校和学区。被认定后，这些学校和学区将立即得到外部的帮助以提高成绩。"③

（三）制订战略规划、引领基础教育质量评价

2002年3月7日，美国教育部颁布《2002—2007年战略规划》。《战略规划》提出了六大行动目标。目标一为创建业绩文化。具体措施包括：将联邦教育拨款与学业成绩问责制联系起来；提高教育管理的灵活性，扩大地方控制权；为家长提供更多的选择机会和信息；鼓励在联邦教育项目实施中应用基于科学的方法。目标二为提高学生的学业成绩。具体措施包括：确保所有学生在小学三年级都能达到本年级水平的阅读能力；提高全体中学生的成绩；提高教师和校长的素质。目标三为建立安全的学校和培养学生坚强的品格。具体措施包括：确保学校是安全的、远离毒品的，学生不喝酒、不吸烟、不使用其他毒品；促使年轻一代形成坚强的品格，增强他们的公民意识。目标四为将教育转化成有科学证据支持的领域。具体措施包括：提高由教育部资金支持或由其主导的科研项目的质量；提高研究的适用性以满足消费者的需要。目标五为提高高等教育和成人教育的质量。具体措施包括：在提高全体学生的学习成绩的同时，缩小由于种族和民族的不同、社会经济地位的不同和身体残疾造成的不同人群大学入学和完成学业方面存在的差

---

① 吕达、周满生：《当代外国教育改革著名文献（美国卷·第四分册）》，人民教育出版社2004年版，第198页。

② 吕达、周满生：《当代外国教育改革著名文献（美国卷·第四分册）》，人民教育出版社2004年版，第198页。

③ 吕达、周满生：《当代外国教育改革著名文献（美国卷·第四分册）》，人民教育出版社2004年版，第198页。

距;完善中学后教育机构的问责制度;建立有效的中学后教育拨款机制;关注传统的黑人学院和大学、拉丁美洲裔族群服务机构、部落学院与大学的建设;提高美国成人的读写能力和工作技能。目标六为改进教育部的管理方式。具体措施包括:维护财务稳健,改进财务管理及内部控制;改善教育部人力资本的战略管理;管理信息和科技资源,应用电子政府改善为顾客和合作者提供的服务;促进学生资助项目的现代化并降低风险等级;将预算与绩效挂钩,将拨款与成效联系起来;激发社区组织的作用,提高教育部各项目实施的效益;将教育部变成绩效优良、关注"顾客"的组织,并争取赢得"总统质量奖"。

美国教育部《2002—2007 年战略规划》提出了基础教育质量评价的实施策略。具体实施策略包括:(1)提高全体学生的数学成绩和科学成绩;(2)利用评估数据改进教学,教育部将与各州和各学区通力合作,以确保各个学校可以获得评估数据,从而为学校制定战略及开发针对每个学生的干预措施提供信息,将对各个学校、学区和州教育机构使用以网络为基础的数据传输工具而进行的培训予以资助;(3)将接受特殊教育的学生和英语学习能力不足者纳入数学评估对象之中。教育部将执行《不让一个孩子掉队法》提出的各项要求,以确保将接受特殊教育的学生和英语学习能力不足者纳入数学评估之中。①

（四）实施国家教育进展评估,确定质量提升幅度

1981 年以来,美国各州大幅度增加了地方教育投资,这些投资主要来自于税收。因此,越来越多的美国公民想知道,来自税收的教育经费是否得到了有效运用,公共教育的实施效果如何,学校教育工作的进展及学生的学习情况如何等。

为了满足这一需要,教育部教育研究及发展办公室设立了"教育问责制"研究小组,指导各州实施教育问责制评价项目,并对各州教育情况进行总结。所谓教育问责制评价项目,是以州为单位对学校和学区的统计数据进行分析,并对各校、各学区甚至各州进行比较。美国国家教育进展评估项目实施和各州最低能力测验在这方面发挥了重要作用。美国国家教育进展

① 吕达、周满生:《当代外国教育改革著名文献(美国卷·第四分册)》,人民教育出版社 2004 年版,第 230 页。

评估又称为国家教育报告卡，是美国教育部委托美国教育考试服务中心实施的一项全国性评价考试项目。考试的首要目标是向美国公众报告学生接受教育的状况。为此，美国中小学采用两种类型的评估：一种是全国评估，另一种是长期趋势评估。评估的测试对象是美国四年级、八年级和十二年级的学生，评估报告反映以性别、种族为划分标准的群体的学习结果。

（五）改革标准化考试，关注综合能力考查

各州举行的高中毕业水平考试一般被称为最低能力测验，它于 20 世纪 80 年代以来得到广泛的重视。1990 年出版的《美国教育新闻报》头版头条刊登的消息指出，美国一个由 36 个教育和公民权利团体组成的联合组织呼吁，希望对标准化考试进行改革，建议采用多种形式的考试来测量教育效果。这个联合组织的一位发言人强调，标准化考试的选择题不再是一个恰当的测量教育进展的方法，考高分也不再是一个适当的教育目的，更有意义的测量方法是客观存在的，它将成为一个改进教育实践、测量教育成果的基础，同时该联合组也提出一个对聪明才智进行测量的标准。[①]

（六）改革各州中小学考试制度

传统上，美国各所中小学的考试办法由各州自行决定。一般说来，考什么科目，哪几个年级的学生参加考试，都通过立法形式来确定。数学和英语科目几乎每州都考，但不一定每个年级都考。自 2001 年开始，《不让一个孩子掉队法》首次要求各州必须在 2005—2006 学年实行三至八年级的英语、数学统一考试，并以考试成绩来衡量学校的教育质量；连续两年不达标的地方或学校，必须采取措施提高考试成绩，否则，联邦教育部将扣减其联邦教育拨款。目前美国各州的做法有所不同。在俄亥俄州，2004 年参加统考的学生只包括三、六、九年级的学生。有些州进行统考的年级更多。一般州法律只是大致规定考试日期，具体考试日期则每年由州教育厅确定，大部分州的考试安排在 3—5 月间。学校或学区集体报名，直接向考试公司提供学生资料。考试保密要求严格。考试试卷编制规范，技术要求高。美国各州中小学考试产生了一些积极影响：一是对成绩差的学校和学区造成压力，迫使

---

①　赵中建：《对标准化考试在美国受到冷遇的分析和思考》，《教育研究》1992 年第 12 期，第 43 页。

它们改进教学内容和方法，以提高成绩。虽然考试分数不一定能完全反映一个学校的教育质量，但是目前考试分数可能比任何别的指标更能准确地反映学生的学习成绩。二是促进考试内容的规范化。美国各地中小学没有统一的教科书，也没有法定的教学大纲，考试成了推行课程标准的有效工具。三是引起全社会对教育的关注。教育拨款是各州政府财政预算中最大的一项，约占总预算的三分之一。诚然，州考试制度也会产生一些消极影响：一是它可能导致教学以考试为中心。考什么就教什么的现象增多，课程标准变相成为考试大纲。二是考试是有误差的。既然如此，以学生考试成绩来评定教育质量难免有失公正。三是在考试试题方面，标准化考试和论述题考试在考查学生的特定能力方面均不够完美；而选择题形式的考查容易流于肤浅，不能很好地反映学生的理解深度和抽象思维能力。

第二节　英国基础教育质量提升和评价的政策演进

英国中小学教育主要由地方教育当局（Local Education Authorities，LEA）负责，中央政府从20世纪90年代开始对愿意脱离地方教育当局控制的中小学直接提供经费。除公立教育制度外，英国还有私立性质的独立学校系统，包括私立幼儿园、预备学校和公学。英国实施5～16岁的11年制义务教育，包括6年初等教育和5年中等教育。初等学校包括招收5～7岁幼儿的幼儿学校和招收7～11岁学生的初级学校，这两类学校既可分，也可合。初等学校包括郡立学校和直接拨款学校。依据国家统一课程的规定，初等教育阶段开设的课程除了宗教课程外，还包括数学、英语、科学、历史、地理、技术学、音乐、艺术和体育等课程。每门国家课程都有统一的成绩考核目标和学习大纲。在初等教育两个阶段结束后，要对上述几门课程（音乐、艺术和体育除外）举行全国统一考试，以便对学校的教学效果进行统一评估。中等教育的实施机构主要包括郡立中学、直接拨款公立学校、城市技术学院三种。中等教育法定课程包括数学、英语、科学、历史、地理、技术学、音乐、艺术、体育和一门现代外语。在14岁和16岁，国家对数学等核心课程进行全国统一考试，其中16岁考试为义务教育阶段的最后一次考试。考试名称为中等教育普通证书考试，考试采用统一的国家标准。

一、政策议题的研讨

(一)颁布《把学校办得更好》，强调标准制定和效果检测

1985年3月，英格兰联邦教育与科学部及威尔士事务部向议会提交了《把学校办得更好》的白皮书。

白皮书提出了政府的基本教育改革目标和相关落实措施。政府的基本教育改革目标包括：(1)提高各级各类学校教育的能力水平；(2)保证教育投资取得尽可能好的效益。为实现政府的教育改革目标，白皮书提出相关落实措施：(1)促进全国就课程目标和内容的认识达成一致；(2)鼓励学校在履行为青年人就业做好准备的重要职责方面做更多工作；(3)根据课程和标准，完成对16岁学生参加的公共考试的改革；(4)推行一种新的考试制度，即高级水平补充考试，以拓宽学习高级水平课程学生的学习范围；(5)建立一种全国性的学生成绩登记制度；(6)通过新的经费安排方式，使教师在职培训制度更加有效；(7)使学校董事会的人员组成更加平衡，更好地发挥有关学校校长、地方当局和董事的作用；(8)就学校最小规模问题提出新的指导意见；(9)采取措施减少差生数量，包括许多少数民族学生中的差生；(10)改进教育福利部门官员的工作和培训，解决旷课问题。[①] 白皮书在肯定过去三十年学校教育所取得的成绩的同时，也尖锐地指出："现在我国学生取得的平均成绩，既没有达到应达到的标准，也不能适应面对21世纪世界的需要……只有很少数学校的教师能够完全按照学校规定的要求去做。约三分之二的学校没有很好地进行课程设置，或者没有有效地加以执行。多数小学和中学过分重视语文、数学基本技能的实践，没有把这些实践同真实情况联系起来。不少学生很少有机会涉足科学、实践和美学领域，半数左右班级的老师指导得太细，学生很少有机会进行口头讨论，提出和解决实际问题。"[②]白皮书指出："政府将同教育领域中有关各方一道，在以下四个政策领域中采取行动：课程设置、考试制度和评估、教师和师资管理的专业效能、学

---

① 教育发展与政策研究中心编：《发达国家教育改革的动向和趋势》第1集，人民教育出版社1986年版，第294页。

② 教育发展与政策研究中心编：《发达国家教育改革的动向和趋势》第1集，人民教育出版社1986年版，第296页。

校体制。"①就成绩目标而言,"政府的长远目标是提高能力不同的所有学生的学习成绩,使80％～90％的年满16岁的学生达到目前要求的水平。"②就考试改革而言,"新的中等教育普通证书考试将取代普通水平的普通教育证书考试、中等教育证书考试和16岁后的统考。第一次统考将于1998年举行……它根据考试委员会制定并经国务大臣批准,并于1985年3月出版的全国统一的标准来进行。这些新标准强调理解能力、知识应用、口头和实践技能。"③

（二）颁布《保证教育质量:关于地方教育当局督学和顾问的报告》,改进教育视察制度

长期以来,英国实行由督学对学校进行视察的制度,但是,在有些地区,过去地方教育当局开展的视察工作是令人遗憾的,一些督学偶尔对学校进行参观访问,并且很少进行评价,有的根本不递交评价方面的视察报告。

1989年,英国审议委员会发表了《保证教育质量:关于地方教育当局督学和顾问的报告》。该报告批评很多地方教育当局对督学到学校进行的视察工作不够重视,指出目前视察制度的不足之处是没有明确的政策和指导原则。该报告指出:"在有些地区,督学在学校里所花的时间,不到他们工作时间的3％;他们常常分不清是进行视察还是给教师劝告,以致有时督学们告诉学校该做什么,然后察看它们是否照着这样做,而不是从事正当的评价工作,不认真看学校教学工作是否有效。尽管从1989年开始此种情况已经有所改进,但是改进缓慢、不平衡。"④

（三）颁布《选择与多样化:学校的新框架》,关注课程建设和学校评估

1992年,时任英国首相的梅杰向议会递交了教育白皮书。梅杰在教育

①　教育发展与政策研究中心编:《发达国家教育改革的动向和趋势》第1集,人民教育出版社1987年版,第296页。

②　教育发展与政策研究中心:《发达国家教育改革的动向和趋势》第1集,人民教育出版社1987年版,第300页。

③　教育发展与政策研究中心编:《发达国家教育改革的动向和趋势》第1集,人民教育出版社1987年版,第301页。

④　吕达、周满生:《当代外国教育改革著名文献(英国卷·第二册)》,人民教育出版社2004年版,第172页。

白皮书的前言中指出："我们的许多改革建立在众所周知的原则基础上，这就是：给家长更多的选择机会；对学校的水平进行严格的测试和外部检查；把责任转交给一所所学校和它们的董事；特别重要的是，坚持使全国每个学生有相同的机会，为核心课程奠定一个良好的共同基础。"①梅杰强调提供优良教育的重要性。他指出："看到我国有些地方儿童不得不满足于受到此等状况的教育，我感到很意外。教育能创造儿童的前景。每个儿童一生只有一次机会。"梅杰还指出："这就要求为每一个儿童提供最好教育和要求每一个儿童取得最好成绩。优秀必须成为我们所有学校的关键词；那正是我们的儿童应该得到的东西，也是我们想要做好的事情。"②

教育白皮书凸显质量议题的重要性。教育白皮书指出："从 1979 年以来，政府为我国全体在校儿童所做的一切工作，其中心是追求更高的质量。改革措施包括实施国家统一课程、更多的选择机会、更高度的责任制、更大的自主权和经常的视察。"③教育白皮书指出："政府保证国家统一课程框架之内的质量，通过学校评估和考试进行测量。并且，非常重要的是，要通过一个有权力和独立的新督学处作出判断。"④关于评估方法和评估成效，教育白皮书指出："学校高质量教学的另一个方面是采用评估方法，让教师评估同行的最优秀的经验。已经参加过评估工作的教师，普遍感到评估工作有收获，在业务上有价值。政府还将通过更严格的责任制——让家长了解学校怎样运作——和更强有力的学校自治和专门化而得到提高。允许学校作出适合它们需要的决策，积聚力量，这样就可以产生更好的和更尽责的学习中心。"⑤教育白皮书还指出："评估和测验是监测和提高学校水平的关键。教师们认识到测验足以鼓励家长更多地参与到我们的学校——测验提供通

---

① 吕达、周满生：《当代外国教育改革著名文献（英国卷·第二册）》，人民教育出版社2004 年版，第 168 页。

② 吕达、周满生：《当代外国教育改革著名文献（英国卷·第二册）》，人民教育出版社2004 年版，第 168 页。

③ 吕达、周满生：《当代外国教育改革著名文献（英国卷·第二册）》，人民教育出版社2004 年版，第 171 页。

④ 吕达、周满生：《当代外国教育改革著名文献（英国卷·第二册）》，人民教育出版社2004 年版，第 172 页。

⑤ 吕达、周满生：《当代外国教育改革著名文献（英国卷·第二册）》，人民教育出版社2004 年版，第 172 页。

报家长的信息,完全和《公民宪章》的目的一致。"①教育白皮书特别关注在评估的基础上因材施教:"政府关心各种水平的儿童,包括那些学习有困难的儿童,测验和评估的重要目的之一是确认那些在特定的题目、科目或某类问题上有困难的儿童,使补救工作尽快开始。测验对发现学术能力较高的儿童未充分发挥的学习潜力也是重要的,因为他们在不同的水平上分级,使容易及格的儿童尝试一个较高水平。"②

（四）发布《2006 年教育计划》,规划英国基础教育质量提升的要求

1997 年,布莱尔新当选英国首相,他采取的首要举措之一是将教育战略重点放在提高英国公民在世界经济格局中的竞争力和素质上。2006 年,英国教育和技能部出台了《2006 年教育计划》。该计划提出了小学教育和中学教育的发展目标。小学教育的目标是:继续使用《国家语言文字和计算教育策略》,让更多的 11 岁学生能够有效地读写算,以此作为升入中等学校的基础;丰富国家统一课程的内容,让更多的小学生有机会参加体育锻炼和使用乐器;为预防处于社会边缘的儿童的学业失败,向他们提供儿童基金会的资助。中学教育的主要目标包括:为所有初级中学学生提供高技能标准的教育,尤其要给那些在环境最复杂的地区中学业成就较低的学生提供有针对性的支持,以此来提高学生成绩的最低水平、缩小不同学生之间的成绩差距。制定《在城镇中扩大完美教育》实施方案,以此来支持那些处于最缺乏教育资源地区的初级中学的发展;对最薄弱学校和失败学校实施更早和更有效的干预,鼓励学校以外机构为学校发展作出更大的贡献;增加初级中学系统的多样性,鼓励每个学校办出特色。

（五）颁布《儿童计划:构建更加美好的未来》,调整基础教育政策

2007 年 12 月,时任英国首相的布朗颁布《儿童计划:构建更加美好的未来》。该法案将儿童和家庭的需要摆在学校教育工作的中心位置,为英国未来基础教育发展勾画出一幅蓝图。英国政府提出了基础教育改革的目标:保证每个儿童和青少年的身心健康;保护儿童不受外部攻击;教育质量达到

---

① 吕达、周满生:《当代外国教育改革著名文献(英国卷·第二册)》,人民教育出版社2004 年版,第 178 页。

② 吕达、周满生:《当代外国教育改革著名文献(英国卷·第二册)》,人民教育出版社2004 年版,第 178 页。

世界一流标准；缩小来自弱势家庭儿童在教育成绩上的差距；确保 18 岁以下儿童能够充分发挥自己的潜能；保证儿童通往成功的道路通畅。

二、政策制定和实施

（一）制定法律，重点推进课程改革和评价改革

20 世纪 60 年代，随着英国综合中学的发展，人们提出了设置统一课程的要求。1976 年，时任英国首相的卡拉汉在牛津大学发表重要讲话，提出了建立具有统一标准的基础课程的想法。1977 年皇家督学团发表《11—16 课程》文件，提倡设立共同课程。

进入 20 世纪 80 年代后，英国教育和科学部着手制订学校教育阶段的全国课程。1981 年公布了课程组成的指导方针《学校教育课程》。1984 年后又相继发表了《把学校办得更好》白皮书，进一步强调要统一中小学课程。

1988 年 7 月 29 日，英国议会通过了《1988 年教育改革法》。实施全国统一课程是《1988 年教育改革法》涉及的重要内容之一。所谓全国统一课程，指的是由政府规定的课程，它适用于义务学校教育年龄阶段（5～16 岁）在公立学校学习的所有学生。

《1988 年教育改革法》指出："公立学校的课程应该是一种平衡和基础广泛的课程，并且能够促进在校学生在精神、道德、文化、智力和体力各个方面得到发展，以及为这些学生在成人生活的机会、责任和经历方面做好准备。"①《1988 年教育改革法》规定："公立学校的课程须包含一种基础课程，这种课程包括为所有在校学生开设的宗教课程和为学校所有处于义务教育年龄的学生开设的课程（简称全国统一课程）。"②全国统一课程又分为核心科目和其他基础科目。"核心科目包括：（a）数学、英语和科学；（b）在威尔士使用威尔士语作为教学语言的学校应该包括威尔士语。"③"其他基础科目包括：（a）历史、地理、工艺、音乐、艺术、体育；（b）由国务大臣发布的指令指定

---

① 吕达、周满生：《当代外国教育改革著名文献（英国卷·第一册）》，人民教育出版社 2004 年版，第 150 页。

② 吕达、周满生：《当代外国教育改革著名文献（英国卷·第二册）》，人民教育出版社 2004 年版，第 151 页。

③ 吕达、周满生：《当代外国教育改革著名文献（英国卷·第二册）》，人民教育出版社 2004 年版，第 151 页。

的适用于第三和第四主要阶段的一种现代外国语;(c)在威尔士的非威尔士语学校应包括威尔士语。"①

《1988 年教育改革法》指出,国务大臣有义务"在合理可行的情况下,尽快设立一种完整的全国统一的课程体系(首先是核心课程,然后是其他基础科目,以及在认为必要或方便时对课程进行修正)"。"为每门基础科目指定他认为对该科目是适当的成绩目标、教学大纲和评定安排。"②《1988 年教育改革法》还指出:"须设立一个名为学校考试和评定委员会的法人团体。"学校考试和评定委员会的主要职能包括:全国范围内审查考试和评定工作。全国统一课程实施方案中提出了一整套与年龄相关的评估制度,即依据学生 7 岁、11 岁、14 岁和 16 岁时规定的成绩目标对学生在上述阶段的学业进步状况进行评估。学生要参加全国性的考试。考试的结果可以帮助教师和家长了解学生的学业进步情况。

2002 年,英国议会通过了《2002 年英国教育法》。该法律指出,本法律的制定"将有助于提高英格兰学生和威尔士学生的教育达标率"③。为了促进教育达标率的提高,该法律还提出要"充分考虑每一所学校的课程结构,建立起能够促进学生精神、道德、文化、智力和身体各个方面发展的均衡的、宽基础的课程体系,充分考虑此项目可能对所有涉及的学生造成的影响"④。《2002 年英国教育法》对公立学校管理作了具体规定。这些规定涉及董事会的人员组成、学校管理程序和职责、学校联盟的组建、学校之间的合作、学校董事会的各项管理工作。

《2002 年英国教育法》对督导评价也作了具体规定:"在一名督导视察该校后,该督导要把他的意见报告给首席督导,包括该校工作有严重不足及针对该校采取的特殊措施。一名注册督导要以书面的形式报告给首席督导,

---

① 吕达、周满生:《当代外国教育改革著名文献(英国卷·第二册)》,人民教育出版社 2004 年版,第 151 页。

② 吕达、周满生:《当代外国教育改革著名文献(英国卷·第二册)》,人民教育出版社 2004 年版,第 151 页。

③ 吕达、周满生:《当代外国教育改革著名文献(英国卷·第二册)》,人民教育出版社 2004 年版,第 245 页。

④ 吕达、周满生:《当代外国教育改革著名文献(德国·法国卷)》,人民教育出版社 2004 年版,第 245 页。

反映该校工作的严重不足。"①《2002年英国教育法》还对学校教师评估作了具体规定："法规可以要求评价教师的表现，可采用以法规指定的方式进行评价。法规可以要求或允许法规指定的人员以授权方式开展教师评价。法规可以把教师评价责任赋予地方教育当局、学校或机构的董事会、学校的校长或机构负责人。法规可以要求或允许相关人员关注法规指定的有关职能履行的评价结果，评价结果可以用于作出教师报酬的决定。"②

（二）实施和改革义务教育阶段学校的国家考试

《1988年教育改革法》规定，实施义务教育阶段学校的统一课程，并且划分为7岁、11岁、14岁、16岁四个主要阶段，每个阶段都有国家统一规定的成绩目标，通过统一考试来衡量学校的教学效果。这样做的目的是对学生进行严格训练，以期提高质量。这样一来，学生在义务教育阶段要参加4次全国统一考试，同时，为了使公众了解每一所学校和每一个地方教育当局的成绩，要将考试结果公之于众，但是7岁的考试成绩不予以公布。

但是，这一决定遭到一些人的反对。他们认为过早地把儿童引向正规的语文和数学技能的考试是不适宜的。此外，义务教育阶段的4次统考也太多了，会对儿童心理造成沉重的负担。

1990年，英国教育和科学大臣不得不宣布，为了减轻学生的压力，在小学低年级取消某些法定的全国统考科目，技术、地理、历史三个科目改由教师自行考查，此外学校要设法减轻11岁考试的压力。第三阶段的考试于1991年和1992年试行，但是均遭到废弃。1992年，教育和科学部宣布，在1993年6月进行首次全国统一的第三阶段英语统考，并将考试结果通报家长。对此，许多教师工会经投票决定予以抵制。1993年6月，英格兰和威尔士的绝大多数中学拒绝参加政府组织的第三阶段英语统考。

为了解决这一问题，政府任命了一个专门委员会负责研究国家统一课程开设和考试安排问题，并提出对策。1994年，该委员会提交了报告，对全国统一课程和考试提出一些改革建议，包括削减全国统一课程的内容，简化

---

① 吕达、周满生：《当代外国教育改革著名文献（德国·法国卷）》，人民教育出版社2004年版，第265页。

② 吕达、周满生：《当代外国教育改革著名文献（德国·法国卷）》，人民教育出版社2004年版，第284页。

考试科目,7 岁和 14 岁考试仅限于三门核心课程,将考试时间和教师相应的工作量减少一半,取消 7 岁考试和 14 岁考试的成绩排行。

(三)改革中等教育考试制度

长期以来,英国实行"普通教育证书考试"(GCE)。这种考试分为两个层次,即"一般水平考试"和"高级水平考试"。GCE 一般水平考试的对象是完成了 11 年义务教育,成绩较为优秀、能力较强的学生,他们约占同龄学生的 20%。GCE 高级水平考试的对象是通过了一般水平考试且在第六学级读完 2 年课程的学生。

1965 年,英国政府在决定保留 GCE 考试制度的同时,增设"中等教育证书"考试(CSE)。CSE 考试的对象是结束了 11 年义务教育,具有中等教育水平的学生,他们约占同龄学生的 60%。

1984 年,教育和科学部宣布实行一种新的"中等教育普通证书"考试(GCSE),以取代 CSE 考试和 GCE 一般水平考试,但是 GCE 高级水平考试仍然保留了下来。1986 年,第一批 GCSE 考试科目列入学校课程。1988 年举行了第一次 GCSE 考试。教育和科学部制定了《GCSE 考试国家标准》,它分为总体标准和各学科特殊标准。GCSE 考试有两个突出的特点:一是为了能够全面考核学生的知识、能力和技能,了解学生平时学习情况,在评定等级时加以参考;GCSE 考试在所有学科中设置了学科作业测查。二是为使能力水平各不相同的学生在考试中都能发挥自己的水平,GCSE 考试采取了能力区分考试的形式。

(四)英国中小学的增值性评价改革

20 世纪 80 年代,英国政府使用学生升学考试的原始成绩来评价学校教育的质量,引起了广泛的批评和争论。随后,基于对依据学生升学考试的原始分数评价学校教育质量的弊端的认识,英国于 1992 年提出了"学校增值性评价"理念,并于 2002 年在英格兰和威尔士推行这种评价模式,这期间英国在一些地区进行了试点。2006 年,英国政府在全国范围内推行了学校增值性评价模式。增值概念是建立在学校教育可以使学生学习成绩逐步提高的假设基础上的,与学生的原始成绩相对应,增值指的是在一段时间内,在考虑学生之前的成绩的基础上,某一所学校的学生与全国类似学校的学生相比,取得的相对进步情况。为了测量学生学习进步情况,必须要有学生在某一段时间之起始点的学习能力（例如，进入小学或中学时的学习成绩）信息以及学生在该时段结束时的学习成果（例如，在小学或中学毕业时的学习成绩）信息。其中，学生在某段时间之起始点的学习能力信息也叫初始成绩或前测成绩。随着学生接受学校教育时间的增加，人们预期学生的成绩会有所提高。因此，成绩的"增值"表示接受学校教育使学生学习成绩超过预期成绩的部分。

增值性评价是通过比较学生实际的学习结果与预期获得的学习结果之间的差异，并从中剔除学校不可控的因素之后，评估学校自身因素对学生成绩增值的影响的大小。因此，从对比学校教育结果的目的出发，建立增值性评价的统计模型应该考虑以下两个因素：(1)应考虑影响学校教育质量的情境因素；(2)应充分考虑分层数据结构对建立统计模型的影响。增值性评价的目的是评估某一所学校的学生在某一段时间内与另外一些学校的相似的学生群体相比，所取得的相对进步情况。换言之，教育质量较高的学校是指在那里学习的学生学习进步的幅度超过平均水平的学校。增值分数可以为教育部门提供有关学校教育质量方面的更有意义的、科学的、精确的证明材料。同时，通过对这些数据的分析，教育部门可以反思其在政策制定与设施和资源配置上的有效性。英国政府通过提供每一年学校的增值分数，为家长和公众提供更丰富的信息。学校可以探明教学工作的成效，找出影响增值的因素，制订和推行改善计划，订立具有挑战性和可行性的目标等。学校还可与家长分享自评结果，促进家校合作。对于教育管理者来说，可以通过学校的增值分数来证明资金分配的正确性。此外，增值分数还可以被用来筛查需要特别关注的学校。例如，对增值分数低于全国平均水平的学校应给予额外的支持，而增值分数高的学校应与其他学校分享成功经验。增值性评价的结果也可以用来考察政策改革或创新本身的有效性。比如，正在进行政策创新的学校，其在政策实施过程中增值分数会相对偏低，与某一年的增值分数相比，增值分数的变化可以更有效地说明政策本身的适用性，即不同年份之间增值分数的变化表明了进行政策创新的学校和未进行政策创新的学校相比所取得的相对进步情况，同时也表明了进行政策创新的学校在政策创新前后所取得的相对进步情况。此外，通过在政策创新上使用增值性评价的统计模型，使得教育政策的制定和教育资源的配置更有针对性和科学性。

以增值指标来评价学校的教育质量的政策在英国已经实施多年。增值性评价的最大优点是充分考虑了学生能力、家庭因素及学校因素，通过应用统计学方法将学校因素从影响学生学习结果的诸多因素中分离出来，实现了对学校教育结果的"净"影响的评价。这种评价方法能够科学合理地反映每一个学校的教育结果,有利于学校内和学校间的资源配置。英国通过推行增值性评价,有效地遏制了学校间对于生源的争夺,提升了生源较差学校的信心,促进了学校间的均衡发展,进而推进了教育结果公平目标的实现。

第三节 法国基础教育质量提升和评价的政策演进

法国的学前教育机构包括托儿所和幼儿园。幼儿园包括小班、中班和大班。

法国的初等教育机构为小学,它实施基础学习阶段和深入学习阶段两个阶段的教育。

法国的中等教育包括初中教育和高中教育。法国的初中教育属于义务教育的范畴,一般招收 11～15 岁的儿童入学。其学制为四年,分成观察和方向指导两个阶段,每个阶段为两年。第二次世界大战以来,尽管历届政府曾经对初中进行过几次改革,但是,仍然没能扭转初中教育质量不高的状况。学生留级率高,基础知识掌握不牢固,是初中教育面临的两个老大难问题。

法国高中包括普通高中、技术高中和学徒中心。法国高中的学制为三年。与其他类型的中学相比,高中结构比较稳定。在相当长的时期内,法国人对本国的高中的良好声誉,常常引以为豪。但是 20 世纪 80 年代以来,高中教育质量满足不了社会需要的尖锐现实问题,严重影响了法国青年一代的文化素质,引起了社会各个方面的忧虑和不安。

一、政策议题的研讨

(一)发布《为建立民主的初中而斗争》,着力提高初中教育质量

1981 年 11 月 13 日,时任法国国民教育部长的阿兰·萨瓦里写信给斯特拉斯特堡路易·巴斯德大学的教育学教授路易·勒格朗,请他组织专门委员会对初中本身的状况,小学、初中和高中之间的过渡和衔接等问题进行全面的研究。1982 年年底,路易·勒格朗教授向法国政府递交了《为建立民主的初中而斗争》的研究报告。该报告于 1983 年公开发表。之后,国民教育部又以该报告为基础,发动教师、学生、家长及社会各界人士进行一场关

于初中教育改革的全国大辩论,推动了法国初中教育的改革。

《为建立民主的初中而斗争》报告指出,法国初中面临严重的质量下降问题,质量下降问题可归纳为四个方面:(1)初中学生对知识的掌握程度,尤其是所具备的阅读能力很差,留级率不断提高。(2)1975年《哈比教育法》规定的初中学生要不分水平进行混合编班的原则并未得到遵循。有不少学校甚至已按学生的不同水平组织教学,从而形成了初中学生在学业成绩上的两极分化,违背了初中阶段义务教育的性质。(3)初中学生过早地进行定向选择。(4)初中所承担的社会职责没有很好地履行。① 《为建立民主的初中而斗争》报告归纳了产生这些问题的原因,主要原因包括以下六个方面:(1)进入初中学习的学生的智力及学习成绩,包括读写算的水平,参差不齐,从而使得教师在组织教学时遇到严重困难。(2)学生和教师互不往来,课程设置缺乏内在联系,校内各单位互不通气,学生缺乏真正的共同生活。(3)教学内容基本上是智力导向的,并主要通过语言进行讲授。(4)抽象的智力教育使学校变得闭塞、呆板,并经常使得学习内容与实际情况相脱离。(5)由于学生的出身和家庭情况的差异,地区教育的不平衡性,使一部分学生无法适应初中阶段的教学,从而造成学生留级或者过早地中止普通初中教育。(6)初中教师类别、级别繁多,地位不高,加上各种各样的教师督察制度,使得教师之间在教学过程中互不交流。② 该报告提出了七大改革措施:(1)建立新的教学组织,建议取消教学班,按年级设立一种新的教学组织——教学体,每个教学体由78~104名学生组成,学生的水平大体接近。教学体内部的基础单位是教学组。每个教学组的人数相等,但是最多不能超过26人。(2)重新调整教学内容,重视诸如音乐、艺术、体育等启蒙学科,加强对综合技术课和跨学科课程的教学。(3)保证每个学生都接受相同的教育。(4)建立教师监护制度。(5)统一教师工作量,改变教师工作的方法。(6)完善学校各级教学管理机构。(7)重新培训教师,提高教师的素质。③

---

① 教育发展与政策研究中心编:《发达国家教育改革的动向和趋势》第1集,人民教育出版社1986年版,第223页。

② 教育发展与政策研究中心编:《发达国家教育改革的动向和趋势》第1集,人民教育出版社1986年版,第223页。

③ 教育发展与政策研究中心编:《发达国家教育改革的动向和趋势》第1集,人民教育出版社1986年版,第230页。

(二)发布《21世纪前夕的高中及其教育》,关注高中教育改革

为了更有针对性地解决高中现存的问题,1982年下半年,政府委托巴黎第一大学的历史学教授安托万·普罗斯特组成一个九人工作小组进行专门研究。该小组广泛征求了专家、各个社会团体、中央及地方教育主管部门的意见。1983年11月,法国全国高中改革工作领导小组向法国政府递交了《21世纪前夕的高中及其教育》研究报告。

《21世纪前夕的高中及其教育》报告指出法国高中以往20年来的巨大变化。这些变化包括:学生人数的激增,学生成分发生变化,中等教育体制发生巨大变化,培养目标的巨大变化,教学内容不断更新。[①]《21世纪前夕的高中及其教育》报告指出,法国高中存在一些弊端,这些弊端包括:学生压力过大,负担过重;在课程设置方面,过分强调数学教学;对学生的方向指导不力;教学内容有些脱离实际;学习时间分配不尽合理;教学安排不科学,集体活动太多,学生个人自学和思考的时间过少;对学生个人独立思考能力和动手能力的培养不够;考试方法亟须改革。[②] 为改进法国高中教育,《21世纪前夕的高中及其教育》报告提出了十一条建议:加强各学科之间的协调;调整教学内容,改进学习方法;鼓励高中生独立学习;修改教学大纲,使教学活动多样化,调整中学内部生活,关心学生的学习,定期对学习进行总结;消除隔阂,灵活地管理,打破教学上的闭塞状态;让学校拥有发挥自己的主动性、积极性的手段;加强学校之间、学校和社会有关机构之间的合作;对中学的教师和工作人员进行再培训;鼓励教师开展相应的教育研究;反对扩大地区差异;增加接受中等教育第二阶段教育的入学人数。[③]

(三)发布《对未来教育的建议》,谋划教育改革蓝图

法国的未来教育的走向究竟如何,将来在办教育方面需要遵循哪些基本原则,这是法国教育界和社会党政府一直在讨论和思考的问题。

---

① 教育发展与政策研究中心编:《发达国家教育改革的动向和趋势》第1集,人民教育出版社1986年版,第231页。

② 教育发展与政策研究中心编:《发达国家教育改革的动向和趋势》第1集,人民教育出版社1986年版,第233页。

③ 教育发展与政策研究中心编:《发达国家教育改革的动向和趋势》第1集,人民教育出版社1986年版,第241页。

法兰西学院是法国最古老的传统教育机构,迄今为止,它也是享有很高声誉的高等教育机构。1985 年 1 月,法兰西学院向法国总统弗朗索瓦·密特朗递交了《对未来教育的建议》。

《对未来教育的建议》报告指出:"从一切教育都应不断传授系统知识、造就新形势下所需人才的目标出发,未来教育应遵循九大基本原则,即尊重科学的统一性和文化的多样性,学校的教育形式应多样化,增加学生成功的机会,在多样化中寻求统一,及时调整教学内容,统一学校所传授的知识,提倡连续、交替的教育,利用现代化的传播技术,在自治中求开放,并通过自治扩大开放范围。"①

二、政策制定和实施

(一)制定和实施教育法律

1989 年 4 月,法国教育部递交了《法国教育指导法》,同年 7 月 10 日,法国议会正式通过了《法国教育指导法》。

《法国教育指导法》指出教育的基本宗旨:"每个人所享有的接受教育的权利应得到保证,使个性得到发展,有利于个人进入社会和职业生活以及行使公民权利;应保证每个青年,不论其社会地位、文化或地理背景如何,获得基本文化和公认的技能;小学、初中、高中和高等院校均负责传播并使学生获得知识和学习方法。学校教育的内容、方法应与国家和欧洲以及世界的经济、技术、社会和文化发展相适应。学校内外所有参与学生工作的人,同属一个教育共同体。各级各类学校的学生均可根据自己的意愿和能力,在教师及其他指导人员的帮助下确定指导自己初等教育、中等教育、高等教育和职业教育方向的方案。行政部门和企业将提供支持。"②《法国教育指导法》确定了法国基础教育改革的蓝图,为法国基础教育设立了一个宏伟的奋斗目标,即到 2000 年,法国 80% 的学生可以拿到中学毕业文凭,实现基础教育的均衡发展;加强对基础教育学生学业成绩的评估。自 1988 年起,法国

---

① 吕达、周满生:《当代外国教育改革著名文献(德国·法国卷)》,人民教育出版社 2004 年版,第 304 页。

② 吕达、周满生:《当代外国教育改革著名文献(德国·法国卷)》,人民教育出版社 2004 年版,第 317 页。

政府每年在开学时对9岁、11岁、16岁的学生进行阅读、写作和数学方面的全面评价。1988年年底,法国教育部委托布迪厄主持的全国教学大纲委员会对当时的基础教育课程进行反思,并为今后改革学校教学内容提供了新思路。

(二)由法国教育部评估与预测司牵头实施综合评价

1987年,法国教育部专门设立了评估与预测司,负责对教育体系进行评估和指导。在其他欧洲国家,评估任务经常委托给教育部之外的机构、研究所和大学。而在法国,绝大多数部门的教育体系的评估工作和评估工具的研制都是由评估与预测司完成的。评估与预测司下设教学评估处。经过不断努力,法国的评估和预测工作已经形成了一个严谨有序的整体。

1989年制定的《法国教育指导法》规定,教育体系评估主要有两个目的:向法国社会报告学校运行的情况和结果;为各个层次的教育负责人提供手段和工具,便于他们进行决策、制订行动计划、进行工作指导。

评估与预测司具有四个方面的优势:对教育信息系统进行组织和管理;完成评估工作;设计指导工具并允许教育体系的负责人和教师使用这些工具;对整个教育制度进行研究。

评估和预测司能够更好地了解决策者的需求,并且能够使它的研究成果在教育体系负责人和实际工作者中得到最广泛的传播,它还可以传播和应用它所设计的评估工具,依靠国家、大区、地方的培训网络对评估工具的使用开展培训。

评估和预测司主要开展三个方面的评估工作。(1)对整个教育体系进行评估,每年定期出版《学校状况》报告。《学校状况》使用30个评估指标,对从幼儿园到高等学校和继续教育机构的总体情况进行评价。(2)建立一套考核学生知识水平的评估机制,可以为从中央到地方的所有层次的教学指导提供信息。这些评估机制分为两类:一类是诊断性评估,这是为教师提供的评估工具,涉及所有班级和学生。具体的工具包括每个学年里对义务教育学校三年级、五年级和六年级的学生的法语和数学成绩所作的记录,也包括对学生进行诊断性评估的辅助工具库,它涉及所有层次和科目。另一类是总结性评估,它是对整个教育体系进行的评估,可以在不同时间进行纵向比较。(3)参加国际性评估项目。法国也参加一些国际性的评估,如OECD组织开展的对15岁学生的能力的PISA评估项目。

(三)全面实施高中教育质量评价

近 20 年来,在教育权力下放的框架下,法国高中获得较大的自主权。它们在实施国家统一制定的政策的同时,也着力制订自己的发展计划,在计划中根据各自的具体情况,确定实现目标的方式。高中办学可以各不相同,也可以提供不同质量的服务的观点得到了人们普遍的认同。

高中教育质量评价主要包括高中排名和高中运转情况指数分析。

法国的一些传媒很早就对高中进行排名,即根据学生在高中毕业考试的成绩状况,公布全部高中排名表。这种排名直接受英国和美国的学校排名的启发。这种排名也受到了一定的批评。第一,这种排名仅仅关注高中毕业生考试的成功率,即通过"比赛的最后一道屏障"评定高中的质量,因而忽视了这样一个事实:高中对学生进行的筛选直接影响成功率高低,高中特别重视挑选他们认为可以通过高中毕业考试的那部分人。第二,它仅仅关注高中毕业考试通过率,也在一定程度上忽视了高中依据所接纳学生的最初水平所采取的取长补短的行动。换句话说,如果一所高中的毕业考试合格率高,也许是因为它接纳了那些具备良好的学习方式,不需要学校特别费劲就能取得成功的优秀学生,也许是因为学校在学生就学期间注意培养他们原来不具备的知识和能力,并帮助他们取得成功。

在视教育为国家公共服务的框架内,高中的表现和运转质量可以用不同的方式呈现,人们可利用以下三个指标进行客观的衡量:(1)高中毕业考试通过率。它是最传统的、最有名的、也是最容易利用的一个指数,它是指取得高中毕业文凭的学生占参加考试的学生总数的比例。但仅有这个数字还不能看出一所高中的整体质量。(2)参加高中毕业考试的比率。这个指标衡量某所高中完成全部学业的学生参加高中毕业考试的比率,不管这些学生用多长时间完成高中学业。这一指标较好地衡量了高中学生的整体就学情况。(3)取得高中毕业证的学生与中途离开学校(不管以何种原因离校)的学生的比例。如果一所高中对学生进行严格筛选,不允许(或很少允许)留级的话,这个指标就会比为所有学生提供机会的另一所高中的指标要低。这几个指标能衡量出学校的附加值,即考虑到所接纳学生的特点后的运作效率,例如,高中毕业考试通过率通常与学生家庭的社会职业背景及学生年龄相关。

2001 年法国普通类和技术类高中的毕业考试平均通过率为 78.7%。准时甚至提前参加考试(18 岁或年龄更小)、家庭出身非常优越(高级干部和教师)的学生考试成功率平均达到90.6%,至少留级两次(20岁或年龄更大)、出身弱势阶层(工人或者失业者)的学生高中毕业考试成功率仅为65.5%,两者之间相差约25个百分点。如果要公平地衡量某所高中的质量,就不能将这所高中的毕业考试通过率与全国高中78.7%这一平均数相比,因为全面平均数是所有阶层的学生都混合起来而算出的平均数,正确的做法是应该针对学校接纳的主要人群作具体分析。如果这所学校接纳的学生为第一类学生,则应参照90.6%的水平进行比较;如果接纳的学生为第二类学生,则应参照65.5%的水平进行比较。[①]

(四)实施基础教育综合改革,确定学生必须具备的共同基础

2005年,法国教育部推出了界定共同基础知识和能力的法令——《共同基础法令》,将培养法国学生的终身学习能力、基本发展能力和基本生活态度作为教育改革的重点。为了达成这一目标,主要采取五大措施:一是强化基础教育的服务质量,扩大基础教育的辐射范围,保证法国基础教育的公平性;二是不断提高教育质量,确保法国基础教育顺畅发展;三是加速推进基础教育课程改革,实施课程结构和课程内容平衡推进的改革战略;四是切实提高基础教育的师资质量,为基础教育改革提供坚强后盾;五是加强对中小学生的道德教育,适应21世纪的改革需要。[②]

第四节　国外基础教育质量提升和评价的政策制定和实施对我国基础教育工作的启示

综上所述,发达国家在深化教育改革、提高基础教育质量方面,呈现以下三个共同趋势:

一是将高质量规定为基础教育的改革目标,并将它作为评价的基本标准。教育是面向未来的事业。基础教育工作要着眼于为培养人才打下坚实

---

① 雅基·西蒙、热拉尔·勒萨热:《法国国民教育的组织和管理》,安延译,教育科学出版社2007年版,3352页。

② 中国驻法国大使馆教育处:《法国基础教育的发展趋势》,《基础教育参考》2009年第5期,第34页。

的基础。教育目标不是简单地适应今天社会的需要,更重要的是适应今后社会的需要。发达国家在基础教育改革和发展方面,致力于从未来发展的需要出发,将高质量设定为根本的教育目标。

二是加强基础知识学习和技能训练,通过采用考试的方式测查学生的学习成效和发展水平。1990 年 3 月举行的世界全民教育大会将全民教育界定为满足基本学习需要的教育活动。满足基本学习需要是指人们汲取维持生存、提高生活质量和继续学习所需的知识、技能、态度和价值。为了实现这一目标,发达国家都关注中小学生必须学习的基本课程,并加强对这些课程的考核和评定。课程考核的目标和内容不限于知识和技能,而是拓展到情感、态度、价值观、社会责任心等多个方面。

三是关注培养学生的批判性思维能力和创造性思维能力,并加强对学生的社会适应能力和社会改造能力的评价。所谓批判性思维能力,是指对事物及其关系进行判断的能力。当今社会是开放社会、信息化社会,来自多种媒体的信息不断涌向学生,学生必须具备判断是非、评估价值高低的能力。发达国家的基础教育课程设置和教学方法使用均关注学生学习的灵活性和多样性。

发达国家基础教育质量提升以及评价的政策制定和实施对我国基础教育工作具有四个方面的启示。

启示之一:从注重选拔和淘汰的功能取向转向注重诊断和指导的功能取向。

在注重精英教育的时代,基础教育评价的主要目的是为了进行选拔和淘汰。而当全民教育成为教育的基本目标时,基础教育评价的功能取向将从过去注重儿童的个别差异,把评价当作筛选工具,转向关心每一个学生的全面发展,将评价作为诊断、指导、帮助每个儿童获得成功的手段。

以往我国基础教育存在应试教育的倾向,教育评价以选拔性考试为主要形式。随着终身教育思想的普及,全体国民的基本教育需要的满足已经不局限于单独由基础教育来完成,但是基础教育在满足全民的基本教育需求方面,仍然负有不可推卸的责任。为了适应新形势发展的需要,我国基础教育评价也需进行改革,充分地发挥其诊断和指导作用,以帮助每一个学生,特别是处境不利的学生都能掌握基本知识、技能,形成正确的价值观和世界观,以使他们更好地学习和发展。

启示之二:从注重对学的评价转向注重对教的评价。

按照全民教育目标要求,所有人的教育需求都要得到满足,即不仅满足那些才能突出、拔尖人才的需求,还要满足普通人以及残疾人,包括智能低下的人的基本学习需求,努力使每一个人都能有基本的技能,更好地生存和发展。为了实现这样一个目标,基础教育评价的重点也须作相应的调整,即由注重对学的评价转向注重对教的评价。这是因为,面对全民教育的任务,制定适合儿童的教育将比选择适合教育的儿童更为重要。前者的目的在于全面地最大限度地发现和促进每一个学生的发展可能性。因此,教得如何将比学得如何更受到人们的重视。

长期以来,我国的基础教育评价倾向于以对学的评价代替对教的评价,这已经对学校工作造成误导。现在许多学校不是把主要精力放在提高教师的教学质量上,而是热衷于选拔好学生,对学生进行三、六、九等的分类排队。生源大战、重点班、重点校的设置是主要表现形式,其结果是学校放弃和牺牲一部分学习成绩差的学生,使他们失去了与学习成绩好的同学大致相同的学习机会。这是极不符合以机会均等为宗旨的全民教育的精神的。为扭转这种局面,就要发挥基础教育质量评价的积极导向作用。人们需要通过科学的评价方法鉴别好的教师、好的教学方法,同时促进、指导教师积极钻研教学,不断提高教学水平,鼓励教师致力于大面积提高教学质量,有效地帮助处境不利的学生完成基础教育任务。

启示之三:从注重学校的达标率转向注重学生的学习进步程度。

欧美发达国家在评价学校教育质量方面,正在形成一种新趋势,这就是以学生的进步程度为指标,同时考虑该指标同学生的学习进步有关的各类因素,而不是简单地以学生的某次考试成绩为衡量尺度。美国教育评价专家布鲁姆指出:"就一所学校而言,教育者必须日益关心所有学生的最充分发展,学校的责任是寻找能使每个学生达到最高学习水平的学习条件……评价旨在系统收集证据以确定学习者实际上是否发生了变化,并确定学生个体变化的数量和程度。"英国的增值评价法表明,衡量一所学校的办学质量应着重审视以学校为单位的学生的进步程度。

目前我国在评价学校教育质量时普遍存在的问题是,比较注重学校达到某一种考试成绩方面的指标,很少考虑评价学校对促进学生学习变化的方向、程度和大小。教育行政管理部门在评价学校工作时,一般的做法是,简单地将学生统考、会考、中考或某次测验的成绩作为比较学校教育质量的指标,评价时很少考虑不同学校学生学习的起点以及学校通过努力使他们获得的进步。结果必然是,招生时录取分数最高的学校即是通常所谓的好学校或重点学校,在评价中一直被视为质量最高的学校，会受到奖励和表扬，而那些只能录取一般学生的学校，就只好一直背负教育质量差的名声。对学校教育工作的这种评价方法，极大地挫伤了非重点学校、学习成绩差的学生和社会背景不佳的家长的信心和热情，不利于全面、优质、均衡教育发展目标的实现。

启示之四：从关注少数尖子的培养到关注多数具有中等水平的才能和更差些的学生的培养。

在中等教育基本普及后，怎样对待少数尖子和多数具有中等水平的才能和更差的学生，是基础教育中一个极富争议而难以解决的问题。人心不同，各如其面。人的能力和禀赋是有差异的。同时，人的兴趣、抱负和愿望也是各有不同的。从一个方面看，基础教育应该讲求更统一些、更综合些，即对所有学生平等以待、一视同仁；另一方面，对学生的学业指导需要有所区别、多些类型，即区别对待、不同对待。发达国家在基础教育改革方面，针对各自国家的实情，采取灵活的办法进行改革，原来教育集权的国家趋于多元化，原来教育分权的国家呈现集中的趋势。不少发达国家在原先高度强调地方分权的背景下，强调教育的适度集中统一，强调基础教育对所有儿童应该是统一的，不要有分化或者分流，不能畸轻畸重。课程开设的相对统一和课程评价标准的相对统一，对于提供管理和评价方面可操作的工具，保证基础教育尤其是义务教育的质量的提高，具有重要价值。

第三章　基础教育质量评价的含义、分类和功能

教育质量的含义是仁者见仁、智者见智。如果你让 10 个人来定义教育质量，可能会得到 10 种不同答案，可见，给教育质量下一个较为精确的定义并非易事。

对教育质量进行的大量研究和讨论表明，明晰教育质量的精确含义和合理选择改善教育质量的途径，既是一个非常复杂的理论问题，同时也是一个在教育实践中非常需要及时加以解决的问题。教育质量可能意味着投入（教师数）、过程（直接的教学时间、积极学习的程度）、产出（毕业率、测验分数）和结果（就业中的表现），教育质量也可能意味着达到了特定的目标。当一个国家的教育规模不断扩大和教育决策所涉及的层面不同的时候，产生教育质量的误解、矛盾和不一致的可能性就会越来越大。

在讨论教育质量问题时，人们首先应注意不同历史时期不同人群对教育质量的不同理解。在宏观层面人们对教育系统运行质量的理解有别于在微观层面家长、教师、学生对单个学校的教育质量的理解。在不同国家和地区，对教育质量下降的忧虑会不时出现，提高教育质量是广大教育工作者的重要职责。

本章着重探明基础教育质量评价的含义，对基础教育质量评价进行分类，并指明基础教育质量评价的功能。

第一节　基础教育质量的含义

一、质量的含义

为了明晰基础教育质量的含义，有必要先对质量概念进行界定，以明晰质量的多种属性。质量概念在多个学科中得到应用。在物理学研究中，质

量是指物体的一种性质，是指该物体所含物质的量，是度量物体惯性大小的物理量。在经济学和管理学中，质量概念是一个涉及生产目的和生产过程两者之间关系的基本概念。

每一个人都有自己对世界的独特感知方式。感知方式直接影响个体对事物质量的判断。上同一堂课的两个学生对同一位教师的教学工作质量可能有全然不同的看法。一个学生认为，这个教师是非常权威的教师，他的讲课实效性强。而另一个学生认为，这个教师的讲课华而不实。为什么两个学生的认知会有如此巨大的差异呢？原因之一是两个学生感知事物的方式不同。文学欣赏中有"有一千个读者，就有一千个哈姆雷特"的说法，在对质量的认知方面，不同个体的认知也存在明显差异。认识到教育管理者、教师和学生质量感知的差异的存在，对于理解教育质量的统一性和多样性是十分重要的。

为了给质量下一个清晰的定义，有必要从不同学科角度界定质量概念。从语义学的角度看，质量一词的含义相对而言比较清晰，它主要是指事物的优劣程度。《汉语大辞典》将质量界定为"事物、产品或工作的优劣程度"。《现代汉语大辞典》将质量界定为"产品或工作的优劣程度"。《朗曼现代英语词典》将质量界定为"优秀的等级或程度"[①]。从哲学角度看，质是指一事物在性质上区别于其他事物的内在规定性。量是指事物存在的规模、运动的速度、发展的程度等，它表现为数量的规定性。事物之间的质的差别，造成了世界的无限多样性。一方面，任何质都是具有一定量的质，没有量就没有质。另一方面，质又制约着量，不同质的事物具有不同量和量的界限。因此，对不同质的判断和对不同量的把握，是认识事物的基本前提。我国著名经济学家汪丁丁认为："就经济思想史而言，质量这一词语，其实应当是一个单字——质（qualities），且应当以复数形式出现。把它写成质量，又无法区分单数和复数，盖源于我们汉语一贯就有的从而标准化了的'不精确'。"[②]

国际上一些专家学者和组织在质量概念界定方面提出了一些有启发意义的看法。

---

① Longman Dictionary of Contemporary English. London：Longman Group Company，1978：902.

② 王海林、侯岩、侯龙文、郭金胜：《现代质量管理》，经济管理出版社 2005 年版，第 3 页。

美国质量管理专家朱兰(Juran)在《质量管理手册》中将质量界定为适用性(fitness of use),适用性是指产品使用过程中成功地满足用户目标的程度,它普遍适用于一切产品和服务。①

日本质量管理专家石川馨(Ishakawa)认为,质量反映顾客的满意度,顾客的需要和要求是不断变化的,因此对质量高低的判断也是不断变化的,高质量就是满足顾客不断变化的期望,实施质量控制的目的在于制造出能满足顾客要求的质量水平的产品。②

日本质量管理专家田口玄一(Taguchi)从社会损失的角度给质量下了别具一格的定义。所谓质量,就是产品上市后给社会造成的损失,但是由于产品功能本身产生的损失除外。事实上,任何产品在使用过程中都会给社会造成一定的损失,所造成的损失越小的产品,其质量就越高。

美国质量管理专家克劳斯比(Crosby)认为,人们必须对质量有一个准确的定义,质量就是符合要求标准。③ 克劳斯比指出:"一辆奔驰汽车符合了它的各项要求标准,就是一辆有质量的奔驰汽车,同理,一辆福特汽车符合了它的各项要求标准,就是一辆有质量的福特汽车。在企业中,要求标准必须明确地予以表达,以确保其不被曲解,此后,人们须持续地测量,以确保产品符合这些要求标准。凡是有不符合要求标准的地方,就表明质量有欠缺,这样,质量问题就转换成了是否有不符合要求标准的问题,质量概念就清晰了,而且质量是可测量的。人们谈论生活质量,就要客观地制定出生活的要求标准,它可能包括:国民收入水平、国民健康水平、国民识字水平、政治运行状态、环境污染治理效果,以及其他可以评估的事项。"④一旦人们清晰地界定了这些要求标准,所谓生活质量才能成为一个有实际意义的概念。

美国全面质量管理理论的提出者费根鲍姆(Feigenbaum)指出:"产品或服务质量,是指营销、设计、制造、维修中各种特性的综合体,借助这一综合

---

① 王海林、侯岩、侯龙文、郭金胜:《现代质量管理》,经济管理出版社 2005 年版,第 3 页。

② 尤建新、杜学美、张建同:《质量管理学》,科学出版社 2008 年版,第 8 页。

③ 克劳斯比:《零缺点的质量管理》,陈怡芬译,生活·读书·新知三联书店 1991 年版,第 4 页。

④ 克劳斯比:《零缺点的质量管理》,陈怡芬译,生活·读书·新知三联书店 1991 年版,第 4 页。

体,产品和服务在使用过程中能满足顾客的期望。"①

　　哈佛商学院的戴维·加尔文(David Carwin)具体描述了质量的五个维度:(1)从基于认识的质量的角度看,质量是一种直觉的感知,只可意会不可言传;(2)从基于产品的质量的角度看,质量存在于产品的零部件及特性之中;(3)从基于用户的质量的角度看,顾客满意的产品具有好的质量;(4)从基于制造的质量的角度看,符合设计规格的产品具有好的质量;(5)从基于价值的质量的角度看,物超所值的产品具有好的质量。②

　　一些国际组织也对质量概念进行界定。国际标准化组织(ISO)在不同标准的制定中对质量进行了不同的界定。在 ISO8402:86 中,质量是指产品或服务满足规定或潜在需要的特性的总和。在 ISO8402:1994 中,质量是指反映实体满足明确和隐含需要的能力特性的总和。而按照 ISO9000:2000 标准,质量是指一组固有特性满足要求的程度。固有的是指事物本来就有的。特性是指可区分的特性。要求包括明确的和隐含的,要求可由不同的相关方提出。③ 国际标准化组织(ISO)的质量定义包含三层含义:第一,质量所研究的对象是实体。实体可以是产品,也可以是活动或过程,还可以是组织、体系和人以及以上要素的各种组合。第二,需要可分为明确的需要和隐含的需要。在许多情况下,需要随着时间和环境的变化而变化。第三,特性是指实体所特有的性质,它反映实体满足需要的能力。欧洲质量组织认为,"质量是产品或服务能够满足既定需求的能力的整体特质和特性。"④

　　我国一些学者也对质量进行了概念界定。张根保指出:"所谓狭义质量,是指仅仅从用户的角度去看的质量。所谓广义质量,是指不仅从用户的角度去看的质量,同时还应从制造者和社会的角度去理解的质量。"⑤

---

　　① 王海林、侯岩、侯龙文、郭金胜:《现代质量管理》,经济管理出版社 2005 年版,第 6 页。

　　② S. 托马斯·福斯特:《质量管理:集成的方法》,何桢译,中国人民大学出版社 2006 年版,第 5 页。

　　③ 龚益鸣:《现代质量管理学》,清华大学出版社 2007 年版,第 21 页。

　　④ Anthony C. US Corporate Executive Knowledge of ISO9000 Lacking Quality. Quality Progress,1993:37.

　　⑤ 张根保:《现代质量工程》,机械工业出版社 2004 年版,第 3 页。

二、基础教育质量的含义和特性

(一)基础教育质量的含义

人们可以采用不同的视角界定基础教育质量这一概念。

视角之一：从教育产品优劣的角度界定基础教育质量。

顾明远主编的《教育大辞典》指出："教育质量是对教育水平高低和效果优劣的评价。影响它的因素主要是教育制度、教学计划、教学内容、教学方法、教学组织形式和教学过程的合理程度；教师的素养，学生的基础及师生参与教育活动的积极程度。"①这里虽是对教育质量进行界定，但是由于基础教育是教育系统的一个组成部分，基础教育质量就是一般的教育质量在基础教育领域的推演。

视角之二：从确定高标准和达到高标准的过程的角度界定基础教育质量。

美国高质量教育委员会发布的《国家处在危险中，教育改革势在必行》报告对高质量下了一个定义："高质量指的是一个学校或学院为全体学生规定了高标准和目标，然后想方设法协助学生达到这些标准和目标。高质量指的是一个已经采用了这些政策的社会。之后，这个社会将有能力通过教育和提升本国人民的能力对迅速变化的世界的挑战作出响应。"②这里将高质量的教育的范围限定为中小学和大学。

《国家处在危险中，教育改革势在必行》这份报告指出："我们的目标必须是充分发挥个人的才能。为达到这一目标，我们希望并且帮助所有的学生最大限度地发挥他们的能力。我们希望学校建立真正的高标准，而不是低标准。同时，我们希望家长支持和鼓励他们的子女去最大限度地发挥他们的天才和能力。"③

视角之三：从满足需要的角度界定基础教育质量。

---

① 顾明远：《教育大辞典》，上海教育出版社 1990 年版，第 24 页。
② 教育发展与政策研究中心编：《发达国家教育改革的动向和趋势》第 1 集，人民教育出版社 1986 年版，第 8 页。
③ 教育发展与政策研究中心编：《发达国家教育改革的动向和趋势》第 1 集，人民教育出版社 1986 年版，第 8 页。

基础教育质量具有适应学生需要这一内在含义。基础教育质量概念界定需要考虑基础教育如何适应学习者的需要。库姆斯指出："比起习惯上定义的教育质量以及根据传统的课程标准判断学生学习成绩从而得出的教育质量，这里所说的'质量'还包括教和学的相关性（relevance）问题，即教育如何适应在特定环境与前景下学习者当前和将来的需要，还涉及教育体系本身及教育要素（学生、教师、设备、设施、资金）的重要变化，涉及目标、课程和教育技术以及社会经济、文化和政治环境等。"①因此，衡量教育质量不能只看传统意义上的学习成绩，而且要看教和学是否适应不同社会条件下学习者的需要。衡量基础教育质量高低的关键尺度，是看基础教育对于教育当事人（教师、学生和家长）来说的需要的满足程度。

视角之四：从过程和结果的角度界定教育质量。

杨明指出："教育质量可见之于教育活动内容、活动过程和活动结果三个方面。从教育活动内容的角度看，学校管理工作、教育工作、教学工作三方面都存在着工作质量的有无和高低问题。从活动过程的角度看，学生的升级率、巩固率、留级率和毕业率的高低直接或间接地反映了教育过程质量的高低。从活动结果的角度看，学生德智体美劳的综合素质、学生能力水平、学生适应能力、学生学习成绩、学生各方面的综合表现，从不同侧面反映了教育产出中最为重要的一个方面的质量。"②这一视角是从教育过程进行和结果取得角度来审视基础教育质量提高的。

（二）基础教育质量的特性

基础教育质量具有一系列特性。美国学者库姆斯作了很好的阐述。

首先，基础教育质量具有可变性。随着时间的推移，基础教育质量自然会发生变化。基础教育学校和教育者应根据教育对象的需求和期望，不断调整对质量的要求。库姆斯认为，基础教育质量既是静态的，也是动态的。③

其次，基础教育质量具有相对性。教育对象对教育产品和服务提出不

---

① 库姆斯：《世界教育危机：八十年代的观点》，李宝恒译，人民教育出版社1990年版，第116页。

② 杨明：《教育发展的本质新探》，《教育评论》1996年第1期，第14页。

③ 库姆斯：《世界教育危机：八十年代的观点》，李宝恒译，人民教育出版社1990年版，第115页。

同的需求,需求不同,其质量要求也就不同。但是,只要满足人的需求,就应该认为该产品和服务的质量是好的。库姆斯认为:"质量是相对的,是根据特定的时间、地点以及特定的学习者和他们的环境相对而言的。"①笼统地谈论基础教育质量是没有意义的。

再次,处于不同教育发展阶段和水平的国家和地区,基础教育质量的衡量尺度是不同的。在分别衡量发达国家的教育质量和发展中国家的教育质量时,人们不能用同一把尺子。库姆斯指出:"适合当今工业社会中成长的十多岁青少年的教育就不会同样适合阿富汗、上沃尔特或巴拉圭的同龄人的教育。"②

最后,处于精英教育阶段的教育质量和处于大众教育阶段的教育质量有所不同。库姆斯指出:"精英教育条件下的教育质量的衡量尺度和大众教育下的教育质量的衡量尺度是不同的。在同一个国家里,用少数英才的学习成绩去衡量大众的学习成绩是不恰当的。"③

第二节　基础教育质量的分类

质量有不同的分类,基础教育质量也有不同的分类。

一、广义的基础教育质量和狭义的基础教育质量

日本质量管理专家石川馨认为,人们如何解释质量这个术语很重要。一种解释是狭义的解释,质量是指产品质量;另一种解释是广义的解释,质量是指工作质量、服务质量、信息质量、过程质量、部门质量、人员质量、系统质量、目标质量的总和。这一解释其实就是全面质量的解释。

张根保认为,所谓狭义质量,是指仅仅从用户的角度去看的质量,即要求产品的需求满足度、可信性、安全性和适应性高。有时人们将质量狭窄地

---

① 库姆斯:《世界教育危机:八十年代的观点》,李宝恒译,人民教育出版社 1990 年版,第 116 页。

② 库姆斯:《世界教育危机:八十年代的观点》,李宝恒译,人民教育出版社 1990 年版,第 117 页。

③ 库姆斯:《世界教育危机:八十年代的观点》,李宝恒译,人民教育出版社 1990 年版,第 117 页。

理解为产品的精度。所谓广义质量,是指不仅从用户角度看的质量,同时还包括从制造者和社会角度去理解的质量。到目前为止,广义质量概念已经越来越为人们所接受。[①] 依据狭义和广义质量的范围的不同,狭义的基础教育质量是指基础教育产品质量。从人才培养的角度看,基础教育的根本目的是多出人才、出好人才。从这个意义上讲,基础教育产品主要是指学校培养的学生的数量和质量水平。广义的基础教育质量是指基础教育各个层面的质量,包括基础教育领域的工作质量、服务质量、信息质量、过程质量、部门质量、人员质量、系统质量、目标质量等。

二、基础教育产品质量和基础教育服务质量

在经济学和管理学的研究和实践中,人们往往将质量分为产品质量和服务质量两个方面。产品质量具有多个维度。哈佛商学院的戴维·加文提出著名的 8 个质量维度划分方法,用来描述产品质量。这 8 个维度是性能、特征、可靠性、一致性、耐久性、可服务性、美感、感知质量。性能(performance)是指产品达到预期目标的效率。特征(features)是指用来增加产品基本性能的产品属性,包括蕴含在产品之中的许多新花样。可靠性(reliabilities)是指产品在设计的使用寿命期内,一致地完成规定功能的能力。一致性(conformance)是一种最传统的质量定义,通常在产品的设计时人们会将产品的性能量化,而这些量化的产品维度被称为规格,质量是符合规格的程度。耐久性(durability)是指产品能忍受压力或撞击而不出现故障的程度。可服务性(serviceability)是指产品易于修复。美感(aesthetics)是指一种主观感觉的特征。感知到的质量(perceived quality)是指以顾客感知为衡量标准的产品属性。[②]

服务质量也具有多个维度。服务质量维度比产品质量维度更难厘定。服务具有更多样的质量特性。三位来自 A&M 大学的市场营销教授——帕拉苏拉曼、蔡特哈梅尔和贝里,提出了著名的服务质量维度。服务质量维度包括有形性、服务的可靠性、响应性、保证性、移情性、可用性、专业性、适时性、完整性、愉悦性。有形性(tangibles)涉及服务设施、设备、人员和材料的外表。服务的可靠性(service reliability)涉及服务提供者可靠地、准确地履行服务承诺的

---

① 张根保:《现代质量工程》,机械工业出版社 2004 年版,第 3 页。

② S.托马斯·福斯特:《质量管理:集成的方法》,何桢译,中国人民大学出版社 2006 年版,第 7 页。

能力。响应性(responsiveness)是指服务提供者帮助顾客并迅速提供服务的意愿。保证性(assurance)是指员工所具有的知识、礼节以及表达出自信与值得信任的能力。移情性(empathy)是指顾客渴望服务提供者的移情性。① 基础教育质量包括基础教育产品质量和基础教育服务质量两个方面。

教育组织像其他组织一样,要使用资源,生产产品,把产品提供给外部的消费者,教育是一个投入、生产和产出的过程,它意味着将学习者培养成为当今世界需要的人。与物质生产相比,我们通常用别的词语来表征教育问题和教育活动,但是,教育系统提供的产品是值得人们为之付出的,并可依照社会标准来进行判断。萨利斯指出:"什么是教育的产品,这有许多不同的可选择的答案。通常学生会被提及,似乎他们符合产品这个角色。在教育中,我们常常将学习者视为产出(output),特别是考量机构的外显绩效时。"②基础教育是培养学生的过程。基础教育的产品是学生发生的变化。

基础教育可被视为一种服务。对学生来说,教育是一种服务,是通过教师、课程、教育教学设施和设备等向学生提供一系列教育服务。美国著名教育心理学家加涅指出:"教育是一项以帮助人们的学习为目的的事业。"③萨利斯指出:"服务通常是提供者与最终使用者之间的直接接触。服务直接由人对人进行。顾客跟提供服务的人之间有密切的关系。服务跟提供服务的人或者接受服务的人密不可分,每次互动都不一样,而互动的质量有一部分是由顾客决定的。"④

程凤春认为,教育服务质量特性体现在五个方面:(1)功能性。功能性是指教育及其结果能够很好地发挥应有的功能和作用。(2)文明性。文明性是指学校满足消费者精神需求和追求高尚精神境界的能力。(3)舒适性。舒适性是指让消费者感到舒适、舒服的能力。(4)时间性。时间性是指教育提供者在时间上能够满足消费者要求的能力。(5)安全性。安全性是指学校保证消费者的生命和财产不受伤害和不受损失的能力。⑤

---

① S.托马斯·福斯特:《质量管理:集成的方法》,何桢译,中国人民大学出版社 2006年版,第 8 页。

② 萨利斯:《全面质量管理》,何瑞薇译,华东师范大学出版社 2005 年版,第 25 页。

③ 加涅:《教学设计原理》,皮连生、庞卫国等译,华东师范大学出版社 1999 年版,第 3 页。

④ 萨利斯:《全面质量管理》,何瑞薇译,华东师范大学出版社 2005 年版,第 26 页。

⑤ 袁振国:《中国教育政策(2010)》,教育科学出版社 2011 年版,第 60 页。

三、基础教育投入质量、基础教育过程质量和基础教育产出质量

教育是一个投入、生产和产出的转化过程。台湾教育学家林文达指出："生产过程因素分类法将教育资源及其分配方式分成投入、历程及产出等三类。投入因素是指原始资源在未经过教育组织与技术调配而进入生产程序之中的一切因素。历程因素是运用投入以获得产出的各种配合技术和组织，不同投入的组合方式便会有不同的产出。产出是指生产的另一端，是教育生产的标的物，也是生产历程控制的结果。"①如果把基础教育理解为一个投入、生产和产出的过程，那么对于培养学生来说，基础教育的投入、生产和产出是同样不可缺少的重要因素。对不同的主体而言，基础教育质量的含义不同。对学生而言，基础教育质量应该被理解为基础教育的投入、生产和产出的特性均能满足学生要求并使学生满意的程度。对于家长来说，基础教育质量可界定为教育投入、生产和产出的特性满足家长需求并使家长满意的程度。家长虽然也关注教育的生产过程，但是他们更关注产出的数量和质量。从家长追求好的教育结果看，他们关心自己孩子的学习成绩，希望子女学业有成，前途远大。政府更关心的是学校教育提供的产出特别是毕业生的数量和质量。政府部门的管理者希望学生成为有文化、有道德的合格的公民和建设者。但是，由于政府也肩负着为公民提供教育机会的责任及确保学生受到公正的对待的责任，所以政府在关注教育产出的同时，也关注教育生产过程的公平性和效能的高低。用人单位和高一级学校更为关注教育产出，即受过教育的学生的能力水平。在他们眼里，基础教育质量主要是教育产出特性满足要求的程度。对于用人单位和更高一级学校来说，基础教育质量主要通过教育产出的变化来体现。

第三节　基础教育质量评价的含义和功能

一、基础教育质量评价含义

从学校教育角度看，基础教育质量评价包括针对学校这一主体进行教

---

① 林文达：《教育经济学》，台湾三民书局 1984 年版，第 33 页。

育环境评价、教育行为评价和教育产品评价三个方面。环境是指主体周围与主体密切相关的一切要素构成的体系。教育环境是指以教育主体和教育客体为中心,对教育主体和客体的发展起制约和影响作用的各种因素的总和。教育环境有不同的划分,它既可分为自然环境和人文环境,也可分为物质环境和精神环境,还可分为小环境和大环境。基础教育环境评价是指以学生生活、学习和发展的教育环境质量为对象,依据教育目标和环境育人的价值取向,采用一切有效而可行的方法和手段,系统地收集与教育环境建设相关的信息,对教育环境达成目标及其育人效果进行价值判断的过程。基础教育环境质量指标包括四个方面:第一方面为校园物质环境指标,它涉及自然环境、校园建筑、校园设施和教育装备。第二方面为校园文化环境指标,它涉及规章制度、思想观念、学校精神、校园信息和校园活动。第三方面为校园心理环境指标,它涉及组织团体、人际关系、心理氛围和舆论氛围。第四方面为校园社会环境指标,它涉及教育资源、周边环境、学生环境和社区期望。

教育行为是指学校开展的各种有目的的教育活动,包括课堂教学活动、课外活动、社会实践活动及具有教育作用的生产劳动。从活动范围看,它包括宏观教育管理活动,诸如教育立法、行政、规划、评价等,以及微观教育活动,如教学、指导和考试等。教育行为具有四个特征:第一,教育行为是一种以促进受教育者的身心发展为直接目的的活动。第二,教育行为是一种受理念、原则支配的主体的活动。第三,教育行为是一种运用特定方式、手段作用于受教育者的外显性活动。第四,教育行为是一种教育主体和教育客体互动的双边性活动。教育结果是一系列教育行为的结果。基础教育质量也是教育行为与教育结果的统一。基础教育行为的质量评价指标包括学校管理者行为评价、教育者行为评价、学生行为评价三个方面。学校管理者行为评价包括对学校管理、教师管理和学生管理进行的评价。教育者行为评价包括对教学行为、德育行为、课外教育行为进行的评价。学生行为评价包括对学生的生活、学习和社会实践中的行为进行的评价。

二、基础教育质量评价功能

基础教育质量评价功能是指特定基础教育质量评价结构所发挥的积极作用。基础教育质量评价具有六个方面功能:

第一,鉴定功能。鉴定是对基础教育工作质量的有无和高低进行鉴别和评定，是用评价标准判断被评价对象达成目标的程度，即用标准与对象的表现作比较，采用标准鉴别对象的表现的过程。基础教育质量评价的鉴定功能是评价的基本功能。从认识和实践的关系看，人们只有认识对象，才能现实地改变对象。鉴定首先是进行"鉴别"，即先仔细审查评价对象，然后才能"确定"结论。科学的鉴定是在事实判断之后才作出价值判断。为了确保基础教育目标的实现，人们必须对办学条件好坏作出价值判断。这种评价，一般要作出合格或不合格这两种结论。就教育活动开展情况而言，人们也需综合考察办学行为是否规范、课程计划所规定的课程是否完整开设、学校管理是否有序进行，以便判明学校教育工作开展的实效性。

第二，导向功能。导向即引导方向。由于基础教育价值取向是多元化的，故合理的评价导向就显得特别重要。所谓基础教育的评价导向，是指人们依据一定的价值观，对基础教育价值进行选择时所持的倾向性。在对待基础教育价值问题上，具有不同价值观的人会有不同的价值取向，因此，人们应提倡用国家和社会的主导价值观引导基础教育改革和发展的方向。为了摆脱"应试教育"倾向的束缚，人们必须以构建素质教育评价体系为评价目的，使得评价标准符合国家的教育方针、基础教育的性质和学生身心发展的规律。如何发挥教育评价的导向功能呢？关键是通过评价指标设计和应用来发挥评价的导向功能。评价指标在一定程度上起着指挥棒的作用。在平时工作中，评什么就抓什么，不评就不抓或少抓，这是很正常的现象。因此，设计科学合理的评价指标体系至关重要。

第三，调控功能。基础教育是一项系统工程。在其运行过程中，人们有必要根据信息反馈情况不断加以调整，以期实现预定的提高质量的目标。在基础教育质量评价过程中，人们要用科学方法，系统地收集信息，对这些信息进行分析，从而作出肯定或否定的判断，发扬优点，克服缺点，以促进基础教育进入最佳运行状态。

第四，激励功能。基础教育质量评价能激发受评者的积极性，产生努力学习、认真工作、奋起直追的效果。基础教育质量评价的激励效应受四个方面因素的影响：一是评价本身内含的目标因素。它制约评价对象的动机结构。受评者必然为达标而积极工作。二是通过评价可以提供给评价对象评价的结果，评价起到给予信息反馈的作用。肯定的评价使得受评者受到鼓舞，享受到成功的喜悦，增强信心。即使得出否定性的评价，人们也可以从中吸取教训，找出差距，改进工作。三是评价本身会对当事人施加压力。大多数评价是多个对象参加的评价,评价后人们会进行横向比较。在相似情况下,为什么有的人得到好评、有的人却不能得到好评,这必然会引起人们的反思,激发参评者的竞争热情。四是评价事关受评者的利益。利益包括货币收益和非货币收益。评价会直接或间接地影响受评者的声誉和待遇。评价往往在较深层次上影响人们的工作积极性,激发人们自我发展的动力。

第五,改进功能。基础教育质量评价的最终目的在于改进基础教育工作,提高教育质量和办学效益,使得基础教育满足受教育者发展和社会发展的根本需要。改进,就是要改变旧有工作状态,使之提高到一个新水平。改进,就意味着要解决工作中存在的问题。每解决一个问题,工作就前进了一步。以教学为例,通过教学中的诊断性评价,人们可以发现学生在学习中存在的问题,采取补救措施;发现教师在教学方法或教学技能方面的缺陷,对症下药,改进教学方法,提高教学效能。

第六,教育功能。基础教育质量评价过程也是对受评者进行思想品德教育的过程。通过参加评价工作过程,参评者会更清晰地认识基础教育的性质、任务和特点,树立民主观念和效率观念,养成实事求是和批评与自我批评的作风。

第四章　北仑区基础教育质量的
三大步跨越式提升

　　自1985年建区以来,北仑区将基础教育质量提升作为基础教育发展的核心目标,顺应经济社会发展的趋势,跟随我国教育改革的节奏,在普及九年义务教育、实施素质教育和开展新课程改革这三大阶段性改革中,锐意改革、大胆创新,实现了基础教育质量的三大步跨越式提升。

第一节　借助普及九年义务教育的契机,夯实
基础教育质量提升的基础

一、北仑区普及教育工作的起步及发展模式的变革

　　宁波市北仑区是一个建区历史较短的新区。北仑区开始时被称为滨海区,建于1984年3月。1985年8月9日,滨海区、镇海区进行了行政区划调整。浙江省人民政府(浙政发〔1985〕64号文件)转发国务院撤县扩区的批复,并提出了实施意见,规定了区划调整的范围和规模、区划调整的原则、实施步骤、组织领导等。滨海区原在甬江以北的城关镇、俞范镇和清水浦乡,划归镇海区管辖;镇海县原在甬江以南的4个区18个乡,划归滨海区管辖。扩区后,滨海区所辖范围由原来的5个乡镇扩大为5镇15乡,全区总面积585平方千米,总人口30.3万人,区址设在新碶镇。1985年10月1日,镇海区和滨海区两区正式分设。滨海区下辖长山等4区和小港等20个乡镇。1987年7月4日,滨海区更名为北仑区。宁波市政府转发浙江省人民政府(浙政发〔1987〕61号文件)《关于滨海区更名为北仑区和改建区政府驻地的批复》,同意将滨海区更名为北仑区,区政府驻地设在新碶。

　　北仑建区之时,恰值我国教育领域开始大力抓普及义务教育之时。普

及义务教育的实施为北仑基础教育的快速发展提供了重要契机。

1985年,《中共中央关于教育体制改革的决定》(简称《决定》)颁布。《决定》作出"把发展基础教育的责任交给地方,有步骤地实行九年义务教育"这一关系我国未来基础教育基本走向的重大战略决策。《决定》指出:"实行九年义务教育,实行地方负责、分级管理的原则,是发展我国教育事业、改革我国教育体制的基础一环。"①针对我国不同地区之间经济、文化发展极不平衡的实际情况,《决定》提出,义务教育的要求和内容应该因地制宜,有所不同。全国各地义务教育发展不是齐步走,而是有先有后、有快有慢。《决定》提出了分步实施和普及义务教育的战略构想,将全国大致划分为三类地区:一是约占全国人口四分之一的城市、沿海各省中的经济发达地区和内地少数发达地区。在这类地区,相当一部分已经普及初级中学教育,其余部分应该抓紧按质按量普及初级中学教育,在1990年左右完成普及初级中学教育任务。二是约占全国人口一半的中等发展程度的镇和农村,先普及小学教育,后普及初中教育。三是约占全国人口四分之一的经济落后地区,要随着经济的发展,采取各种形式积极进行不同程度的普及基础教育工作。

1986年4月12日,第六届全国人民代表大会第四次会议审议并通过了《中华人民共和国义务教育法》,第一次将普及义务教育建立在专门法律的基础上,使我国义务教育迈入一个新发展时期。《中华人民共和国义务教育法》规定:"国家实行九年义务教育。省、自治区、直辖市根据本地区的经济、文化发展状况,确立推行义务教育的步骤。"②在公民接受义务教育的权利方面,《中华人民共和国义务教育法》规定:"国家、社会、学校和家庭依法保障适龄儿童、少年接受义务教育的权利。"③"凡年满六周岁的儿童,不分性别、民族、种族,应该入学接受规定年限的义务教育,条件不具备的,可以推迟到七周岁入学。"④《中华人民共和国义务教育法》的颁布,使得我国的义务教育

---

① 《中国教育年鉴》编辑部编:《中国教育年鉴(1982—1984)》,湖南教育出版社1986年版,第3页。

② 何东昌主编:《中华人民共和国重要教育文献(1976—1990)》,海南出版社1998年版,第2414页。

③ 何东昌主编:《中华人民共和国重要教育文献(1976—1990)》,海南出版社1998年版,第2415页。

④ 何东昌主编:《中华人民共和国重要教育文献(1976—1990)》,海南出版社1998年版,第2415页。

发展进入了一个依法治教的阶段。

1986年9月11日,国家教委等四部委制定了《关于实施义务教育法若干问题的意见》(简称《意见》)。《意见》指出:"普及初等或初级中等教育应做到:(1)学校的经费、校舍(含住宿生的宿舍和体育运动场地)、教学设备、仪器和图书资料等办学条件,符合各省、自治区、直辖市规定的标准和要求。(2)小学、初级中等学校的教师能胜任或基本胜任教育、教学工作,多数教师具备合格学历(小学教师具备中师毕业及其以上程度,初级中等学校教师具备师专毕业及其以上程度),其余取得所任学科专业合格证书。教师数量足够,专业结构合理。(3)教育思想端正,认真贯彻教育方针,积极进行教育、教学改革,为学生在品德、智力、体质诸方面的全面发展打下良好的基础。"①《意见》提出:"要分地区、有步骤地实施义务教育。按质按量普及初等教育是普及九年制义务教育的基础。在实施九年制义务教育时应做到:一是在初等教育尚未普及时,不要盲目地去普及初级中等教育;二是在发展初级中等教育的时候,办学条件,特别是师资准备工作要提早安排。"②到1991年年底,全国76%的县基本普及了小学教育,城市基本普及了初中教育。③

综观世界普及义务教育的发展历史,义务教育具有独特的性质、目的和特性。义务教育是依法律规定适龄儿童和青少年都必须接受,国家、社会、家庭必须予以保证的国民教育,为现代生产发展和现代社会生活所必需,是现代文明的一个标志。义务教育具有社会历史性、民族性、公共性、普遍性、基础性、强制性和福利性。

普及义务教育不仅仅是受教育对象范围的扩大、人数的增加、年限的延长,与以往以普及初等教育为重点的基础教育模式相比,普及义务教育是基础教育观念和模式的一场深刻变革。这种变革主要体现在以下三个方面:

第一,目标模式方面从应试模式转向国民教育模式。长期以来,我国基础教育在升学指挥棒及相应的社会政策和社会心理因素的制约下,存在片面追求升学率的倾向和做法。所谓片面追求升学率倾向,就是把提高升学

---

① 何东昌主编:《中华人民共和国重要教育文献(1976—1990)》,海南出版社1998年版,第2496页。

② 何东昌主编:《中华人民共和国重要教育文献(1976—1990)》,海南出版社1998年版,第2496页。

③ 马洪:《中国改革全书(1978—1991)》,大连出版社1992年版,第26页。

率(主要是中学毕业生通过高校或中专招生考试的筛选方式)和提高入学率作为办学的方向和奋斗的目标,调动和集中一切可以调动和集中的资源,不顾一切地追求高升学率的倾向。不可否认,一个地区、一个学校、一个班级,能有高的升学率是一件好事,但是,"不顾一切"地去追求,或违反教育规律,不顾学生的身心健康去追求的做法,是不可取的。义务教育是以提高国民素质为基础的教育,是一种国民教育。作为实施普及义务教育的学校,应将升学者和就业者同等对待。学校孜孜以求的应该是升学者真正合格、就业者个个优秀,而不应该单纯把改变两者的比例关系作为目标和方向。

第二,在管理模式方面,从自愿、自费、行政的教育管理模式向强迫、免费、行政与法律并举的教育管理模式转变。在实施普及义务教育政策之前,普及教育主要是采用发出号召和依靠教育行政部门组织的方式进行的,入学方面基本上采用自愿入学和低收费的形式。而义务教育是用法律形式规定的,适龄儿童和少年必须接受的,国家、社会、学校和家庭必须予以保证的、带有强制性的国民教育。各国经验表明,立法和免费是普及义务教育管理体制改革中不可或缺的两个重要方面,两者的统一性充分体现了义务教育管理体制中行政与法律并举的强制作用。由自愿、自费、行政的教育管理模式向强迫、免费、行政与法律并举的教育管理模式转变,是我国基础教育管理走向科学化、现代化的一场重大变革。只有完成这一历史性转变,普及义务教育才能真正走上依法治教的现代化、科学化的正常轨道。

第三,在评价模式方面,从注重筛选的评价模式转向注重达标的评价模式。在实施普及义务教育前,人们习惯于采用筛选模式。注重筛选的评价模式具有两个显著特点:一是以升学率作为衡量教育质量的基本标准,哪个学校的学生能通过高考等类别的考试的筛选门槛的人数多、比率高,那个学校的教育质量就高。这种评价方法有一定的合乎逻辑性,升学率高能在一定程度上反映学校教育教学的效果。但与此同时,人们也应看到,目前招生考试制度存在着手段使用方面的不足,而且,德智体诸多方面仅用书面考试和思想评定是很难予以精确衡量和明确表达的。所以,单纯以升学率为尺度来衡量教育质量高低是不全面的。再者,一个中学生是否达到合格和优秀的标准,与高校招收的新生是否合格和优秀,两者标准也有所不同,以选拔性考试来代替事先有明确规定的、确立了合格标准的目标参照性考试,显然是不科学的和不合理的。二是以分数高低作为评价学生的唯一标准。为了追求教育评价的客观性和科学性,人们将测量手段引入教育领域。分数作为一种评价方式,较为客观地反映了学校教育教学的成效。分数这一量化的形式不仅较为直观,而且便于进行横向和纵向比较,所以得到了广泛的应用和传播,尤其在筛选式评价模式中得到充分应用。但是,教育领域中许多方面诸如人的品质、能力、情感等是无法真正量化的,有时只看精确的数据反而离科学判断更远。同时,学生的考试分数的高低受很多因素的影响,分数高低不完全取决于学生的努力程度和实际水平,考试分数只能反映学生特定时期和情景下的学习状况。

总之,全面衡量升入高一级学校的学生的素质,不能仅看考试科目的分数高低。基础教育评价由注重筛选的评价模式转变为注重目标的评价模式,势在必行。人们不愿意将所有学校办成一个样子,将所有学生教成一个样子,而是希望以国家的培养目标作为各个地方、各个学校、广大教师和学生的努力目标,调动大家的积极性。当然,培养目标应分解和具体化,成为可操作的衡量教育质量的标准。这种标准应当具体明确,而且相对稳定,是大家经过努力都能达到的。

20世纪80年代中后期,北仑区在成立初始就着力推进普及九年义务教育工作。1986年,北仑区成为浙江省第一个宣布全区同时实施九年义务教育的区,是浙江省实施九年义务教育的先进县(市、区)之一,并创建了独具特色的北仑模式。1988年,北仑区成为浙江省第一批校舍无危房的县(市、区)之一,得到浙江省人民政府的表彰。1993年,北仑区通过了浙江省普及九年义务教育验收,受到了省领导和各县(市、区)评估专家的好评。

北仑区刚建区之时,教育工作基础薄弱。1985年9月,全区有小学和初中214所,学生33488人,专任教师1548人。完中4所,学生1290人,专任教师64人。职业高中5所,其中4所为附设职业高中,专业7个,学生330人,教职工22人。这时全区中小学校舍多为破旧房和危房,一些校舍直接坐落在寺庙庵堂和仓库中。小学和初中的教师学历合格率仅为46.9%;小学和初中流失学生比率分别高达25%和30%;配齐设备的学校不足5%。在当时宁波市11个县(市、区)中,教育基础排在最后一名。①

新区初建之时,全区百业待兴,建设任务繁重。但是北仑区的教育工作者和其他社会人士发扬敢为天下先的精神,锐意进取、大胆创新,着力破解

---

① 北仑档案网:《北仑历史1985年大事记》,http://blda.bl.gov.cn/detail.asp? id=235&pg=0。

教育困局,开创了率先在宁波市和浙江省范围内又早又好普及九年义务教育的新局面。

二、北仑区普及九年义务教育的主要举措

北仑区普及九年义务教育、提高教育质量的基本做法包括以下六条。

(一)制订和实施普及义务教育规划,实现义务教育超前发展

义务教育发展要求地方人力、物力和财力的大量投入。社会经济发展水平和财力的投入,制约着义务教育办学条件的改善、普及速度的提高、规模扩大和质量提升等要素。实施义务教育有助于将社会的教育投入转化为具有较高素质的劳动力,他们对地方的经济和文化发展起直接或间接的推动作用。为普及义务教育,地方政府必须制订适应地方经济文化整体发展水平,并与这种整体发展水平相协调一致的义务教育规划。义务教育具有育人周期长、发挥效益迟的特点。但是,义务教育又是一种长远投资,今日的义务教育塑造明日的国民素质。义务教育事业必须未雨绸缪,超前发展。

制订义务教育规划对于义务教育普及来说至关重要。唯有制订科学的义务教育规划,义务教育发展才有明确的目标导向。有了好的规划,才能增强人们工作的主动性和自觉性,才能保持义务教育持续、稳定的发展态势,也才能使有限的义务教育资源投入发挥更大的效能。

北仑区政府在实施普及义务教育伊始,就认识到义务教育规划的意义和作用,将制订规划看成是顺利实施九年制义务教育的先决条件之一,下大力气制订出符合本地实际、对普及教育起到调控和指导作用的科学规划,积极推进九年制义务教育的普及。

1986 年 4 月,北仑区第一届第三次人民代表大会通过了《关于在全区实行九年义务教育的决定》(简称《决定》)。《决定》指出:"因政府部门职能调整和上级政策变化,《宁波市北仑区实施九年制义务教育乡镇政府责任制(试行)》,现予以公布。"滨海区从 1986 年 7 月 1 日起在全区 20 个乡(镇)同时实施九年制义务教育。为确保这一决定的落实,区政府投入教育基建投资 220 万元,以改善办学条件,并确定峙头、下邵、上阳、梅山等山区及边远

乡为重点投资的乡。①

1986年7月,北仑区政府制订《"七五"教育事业发展规划》(简称《规划》),对"七五"期间普及初中教育、调整中等教育结构、巩固和提高初等教育成果及发展幼儿教育、成人教育等方面工作作了全面规划。

《规划》指出:"根据《中共中央关于教育体制改革的决定》和《浙江省九年制义务教育条例》的规定,结合本区的具体情况,制订九年制义务教育规划,并在各级政府的领导下组织实施,以充分保障适龄儿童少年受教育权利。"

《规划》在具体分析本区教育基本情况的基础上,确定了规划目标:本区实行九年制义务教育,分准备阶段和实施验收两个阶段。计划从1986年开始实施九年制义务教育,到1990年要求在本区实现九年制义务教育,在这4年中逐步作好全面实施工作,为迎接义务教育验收做好准备。

实现九年制义务教育的标准包括:(1)小学入学率100％,巩固率100％,小学升初中的上学率100％,初中毕(结)业率达到85％以上;(2)能胜任教学的合格教师(包括学历合格和专业文化合格)占教师总数的90％以上;(3)教学经费、校舍、场地、教学设备和图书资料等办学条件达到国家和省《办学纲要》标准;(4)努力做到办学方向明确,教育思想端正,认真贯彻德智体美劳全面发展方针,积极进行教育教学改革,教育质量达到省、市先进水平,为振兴本地经济培养人才,社会效益好。

《规划》还提出了实施九年制义务教育的措施,包括动员社会力量关心教育、重视教育,切实形成尊师重教的良好社会风尚;大力宣传《中华人民共和国义务教育法》,使之家喻户晓;端正办学思想,进一步提高教育质量;建立一支由足够数量的合格教师组成的队伍;校舍场地设备分步规划和添置。

(二)实行基础教育地方负责、分级管理新体制,落实地方相关责任

我国是一个发展中国家,经济发展水平不高,举办义务教育等方面的公共事业的财力较为紧张。在全国范围内普及九年制义务教育,任务十分艰巨。如果仅仅依靠中央的力量,一切都由中央包下来,实行高度集中统一管理的体制,不仅中央财政难以支撑,而且由于管理幅度过大,最终会导致限

---

① 北仑档案网:《北仑历史1986年大事记》,http://blda. bl. gov. cn/detail. asp? id=235&pg=0。

制地方和人民群众的积极性,从而妨碍义务教育的普及进程。

针对我国幅员辽阔、人口众多和发展不平衡的特点,1985 年《中共中央关于教育体制改革的决定》(简称《决定》)提出"实行基础教育由地方负责、分级管理的原则"①。《决定》指出:"基础教育管理权属于地方。除了大政方针和宏观规划由中央决定外,具体政策、制度、计划的制订和实施,以及对学校的领导、管理和检查,责任和权力都交给地方。"②《决定》规定的体制改革方针和策略符合我国的国情和普及义务教育的现实需求。地方负责、分级管理的原则,是符合我国国情、体现义务教育特点的最佳选择,有利于促进义务教育事业又快又好的发展。

在地方这一层次,义务教育的规划制订、政策制定、经费和师资等办学条件的保证、组织机构的设立、管理的进行和督导的开展方面,省、县(市、区)起着关键作用,而乡(镇)则是普及义务教育工作开展的基层管理组织。属于地方一级的省、县(市、区)和乡(镇)三级政府的职责权限,中央并未作出统一规定。各地有必要在具体实践中逐步探索出一条有利于义务教育事业发展的职责划分思路。

北仑区在推进九年制义务教育的过程中,对区和乡(镇)的义务教育职责进行了明确的厘定。北仑区人民政府在实施九年义务教育中的主要职责包括:全面负责普及义务教育工作,制订义务教育发展规划;规划和批准全区义务教育阶段学校的设置、停办和布局调整;任命主管学校的校长;负责全区学校公办教师的管理和调配;负责全区学校的教育、教学业务的管理和指导;每年安排一定的机动财力用于普及义务教育,对全区义务教育经费的筹集、分配、管理进行监督、评估、指导和审核。

各个乡(镇)人民政府在实施义务教育中的主要职责包括:制订本乡(镇)的义务教育规划、协助上级教育行政部门考核初中和中心小学校长,并任命副校长和完小及村小的校长,协助上级教育行政部门管理本乡(镇)的公办教师,负责管理民办教师;筹措义务教育经费,征收教育事业费附加,并且管好用好教育经费,不断改善办学条件。

---

① 《中国教育年鉴》编辑部编:《中国教育年鉴(1982—1984)》,湖南教育出版社 1986 年版,第 3 页。

② 《中国教育年鉴》编辑部编:《中国教育年鉴(1982—1984)》,湖南教育出版社 1986 年版,第 3 页。

1986 年 12 月 6 日,宁波市人民政府召开推行《义务教育法》现场会,推广北仑区峙头乡经验。在现场会上,市政府推广了鄞县五个乡镇和北仑区峙头乡的经验。相对贫困的北仑区峙头乡竭尽全力搞好基础教育工作,全乡小学毕业生升初中比率达到 99.1%,名列各乡镇前茅。[①]

1986 年 10 月,北仑区《实施九年制义务教育乡(镇)政府责任制》出台。北仑区政府决定采取"全面实施,分步要求,积极稳妥地实施义务教育"的形式,在全区 20 个乡(镇)同时全面实施义务教育,同时按照"分步要求"的原则分 3 年逐年提高初中普及年限。区政府制定的《实施九年制义务教育乡(镇)政府责任制》规定了乡(镇)政府依法办学的责任及义务教育实施的标准等。

1988 年,北仑区采取的实施九年制义务教育的方法,被省教委列为浙江省实施九年制义务教育的两种模式之一。

1988 年及 1989 年,北仑区教育局两次被评为"浙江省先进教育局"。

(三)多渠道筹措教育经费,提高经费使用效益

必要的经费投入是实施义务教育的必不可少的前提条件,它直接制约着义务教育普及的规模、速度、数量和质量。义务教育经费投入的多少,既受经济实力的限制,又受人们对义务教育重要性认识的制约。总的说来,义务教育经费来源主要包括三大部分:一是用于义务教育的财政性经费,包括来自财政渠道预算内外的教育经费,以及教育费附加等;二是社会对义务教育的投入,主要涉及社会集资、群众捐资等;三是个人负担的费用,主要包括学生个人和家长缴纳的杂费、书簿费、课外活动费等。

1985 年颁布的《中共中央关于教育体制改革的决定》指出:"为了保证地方发展教育事业,除了国家拨款以外,地方机动财力中应有适当比例用于教育,乡财政收入应主要用于教育。地方可以征收教育费附加,此项收入首先用于改善基础教育的教学设施,不得挪作他用。地方要鼓励和指导国营企业、社会团体和个人办学,并在自愿的基础上,鼓励单位、集体和个人捐资助学,但不得强迫摊派。同时严格控制各方面向学校征收费用,减轻学校的经

---

① 北仑档案网:《北仑历史 1986 年大事记》,http://blda. bl. gov. cn/detail. asp? id=235&pg=0。

济负担。"①

早先的滨海区和更名后的北仑区积极增加义务教育财政经费投入。1986年4月,滨海区一届人大二次会议通过决议,决定实施九年制义务教育,区政府投入教育基建投资220万元,以改善办学条件,并确定峙头、下邵、上阳、梅山等山区及边远乡为重点投资的区域。②

随着人民群众办学积极性的提高,北仑区出现了全社会关心教育,人们踊跃集资、捐资办义务教育的良好势头。1986年10月17日,北仑区庆同职业高中教学楼落成。庆同职高教学楼(在芦渎中学内)由香港九龙大业织造公司董事长沈炳麟先生捐资16.6万元人民币兴建,建筑面积1000平方米。此前,沈先生还捐助柴桥镇兴建信恩幼儿园,前后三次捐资共计30余万元人民币。③

1987年,祖籍北仑大碶的港胞顾国和、顾国华兄弟,为发展家乡的教育事业,先后捐资港币150万元、人民币32万元,分别在新碶和大碶镇兴建图书馆和幼儿园,并分别以他们父母亲的名字命名。1989年10月22日,周翠玉幼儿园竣工落成,建筑面积为2000平方米。④

北仑区还积极拓展学校自筹经费办学的路子。勤工俭学一方面有利于教育和生产劳动相结合,另一方面也有利于弥补教育经费的不足。北仑区政府对勤工俭学提供优惠政策,规定校办企业暂免征所得税,也不向财政部门上缴利润。勤工俭学的收益,除了用于扩大再生产、改善生产条件和提取一定比例公益金外,主要用于改善办学条件、发放师生员工的集体福利和奖金。1987年10月13日,北仑区学校勤工俭学纯收入突破100万元大关。1987年,全区校办企业坚持改革开放,积极推行和完善企业承包经营责任制,狠抓经济效益,纯收入达到113万元,成为全省勤工俭学纯收入超百万的15个县(市、区)之一。1992年,北仑区通过省级实验教学普及验收,区政

①　《中国教育年鉴》编辑部编:《中国教育年鉴(1982—1984)》,湖南教育出版社1986年版,第4页。

②　北仑档案网:《北仑历史1986年大事记》,http://blda. bl. gov. cn/detail. asp? id=235&pg=0。

③　北仑档案网:《北仑历史1986年大事记》,http://blda. bl. gov. cn/detail. asp? id=235&pg=0。

④　北仑档案网:《北仑历史1987年大事记》,http://blda. bl. gov. cn/detail. asp? id=235&pg=0。

府被评为全国勤工俭学的先进单位。[①]

综上所述,通过多渠道筹措教育经费,北仑区义务教育阶段办学条件显著改善。1989 年 3 月 6 日,浙江省人民政府在全省教育工作会议上表彰了12 个全部排除学校危房的县(市、区),北仑区名列其中;时任浙江省省长的沈祖伦在会上代表省政府给 11 位抓教育成绩卓著的县委书记和县长记功,并颁发了证书,时任北仑区区长的宋锡康是受表彰的先进人物之一。

(四)采取多种形式,加强师资队伍建设

建设一支数量足够、结构合理、合格又稳定的教师队伍是依法实施九年义务教育、提高教育质量的关键因素。师资队伍的数量和质量,直接制约着普及义务教育的速度和质量。随着普及九年制义务教育的步伐不断加快,师资队伍建设与普及义务教育之间的矛盾日益加剧。一些地方出现教师数量不足、质量不高、结构不合理、民办教师和代课教师多等问题,严重影响基础教育发展和义务教育普及。从义务教育阶段学校的师资队伍的实际情况出发,根据师资培养周期长的特点,考虑未来时期需要,规划和建设教师队伍,就成为地方普及义务教育过程迫切需要解决的难题。

针对义务教育学校部分学科教师数量不足的问题,北仑区主要采取三个措施:一是以乡镇为单位,进行调查和预测,搞好教师需求分析,制订补充教师的规划,逐年补充教师,减少教师增补的随意性和波动性。二是通过调整学校布局,合并规模小的教学点,集中优势力量办学,进行教师资源的重组和整合,缓解教师数量不足的矛盾。三是改革现有人事和分配制度,充分发挥现有教师的潜能。本着"增师不增资,减师不减资"的原则,通过考试选拔,整顿教师队伍,清理超编的教师,特别是不合格的教师。

由于以往很长时期以来我国对教师的学历和能力要求不高、不严,一些不合乎规定的教师也进入教学岗位。北仑区部分教师素质也不符合高质量义务教育发展的要求,主要表现在:一些教师文化程度低,学历不达标;一些教师虽然学历达标了,但是能力差,不能很好地进行教学工作;还有些教师缺乏献身于教育的敬业精神。为了提高教师素质,北仑区着力加强教师素质提升工作:一是通过脱产学习、在职进修等方式逐步提高教师学历达标

---

① 北仑档案网:《北仑历史 1987 年大事记》,http://blda. bl. gov. cn/detail. asp? id＝235&pg＝0.

率。二是加强培训基地建设,充实现代化教学设备和教学手段,扩大培训量,提高培训质量,同时加强学校教研和科研,借此提高教师的教学能力。三是加强教师职业道德教育,提高教师对职业的认同感和职业幸福感。

针对教师队伍的学科结构不合理、地区分布不合理等问题,加大教师分配改革力度,对薄弱学校和学科给予重点支持,鼓励城市教师支援农村学校,人事关系不转,定期轮换,形成制度。

(五)积极调整学校布局,提高规模效益和办学质量

实施义务教育的重点和难点在农村。在农村实施义务教育的过程中,虽然政府给了很多方面的政策倾斜,增加了经费投入,但是,与广大农村实施义务教育的经费需求相比,仍然显得投入不足。农村学校布局不尽合理与办学效益低下,是实施义务教育中很值得探讨的问题。

1986年,北仑区地处浙东三面环海的穿山半岛上,面积585平方千米,三分之一是山区和海岛,20个乡镇,31万人口,其中农业人口占87%。1986年,全区有小学178所,其中村初小69所,村完小109所。①

学校布局不合理,突出表现在布点过多、过散。布点过多、过散带来两个方面的不利影响:一是学校布点过多,规模过小,造成教育经费投向不合理和办学效益严重低下。1986年,北仑区存在好几所10人以下的小学。小规模的小学也较多,生师比较低,教师超编数量大。有限的教育经费绝大部分用于教职工的人员经费支出方面,公用经费所剩寥寥无几,严重影响了教学设备和其他办学条件的改善,办学效益不高。二是由于学校布点过多,规模过小,教学网点分散,复式班指数增高,有时只好请代课教师来补充,但是又很难按照教学计划开足开好课程,结果是教师越教越松劲,学生越学越没劲。

北仑区针对学校布局不合理的突出问题,积极进行布局调整工作。1986年8月16日,区委召开常委会会议专题讨论了新区的教育事业配套问题,审议了区教育局提出的新建滨海中学、扩建新碶镇中心小学和新建区中心幼儿园的规划,决定分步实施布局调整规划,采取逐步过渡的办法:在新碶中学办2个高中班,改建新碶小学,扩建新碶幼儿园。经过调整,到1990年年底,学校总数调整为121所,其中村初小59所,村完小42所,其余为乡

---

① 北仑档案网:《北仑历史1986年大事记》,http://blda.bl.gov.cn/detail.asp? id=235&pg=0.

镇中心小学。自 1986 年至 1990 年,平均每校从 3.5 个班级提高到每校 6.17 个班级,全区复式班从 126 个下降到 54 个。乡镇中心小学在校小学生数占全部小学生总数的比例从 35.8% 提高到 53.8%。[①]

北仑区布局调整产生了三个方面积极效果:一是提高了教育投资效益。通过布局调整,一些代课教师被辞退,学校节省了人头费支出。二是为迅速改善办学条件创造了机会。通过减少学校数,有限的教育经费能集中投入少数学校,学校的标准化建设步伐加快。三是促进教育质量的提高。减少教学网点,扩大学校平均规模后,教师队伍结构得到优化,学校管理也得到加强,这有利于教育质量的提高。

(六)努力解决好义务教育中流生辍学问题

随着义务教育实施,流生辍学问题成为一个比较严重的问题。学生辍学有两个特点:一是无论小学还是初中,农村的辍学率远高于城市;二是农村小学生的辍学率与地区经济水平之间存在明显的反比例关系。学生辍学对义务教育的实施产生三个方面不利影响:一是它不利于教育资源的充分利用。入学后流失辍学的学生,占用了诸如教室、教师劳动、公用经费和教学时间等,学生自己和家庭也要支出费用、花费时间和精力,但是却不能达到预期的教育目标。二是严重影响了教育的快速普及和《义务教育法》的全面实施。普及率和入学率的巨大差距主要源于学生辍学。辍学学生易于成为新的文盲和半文盲。三是辍学学生对学校里学生的士气和校风学风产生了不利影响。

北仑区积累了签订九年制义务教育合同、依法制止流生的经验。在早期,虽然一些乡镇作了一些制止流生的规定,但是有时难免禁而不止,收效不佳。因此,在区教育主管部门的支持下,各乡镇党委和政府运用签订合同、办理公证等法律手段,依法管理义务教育,解决了留住学生难的难题。

1989 年 9 月 10 日,全省九年义务教育讨论会在北仑召开。时任浙江省人大副秘书长的刘新、时任国家教委督学的肖文、时任浙江省教委主任的邵宗杰等领导参加了会议。北仑区教育局在会上介绍了普及九年义务教育的经验。

---

① 北仑区教委:《搞好学校布局调整,提高办学效益》,《浙江教育科学》1991 年第 3 期。

第二节　实施素质教育，全面提高基础教育质量

一、素质教育理论研究、政策制定和实践的逐步推进

20世纪90年代中后期，素质教育的理论研究、政策制定和实践推行都取得了很大进展。

（一）素质教育理论研究的进展

20世纪80年代以来，我国素质教育研究可分为三个阶段：第一个阶段是教育观念更新阶段。20世纪80年代以前，人们将素质概念限定于人的先天素质、遗传素质、生理素质。王极盛指出："素质是人的机体的某些解剖、生理上的特点。"①80年代初期，人们拓展素质的含义，提出了一组新的与素质相关的概念。1980年，毛礼锐指出："培养专家需要注意一些重要素质，例如对四化建设的高度事业心、进取心和责任感。"②1982年，冷冉指出："在小学阶段，以道德素质的培养为主……如果这时的素质教育真正取得了效果，那么到了初中阶段进行伦理教育、民主法制教育，就要顺利得多、踏实得多了。"③1983年，何东昌指出："中学教育当前除了为高一级学校培养合格的新生外，应该着重为社会培养政治、思想、文化、技术素质较高的劳动者。"④1985年以前，针对我国教育实践的现状，教育理论界提出双基教学论，即强调教学目标指向学生掌握基础知识和基本技能。有鉴于单纯强调双基的不足，一些学者进一步提出"加强双基、培养能力、发展智力"的新教学目标定位。随后，萧宗六认为，单纯强调智力因素是不够的，他提出关注非智力因素的培养这一新教学目标维度。

1985年以后，学术界关于"素质""民族素质""劳动者素质""国民素质"

①　王极盛：《关于才能问题的探讨》，《人民教育》1978年第11期，第27页。

②　毛礼锐：《主攻人才教育，突破高等教育》，《教育研究》1980年第6期，第15页。

③　冷冉：《德育过程的阶段说》，《教育研究》1982年第10期，第56页。

④　何东昌：《加强普通教育，更好地为"两个文明"建设服务》，《人民教育》1983年第9期，第35页。

的研究日益增多。研究主要涉及素质的概念、素质和培养目标的关系、素质提高和社会发展的关系。人们提出了"升学教育"一词，对升学教育的诸多弊端进行针砭和批判。

20 世纪 80 年代后期是素质教育研究的滥觞时期。1988 年，《上海教育》（中学版）发表的署名言实的《素质教育是初中教育的目标》一文，探讨了素质教育的目标定位问题。

（二）素质教育政策制定和实施的进展

20 世纪 80 年代，我国的一些重要政策文件提出了素质的概念和素质教育的新理念。1985 年 5 月 19 日，在全国教育工作会议上，邓小平作了《把教育工作认真抓起来》的讲话。邓小平指出："我们的国家，国力的强弱，经济发展后劲的大小，越来越取决于劳动者的素质，取决于知识分子的数量和质量。"[1]劳动者素质提高的途径和方式很多，但关键是教育和培训。1985 年 5 月 27 日，《中共中央关于教育体制改革的决定》指出："教育体制改革的根本目的是提高民族素质，多出人才、出好人才。"[2]这一提法表明，着力提高民族素质是教育工作的根本目标。民族素质具体见之于一个个不同的个体的素质和群体的协同的素质。1986 年 4 月 12 日，六届全国人大第四次会议通过的《中华人民共和国义务教育法》规定："义务教育必须贯彻国家的教育方针，努力提高教育质量，使儿童、少年在品德、智力、体质等方面全面发展，为提高全民族的素质，培养有理想、有道德、有文化、有纪律的社会主义建设人才奠定基础。"[3]1986 年 9 月 28 日颁布的《中共中央关于社会主义精神文明建设的指导方针的决议》指出："社会主义精神文明建设的根本任务，是适应社会主义现代化建设的需要，培养有理想、有道德、有文化、有纪律的社会主义公民，提高整个中华民族的思想道德素质和科学文化素质。"[4]1987 年 11

---

① 《中国教育年鉴》编辑部编：《中国教育年鉴(1982—1984)》，湖南教育出版社 1986 年版，第 16 页。

② 《中国教育年鉴》编辑部编：《中国教育年鉴(1982—1984)》，湖南教育出版社 1986 年版，第 1 页。

③ 何东昌主编：《中华人民共和国重要教育文献(1976—1990)》，海南出版社 1998 年版，第2415 页。

④ 何东昌主编：《中华人民共和国重要教育文献(1976—1990)》，海南出版社 1998 年版，第2505 页。

月 25 日,党的十三大报告指出:"从根本上说,科技的发展,经济的振兴,乃至整个社会的进步,都取决于劳动者素质的提高和大量合格人才的培养。"

20 世纪 90 年代,国务院和地方政府的一些政策文件将实施素质教育作为重要的政策,以此引导学校开展相关的实际工作。1990 年,《江苏省教育委员会关于当前小学教育改革的意见(试行)》指出:"实施以提高素质为核心的教育,关键是转变教育思想,树立国民素质的观念。各级教育行政部门要组织学校和教师学习教育科学理论,开展素质教育的研究和讨论,并扩展到家庭和社会,唤起为中华民族的未来而全面提高学生素质的公众教育意识,形成强大的舆论力量和良好的改革环境,推进小学素质教育的全面实施。"

1993 年 2 月 13 日,中共中央、国务院颁布的《中国教育改革和发展纲要》指出:"基础教育是提高民族素质的奠基工程,必须大力加强。""中小学要由'应试教育'转向全面提高国民素质的轨道,面向全体学生,全面提高学生的思想道德、文化科学、劳动技能和身体心理素质,促进学生生动活泼地发展,办出各自的特色。"[①]

1994 年 8 月 31 日颁布的《中共中央关于进一步加强和改进学校德育工作的若干意见》明确指出:"增强适应时代发展、社会进步,以及建立社会主义市场经济体制的新要求和迫切需要的素质教育。"[②]这是首次在中央文件中使用了素质教育的提法。

1996 年 3 月,第八届全国人民代表大会第四次会议在北京召开。时任国务院总理的李鹏代表国务院在会上作了《关于国民经济和社会发展"九五"计划和 2010 年远景目标纲要的报告》。该报告提出了今后 15 年的奋斗目标和指导方针。会议通过了《中华人民共和国国民经济和社会发展"九五"计划和 2010 年远景目标纲要》。《纲要》指出,要"改革人才培养模式,由应试教育向全面素质教育转变"。

1997 年 10 月,原国家教委颁布《关于当前积极推进中小学实施素质教育的若干意见》。此后,教育部把实施素质教育作为年度工作重点。

---

① 何东昌主编:《中华人民共和国重要教育文献(1991—1997)》,海南出版社 1998 年版,第3468 页。

② 何东昌主编:《中华人民共和国重要教育文献(1991—1997)》,海南出版社 1998 年版,第3686 页。

1998 年,教育部在充分调查研究和征求意见的基础上,制订了《面向 21 世纪教育振兴行动计划》,经国务院于 1999 年批转后实施。《面向 21 世纪教育振兴行动计划》明确提出要推进"跨世纪素质教育工程",要求素质教育从典型示范为主转向整体推进和制度创新为主,主要通过课程教材革新、评价制度改革和师资队伍建设予以落实。

1999 年 6 月 13 日,改革开放以来第三次全国教育工作会议在北京召开。会后颁布的《中共中央、国务院关于深化教育改革全面推进素质教育的决定》指出:"全党、全社会必须从我国社会主义事业兴旺发达和中华民族伟大复兴的大局出发,以邓小平理论为指导,全面贯彻落实党的十五大精神,深化教育改革,全面推进素质教育,构建一个充满生机的有中国特色社会主义教育体系,为实施科教兴国战略奠定坚实的人才和知识基础。"[①]

通过对上述政策文本的梳理,可以发现,理论工作者和决策者对教育重要地位和作用、对基础教育的性质与任务、对基础教育的宗旨和培养目标的认识在不断深化。素质教育是对党和国家关于教育的一系列规定和指示的精神实质的高度概括,是贯彻落实党和国家教育方针、教育战略地位、教育的根本任务和培养目标等规定的最佳途径、最佳选择。

(三)素质教育实践方面的初步尝试

20 世纪 80 年代,我国基础教育战线进行了教育整体改革的探索,并进行了"愉快教育""成功教育""和谐教育""创造教育""主体性教育"等多项改革试验。这些试验及相关实践推动了教育整体改革的理论研究,同时为素质教育的提出奠定了实践基础。

1986 年,《教育研究》开辟了《端正教育思想、明确培养目标》的专栏,讨论教育思想观念的转变和教育改革路径问题。同年 12 月 16 日,在广州召开了全国教育思想学术讨论会,人们对基础教育改革问题进行了深入讨论。人们明确了以下两点认识:第一,我国当前的基础教育是单纯的升学教育,我国基础教育状况不适应社会主义现代化的需要。人们对片面追求升学率的种种弊端、危害和产生的原因进行了深入透彻的分析、研究。第二,我国基础教育是培养社会主义公民的奠基性教育,不是升学教育,也不是单纯的

---

① 何东昌主编:《中华人民共和国重要教育文献(1998—2002)》,海南出版社 2003 年版,第286 页。

就业教育。它的任务是通过对儿童和青少年的教育来提高全民族劳动者的思想道德素质、政治素质、科学文化素质、身体素质。

1996年2月,《人民教育》《湖南教育》联合推出长篇报道,报道了湖南省汨罗市大面积推行素质教育的经验。这是在素质教育实践过程中,使改革试验从少数学校扩展为大的区域,为在全国实施素质教育提供了先进经验,有助于掀起素质教育区域推进的高潮。全国建立了10个素质教育实验区,一些省(自治区、直辖市)也建立了省级素质教育实验区。

二、素质教育所包含的质量提升的意蕴

实施素质教育,就是要全面贯彻党的教育方针,坚持教育为社会主义建设服务、为人民服务,坚持教育与社会实践相结合,以提高国民素质为根本宗旨,以培养学生的创新精神和实践能力为重点,努力造就"有理想、有道德、有文化、有纪律"的德、智、体、美、技等方面全面发展的社会主义事业建设者和接班人。素质教育是一种完全有别于应试教育的新教育模式。素质教育模式的新颖之处表现在以下六个方面:

第一,在教育目的方面形成全面综合的质量规格。"所谓教育目的,是指社会对教育所要造就的社会个体的质量规格的总的设想或规定……在进行教育之前,人们对于教育要把人培养成什么样的人,已经在观念上有了某种预期的结果或理想的形象。"[①]从教育目的的角度看,素质教育展现了一种崭新的质量规格和质量标准观。燕国材指出:"人的素质可划分为三种,即自然素质、心理素质与社会素质。"[②]自然素质也称生理素质或身体素质。心理素质主要包括认识性的智力因素与意向性的非智力因素。社会素质主要包括政治品质、思想品质、道德品质、业务品质、审美品质、劳技品质。

第二,在教育区域发展定位方面,着眼于县(市、区)教育质量提升。素质教育是一种新的区域教育发展模式。实施素质教育,不仅仅是学校教育的任务,也是党和政府的重要职责,是学校教育、家庭教育和社会教育的共同任务,是一项事关区域发展的系统工程。2001年以来,在基础教育采用"以县为主"的新体制下,促进全国各个区域尤其是县域基础教育的优质均衡发展是今后一个时期的中心工作。义务教育是以法律为手段强制实施

---

① 王道俊、王汉澜:《教育学》,人民教育出版社1989年版,第95页。
② 燕国材:《素质教育概论》,广东教育出版社2002年版,第27页。

的,每一个适龄儿童必须接受的教育。普及义务教育是地方政府的首要任务。区域教育搞得好不好,不仅要看这个地方的高中教育质量的高低,高中能否为国家输送一批优质的高校生源,更重要的是看当地义务教育的质量。义务教育阶段培养的学生,在学业结束后,大多数将在本地就业,为本地经济建设服务。这些学生素质的高低直接制约着本地经济社会发展的实效性。实施素质教育,区域内的管理者、办学者必须眼睛向下,关注如何使得教育更好地适应本地经济社会发展的需要。

第三,在教育结构方面,致力于在县域内促进各级各类教育和不同形式的教育的质量提升。一个县的基础教育,从纵向角度看,包括学前教育、小学教育、初中教育和高中教育,从横向角度看,包括学校教育、社会教育和家庭教育。实施素质教育应当贯穿于幼儿教育、中小学教育、职业教育、成人教育、高等教育等各级各类教育,应当贯穿于学校教育、家庭教育和社会教育等各个方面。在不同阶段和不同方面应当有不同的内容和重点,相互配合,全面推进。就九年制义务教育而言,应突出重点,抓好薄弱环节,以师资队伍建设和进一步改善办学条件为重点,加大对农村薄弱初中的建设力度,实行必要的政策倾斜。

第四,在教育组织行为方面,促进每个学校质量提升和全体学校发展水平的普遍提高。学校是以培养人才为根本任务的社会组织。

第五,在教育对象方面,着力促进全体学生的发展。素质教育坚持面向全体学生,依法保障义务教育阶段儿童和少年的学习和发展的基本权利,努力开发每个学生的特长和潜能,改变只重视升学有望的学生的做法。

第六,在教育结果方面,着眼于学生的个性全面发展。素质教育要求学生全面发展和整体发展,要求德、智、体、美、劳各个方面并重,要求全面发展学生的思想政治素质、科学文化素质、劳动技能素质、身体心理素质。

三、北仑区实施素质教育的策略

(一)改革管理体制,率先在区域层面推行素质教育

1994年5月,浙江省人民政府授权省教委批准宁波北仑、温州龙湾设立教育综合改革实验区。同年11月,宁波市政府为办好试验区发出通知,明确了北仑区政府的教育统筹权和决策权,赋予北仑区政府办学审批权、教材自选权、招生自主权和教师聘用权。1995年4月,北仑区人大四届三次会议

通过了《关于北仑教育综合改革试验区的决议》。

北仑区作为浙江省教育强区，围绕基本实现教育现代化与创建省义务教育示范区的总体目标，进一步明确了区、乡镇（街道）两级政府发展农村义务教育的责任，以推行"三个基本统一"为重点，不断提高农村教育投入保障水平，加大公共财政向农村教育的投入力度，优化城乡教育资源配置，促进教育事业的健康发展。所谓推行"三个基本统一"，一是基本统一城乡教育的发展目标，完善城乡现代化教育体系，促进乡村学校向城镇集中，结合城镇化建设目标，合理调整学校布局规划；二是基本统一城乡学校的配备标准，在 18 所省Ⅰ、Ⅱ类标准化学校和 33 所市现代化达纲学校的基础上，将18 所省Ⅲ类标准化学校和 5 所市现代化达纲学校提交省（市）评估，努力使各农村学校尽早成为省标准化学校或市现代化达纲学校，部分学校实行九年一贯的办学机制；三是基本统一城乡教师福利待遇，教师福利待遇、编制和评优评职向农村学校倾斜，提高农村学校的中高级教师职务岗位比例。

借助设立综合改革试验区的契机，北仑区建立"政府宏观引导、学校自主办学、社会积极参与"的新教育运行机制。北仑区政府力推各种教育改革和发展的政策和措施，破解教育发展难题。学校实施校长负责制或者董事会领导下的校长负责制。社会各界关心支持教育，北仑区政府设立面向全区个人和单位的人民教育发展基金。1994—1997 年，北仑区连续四年开展"素质教育如何向深层次发展"的讨论。1997 年，根据《北仑区义务教育段活动课程序列及指导意见》，北仑编制了一套小学和初中的活动课教材，主动构建活动课程体系。1997 年年底，北仑区各中心小学完小均建立了"九室两场地两基地"，即建立实验室、图书室、阅览室、电脑室、语言室、劳技室、美术室、音乐室、团队活动室、田径场、球类操场、德育基地、劳动基地。北仑区启动了"四大工程"，即名师工程、现代化学校装备工程、特色学校建设工程、示范学校工程，实施考试评价制度改革，实行分散和分项考试。小学学生学业评价采用等级制，初中学生学业采用等级制和百分制并举的做法。

（二）实施思想道德素质提升工程

2009 年，宁波北仑区中小学遵循"以人为本搞德育、以校为主创特色"的原则，以"夯实基础、提升品位、凸显亮点"为总体要求，以"学科德育""全员德育""校园文化建设""团队工作""区域德育资源利用""预防在校生违法犯罪""提升学校家庭教育效益"为重心，突出学生的人格教育，提升校园文化品位,深化主题活动课程改革,强化学生参加实践体验活动,构建学校主导、家庭延伸、社会辐射的德育新格局。北仑区实施旨在提高学生思想道德素质的五大工程,成效明显。

工程之一是坚持不懈抓好学生行为习惯养成教育。主要做法有三个:一是把中小学生的行为习惯养成纳入工作职责范围,坚持日检查、周公布、月总结、学期总评的制度,大力宣传榜样学生的先进事迹,以榜样的力量激发学生,提高学生践行文明礼仪的自觉性,全面提升学生的文明素养。二是建立起学校各部门、班主任和全体任课教师共同参与的联动机制,在全区各校大力推进德育导师制,主动开展环保、禁毒、安全、廉政文化等各类教育活动,在各类教育中提升学生文明素养。三是做好"讲文明、学礼仪、争做城市好公民"进学校的宣讲活动。

工程之二是加大力度创建学校个性文化。主要做法有三个:一是开展以"温馨教室、文化教室"为主题的班级文化建设活动,营造健康、和谐、文明的班级育人环境和氛围。二是充分调动和激发学生参与班级文化建设的积极性,尊重班级文化建设风格的个性化和多元化,不断提高班级文化建设的水平。三是推进校园文化建设和示范学校建设,努力形成学校特色和区域特色,促进特色分明、内涵丰富的校园文化特色学校群体的形成,组织开展首批"校园文化示范学校"评选,举行每学期一次校园文化建设主题论坛。

工程之三是强化学生心理健康教育,预防学生违法犯罪。主要做法有四个:一是依托心理健康教育指导中心北仑分中心,科学规划和指导学校学生的心理健康教育工作,将心理健康教育纳入到地方课程体系。二是在养成健全人格,预防在校生违法犯罪方面有新举措。充分发挥学校持证心理健康教师的作用,对是非意识模糊、家庭教育缺失、心理严重障碍、行为偏差出格的学生,给予更多的人文关怀,提前介入、干预、疏导、矫正,切实提高学生心理健康水平。三是发挥法制副校长的作用,开齐开足法制课,在学科教学中渗透法制教育,通过主题班团队会活动、法制教育讲座、普法宣传、参观法制教育基地、开设模拟法庭等学法、守法、用法实践活动,增强学生的法律素质和法制意识。四是办好"家长学校",落实具体的课程菜单,办好"家长学校"。北仑区教育局出台《关于进一步加强中小学、幼儿园家长学校建设指导意见》文件,规范和指导各所家长学校建设工作,促进家长学校独特作用的发挥。

工程之四是积极开展德育特色品牌创建活动。主要做法有四个:一是继续推进对"留守儿童""特殊儿童"和外来民工子女的关爱行动。二是开展"一校一品牌"创建活动。三是加强学生的闲暇教育,加强学生的课外社会实践活动,不断开拓社会德育资源,引导未成年人在课外实践中树立理想信念、锤炼道德品质、养成行为习惯、提高科学素质、发展兴趣爱好、增强创新精神和实践能力。四是充分发挥北仑港口新城区、侨乡人文历史等资源优势,积极开发校本德育课程,不断丰富学校德育内涵。

工程之五是努力提升德育干部的工作水平。组织开展"我为祖国放歌"主题班会课比赛,为广大教师搭建平台,积极探索课程育德的途径、措施和方法,总结课程育德的先进经验,营造课程育德的良好氛围。构建德育划区域联谊活动网络,加强全区德育干部业务培训。

(三)实施教育目标确定、达成和检测的三步走新策略

与应试教育相比,素质教育在教育目标厘定方面有新的定位。素质教育的核心是面向全体学生,即着力满足全体学生的基本学习需求,提高全体学生的整体素质,并最终提高全体居民的整体教育水准。

作为一种新型的教育形式,素质教育是确定教育目标、达成教育目标和检测教育目标达成度的过程。程达认为,广义的教育目标包括三组目标:第一组目标侧重于教育主体,主要从社会或教育者角度提出对教育的要求,往往被称为教育目标。第二组目标侧重于学习主体,主要从学习者即受教育者角度提出对学习的要求,往往被称为学习目标。第三组目标兼顾教育主体和学习主体,主要从教师和学生双方角度提出对教学的综合性要求,往往被称为教学目标。[①] 教育目的和教育目标在概念上是有一定区别的。教育目标是主要依据教育目的而设定的总的质量规格,是对教育子系统如学校教育、学科教育、学段教育的人才培养规格所提出的比较具体的设想和规定,它体现较短时期内教育对象发展方面的预期结果。教育目的好比是教育活动经过长途跋涉后最终抵达的理想境地;教育目标类似于教育活动经历各种努力后指日可待的中转驿站。

行动前事先确定教育目标,可以使教育目的具体化为某一教育活动结束时便于观测、量化和评估的标准,使得教育活动变得更加切实可行,为确定教育任务、选择教育内容、安排教育程序、评估教育效果起到指导和统帅

---

① 程达:《教学目标论》,湖南教育出版社 2000 年版,第 19 页。

的作用。

国外学者对教育目标进行了分类研究。洛林·W.安德森指出:"目标具有多种形式,包括从非常具体的目标到总体性的目标,以及从外显的目标到内隐的目标等。"①总体目标是需要大量时间与教学努力才能取得的复杂的和多方面的学习结果。这类目标经常被概括性地加以陈述,并且包含着许多更为具体的目标。教育目标位于目标连续体的中间位置。因此,它比总体目标更为具体,但相对于教师用于指导日常教学所需的目标而言却更为概括。教学目标的用途是使教学和测验专注于相当具体的内容领域中狭窄的、日常的学习。

北仑区在实施素质教育的过程中以教育目标为准绳,进行目标达成活动,并取得了巨大的教育实效。区教研室组织各个学校实施目标导向的教学改革,提出更好地实施改革的具体意见。这些具体建议包括:将制定教学目标视为课堂教学的基本环节;在教学实施中发挥每一节课的教学目标对整个教学过程的导向、激励、评价的功能;在课堂中评价学生的学习效果时主要考察教学目标是否有效达成。在设定课时教学目标时,提倡教师遵循从宏观到微观、从整体到个别的原则去理解和把握教学要求,主要从以下几个方面进行理解和把握:从整体上把握某一知识领域的目标;根据整体目标和教学内容确定具体课时目标;选择有利于学生参与的、有利于融为一体的三维目标的有效达成的教学方式;确定促进教学目标达成的有效策略。

北仑实验小学开展"语文课堂目标达成策略"课题研究,学校里的语文教师对教育部颁发的《语文课程标准》中的三维目标体系进行系统的梳理和分析,在此基础上合理地制定出切实可行的课堂教学目标,并实施有利于培养学生语文能力的教学策略。依据《语文课程标准》的要求,将知识与能力、过程与方法、情感态度与价值观视为一个整体。这三个维度,分别立足于学生学会、会学、乐学三个层面,促进学生知识习得、思维训练、人格健全的协调,实现在促进人的发展目标上的融合,三个维度共同构成一个血肉丰满的生命体——语文素养。"三维目标"好比一棵树,知识与能力好比树根,过程与方法好比树的主干和枝条,树叶和花就是情感、态度与价值观。没有了根基,就长不成一棵完整的树;没有了主干和枝条,就长不出树的叶子和花朵。

---

① 安德森:《布鲁姆教育目标分类学(修订版)》,蒋小平、张美琴、罗晶晶译,外语教学与研究出版社 2009 年版,第 10 页。

三者缺一，也就无法成为一棵完整意义上的树。该校语文教师在教学的"三维目标"有效达成方面主要采用了以下四个策略：

一是创设情境，激发兴趣。兴趣是最好的老师。教师在课堂上，积极为学生搭设情境的舞台，让学生变"苦学"为"乐学"，激发学习兴趣，提高教学效果。

二是强化情感体验，拨动学生心弦。情感是语文教学的根，在教学中教师要与学生的生活世界相联系，教师关注激活学生的生活经验，让学生在听、说、读中体会、感受课文之美。

三是采用学案导学，增强实效。所谓"学案导学"，是指以学案为载体，以导学为方法，以教师的指导为主导，以学生的自主学习为主体，师生共同合作完成教学任务的一种教学策略。这种策略能充分体现教师的主导作用和学生的主体作用，使主导作用和主体作用和谐统一，发挥最大效益。

四是充分"预设"，精彩"生成"。"预设"是教师课前进行有目的、有计划、清晰的、理性的、超时空的设想与安排，"生成"是根据课堂教学本身的进行状态而产生的动态生成的活动过程。凡事"预则立，不预则废"，语文课堂教学需要有预设，没有预设，课堂就是胡乱无序的盲动；但教学过程是多向、开放和动态的对话、交流过程，没有生成，课堂则成为封闭僵死的操练。

（四）实施成功教育模式

所谓成功教育，是指转变教育观念和方法，通过老师帮助学生成功达标，学生尝试成功达标的方式，旨在促进学生潜能发现和发展的一种教育。成功教育模式着眼于学生的自我教育和自我发展，它是一种关注全体学生多方面发展的素质教育模式。

成功教育中的"成功"包含五层含义：（1）从教育标准的角度看，成功的最低要求是达到义务教育的基本要求；（2）从教育过程的角度看，成功意味着不断超越自我，超越他人；（3）从教育行动特征的角度看，成功的本质是不断发展，不断提高；（4）从起点和终点的角度看，成功总是相对于原有基础而言，对成功的追求是无止境的；（5）从终极结果的角度看，成功的最高境界和目的是主体获得自己争取成功的能力。

成功教育强调所有人的成功、个体多方面的成功和可持续的成功。首先，人人都可以成功，都可以成为成功者。其次，成功是多方面的，成功不应局限于一个方面，而应立足于多个方面。最后，在教育过程中，把培养学生的成功心理和学习的内部动力机制作为教育目标，鼓励学生在今后激发内在动力，促进学生的终身学习和终身发展。

学生必须清晰地认识到自身具有很大的发展潜力，平时面临的困难是暂时的，是可以克服的。学习困难学生形成的原因，主要是他们在学习过程中反复失败，形成了失败者心态。就成功教育策略而言，教师应对每一个学生的成功持有热情和期望，坚信每一个学生都能成才；教师应积极为学生创造成功的机会和条件，引导学生尝试成功，促使学生主动内化教育要求，启动和形成学生自身的学习内部动力机制。在教育教学过程中，基本做法是低起点、小步子、多活动。因此，在教育教学过程中，教师所采用的教学策略具有针对性、可操作性和实效性。教师对学生实施鼓励性评价，其立足点是从学生原有基础出发，发现和肯定学生的每一点进步，促使学生发现自己的优点，看到自己的力量，找到自己的不足，满怀信心地不断争取成功。非智力因素既是提高教育效率的手段，也是人才培养的目标。教师应特别重视在教育教学过程中培养学生的自信心、意志力、成功动机等成功心理和自我学习自我教育的学习内部动力机制，以此形成学生自我增值的再生能力。

实施成功教育模式的关键是从外压式的"加班加点""管头管脚"的强制教育转变为内部调节式的自我教育。通过帮助学生成功地定下目标和积极尝试成功，提高学生的自信心，激发学生的积极性，最终形成学生自己争取成功的内部动力机制，从而大大地提高教育和学习的效率。

北仑区泰河中学提出了"精致、和谐、质优"的办学目标，以"诚、慧、健、毅"为校训，狠抓校风、学风建设，严格管理，教师爱岗敬业，学生勤奋乐学。这里的学习环境受到学生家长和上级部门的一致好评。学校被评为"宁波市中学生行为规范示范学校""区文明单位""平安校园""区卫生先进单位"等。泰河中学的办学理念是："打造'小而精'的品牌，为来校就读的每一位学生提供最优的学习环境"，"让学生学得快乐，让所有的学生体验成功"，"让社会满意，让家长放心"！

在教学改革过程中，泰河中学的教师逐渐尝试和发现四个有效的成功教育实施策略：一是活动教学策略。成功符合学生的心理特点。学生天生喜欢成功、喜欢活动，因此，教师可借助活动教学来帮助学生追求成功。二是鼓励性评价策略。学生喜欢被称赞，教师要以鼓励表扬为主，进行鼓励性评价。三是行为强化策略。反复的成功可提高人的成就动机，因此，教师需要激发学生的内部动机。这是被许多经典心理学实验证明的道理。成功也是成功之母。对于学习困难学生来说,成功的积极意义要远远大于失败的意义,因为新的失败往往不能成为学习困难学生的成功之母,恰恰成为诱发他们更大的失败的缘由。四是行为转化策略。教学过程的本质是不断追求成功。教师精心备课的目的显然是为了取得成功,教师的知识和能力之所以能在教学过程中转化为学生的知识和能力,显然不是通过失败实现的,而是通过成功实现的。

北仑区淮河小学引入阳光七彩卡课程评价机制,让学生的成功体验尽情地得到释放。教师让评价伴随孩子快乐成长,让成功与孩子同行。淮河小学的评价体系改变了"穿新鞋走老路""评价理念与评价实践脱节"等现象,突破了原有"终结性评价"的单一方式。在具体实施过程中,教师以"激励"为宗旨,重视学生的情感、态度和价值观变化。就评价主体而言,学校构建自评、他评、家长评和教师评结合的多元主体评价体系,不同主体的评价结果在评价体系中占有不同的权重。就评价标准来看,教师采用了单向评价和综合评价相结合的方式,独创了"阳光七彩卡"——红色德育卡、绿色学习卡、黄色体育卡、蓝色美育卡、白色体验卡、紫色心理卡和代表最高荣誉的"阳光七彩卡"。每位学生通过自己的努力,获取单类卡各 1 张即可获得更高层次的"阳光七彩卡"。凡获得的卡都可以兑换成"阳光币",以虚拟价值参加"阳光城"内所有相应的活动,比如去动漫农庄参加劳动,去图书馆借书,在"六一"节换取自己心仪的小礼物等。学生有了成功的目标,自然就有了好好学习、认真负责、帮助他人等优秀品德养成的动力基础。每到学期末,少先队大队部根据阳光七彩卡的累积量评出"阳光好市民"。这种评价模式最大的特点在于打破以智育定优劣的评价思维定势,将德、智、体、美各种教育均等地加以评价,使学生的表现不局限在学业方面。

(五)实施个性化教学和个性化班级管理

现代教育观强调教好每一个学生的必要性。教师要创造一种适合儿童的教育,而不是挑选适合教育的儿童。在基础教育阶段,学校不要求教师去做伯乐,而要求教师成为园丁。伯乐是专门挑选千里马的,伯乐并不是不重要,但是在义务教育阶段,教师对每个学生都要尽心尽职地去培养。经过尽心尽职的培养,这些学生里面将来也可能会出千里马,那么教师一定程度上就起到了伯乐的作用。

个性化教学是一种旨在尊重学生个性发展的教学。教师根据每个学生的个性、兴趣、特长、需要进行施教，即学生需要什么，教师便授予什么，学生的学习完全是一种自主性的学习。个性化教学的模式不是单一的教师和单一的学生之间的关系，而是"多对一"的关系，就是多个老师对一个学生进行教学，而且是多个优秀老师对一个学生进行教学。个性化教学是素质教育的必由之路。如果各科各年级的任课教师用统一的教材和缺乏个性的模式化的方法实施教学，学生怎能感受到生活的多姿多彩，怎能体验到生活的乐趣，他们的个性又怎能得到张扬呢？

对实施个性化的教学的教师而言，教学的重点已不是传授知识，而是让学生学会自主学习，即培养学生的学习能力。比尔·盖茨指出："你孩子的世界不会与从前的世界一样，他们的未来依赖于他们一生中掌握新概念、作出新选择、不断学习、不断适应的能力。在这种全新的社会环境中，人的智能和知识将作为社会的主要资本。这个新时代充满残酷的替代选择：对于那些拥有信息时代学习与创新能力的人来说，新时代是一个充满机遇和希望的世界；而对于那些缺乏这些能力的人来说，当旧工作消失，旧体制崩溃时，他们将面临失业、贫穷、绝望的悲惨前景。"面对新经济的挑战，教师和学生的角色都需要转换。教师需要从"知识传授者和专家"逐渐变为"协作人员、帮助者、学习者"，同时学生的角色已不再是单纯的"听从者和学习者"，而是"协作人员，有时也是小科学家"。学校教学的任务是激发学生学习的兴趣，教会学生学习的方法，培养学生的创新意识，为学生提供终身学习的条件。

北仑区九峰小学着力建设和谐化小班，实施个性化教育。小班化教学能优化教学资源配置，让学生的特长得到更好的发挥。它有利于提高课堂教学效率，便于培养学生良好的学习习惯和良好的素质，对学生学习方法的改进、学习能力和综合素质的提高都有极大的促进作用。九峰小学教师主要采取六个举措完善小班教育：

一是让学生获得更多的关注。课堂中，教师会放下架子与学生交流；每一个问题的设计更加细致、更加贴近学生生活和学习实际，让学生感受到自己是班级中不可缺少的一员，从而在内心深处喜欢学校、喜欢老师、喜欢班级。

二是让学生获得更多的鼓励。"用欣赏的眼光看学生，用反思的目光看自己"，这是教师对自己提出的要求。教师把班上30多位同学看成具有不同质地、不同类型的鼓，随时调整鼓点，相信"好孩子是被夸出来的"，阳光比冬风更有力量。在小班化教学过程中,教师学会了发现,学会了欣赏,不再吝惜赞扬,不再高高在上,师生关系变得民主而和谐。平时只要学生有亮点,教师都会不惜口舌和笔墨大加鼓励,让每个孩子的心中充满自信、快乐。

三是让学生获得更多的展示。一个学生在得到教师的赞扬后说:"我每节课都有几次发言机会,胆子逐渐变大了。"语文课上的演讲,音乐课上的唱歌表演,体育课上的赛跑,美术课上的小制作,别具一格的特色课外作业,丰富多彩的班级特色展示,给学生留下了深刻影响。浓郁的校园文化、班级文化、课堂文化无处不传递着一个信息——小班孩子是班级真正的主人,在这里学生们能尽情展示着自己的才华,发自内心地大声说出:"我能行!"

四是让学生获得更多的发展空间。关注孩子就是关注个性、发展特长,只有这样做才是真正的因材施教。小班教育为实施个性化管理提供了更大的可能。小班人数的减少,为教师更多地走近、接触和了解学生,提供了更好的条件。教师做到对学生的爱好、特长、家庭状况甚至在学校的活动情况等方面信息的详尽了解,对于更好地针对每位学生的情况开展教育无疑是十分有益的。教师做到尊重学生的个性,充分地了解学生,理解每个学生的差异,不用一个尺度去度量,不用一个标准去要求;真正从学生的角度去考虑问题,明白学生需要什么样的帮助,明白什么样的教育能引导他们;在平时的教育活动或生活中,教师尊重学生的想法,平等地对待每个学生,努力地让每位学生都保持自信,在教师所营造的和谐气氛中,学生敢于有想法,敢于张扬自己的个性。

五是教师采用分层教育的方式促进个性发展。教师对学生各方面的情况都有所了解后,根据不同学生的特点,对他们进行分层教育。例如,在学习方面,学生可以分为学习优秀、学习中等、学习困难三类。学习困难的学生,有的碰到暂时性学习困难,有的碰到持续性学习困难。而碰到持续性学习困难的学生,有的是能力型学习困难,有的是动力型学习困难,有的是整体型学习困难。在性格上,有的学生性格开朗,有的沉默寡言,有的则具有双重性格。教师把学生各个方面的情况综合起来,针对学生所表现出来的情况和问题,开展分层教育。在不同的教育活动中,教师也利用不同渠道进行分层教育。例如,在班级主题教育活动中,教师让一些组织能力较强的学生负责策划,让活泼好动的学生多参与表演,让沉默少言但做事细心的学生负责设备管理。对于某方面存在问题的学生,教师在态度上不歧视,在行为上不粗暴对待。在帮助学生改正缺点的同时,教师也让学生看到自己身上的闪光点,对自己有正确的认识。这样,学生不仅对自己有信心,也更愿意改掉自身存在的问题。此外,学校组建铜管乐队、合唱团、红领巾广播站,举行的各项活动也让学生的特长得到发挥。

六是让师生获得更多的交流机会。九峰小学小班教育的一大特色就是老师愿意与小班学生交流。无论课上、课下,无论是否是班主任,教师都喜欢利用一切机会与孩子多交流、多沟通。课上小组交流的密切合作、师生博客对话平台的沟通便利、与班主任的周记谈心,让每个孩子都感受到教师的精心呵护与细致关爱,从而愿意与老师交朋友,愿意向老师倾吐心声。

加强班集体建设是形成学生共同体、增强学生团队合作能力的重要途径,北仑区九峰小学教师采取三个举措改进班级管理工作:

一是约法三章,切实抓好规范的养成教育。在班主任工作中,教师认识到,对学生的思想道德教育和行为规范教育就是养成教育,必须居于各种教育手段之首位。一个班集体,如果缺少高尚道德情操的熏染和规章制度的约束,必将是一盘散沙。因此,教师充分利用晨会、班会,教导学生"走路要稳稳的,说话要轻轻的,地面要净净的,物品要齐齐的"。教师组织学生进一步学习《小学生守则》《小学生日常行为规范》,向他们宣读各种规章制度的全文,使学生充分认识到这些规章制度的重要性。教师让学生明确哪些事该做,哪些事不该做,在明辨是非的同时,不断增强自制能力。实践证明,这些措施的采取对一个最初班级的稳定,以及在随后班级管理中增强学生的集体观念和集体荣誉感都有很大的帮助。

二是实行小干部竞选制,努力培养学生的现代意识。俗话说:"群雁高飞头雁领。"班级小干部的素质与能力,对班级工作成败起着举足轻重的作用。为了培养学生的现代意识,使学生能够积极进取、勇于拼搏,教师把竞争机制引入班级,实行小干部竞选制,为学生创造一个平等竞争的机会。小干部竞选采取自荐、讲演、选票相结合的方式进行。对竞选产生的班干部,同学们心服口服。班干部朝气蓬勃地工作,把班级管理得井井有条,人人有岗,个个有责,既协助了班主任做好班级管理工作,又锻炼了自己的才干。

三是改革评估标准,增强评语的情感性。小学生的操行评定是德育工作的一部分,写好操行评语又是操行评定的关键性环节。准确、恰当的操行评语是激励学生奋发向上的有力杠杆。从年龄特征上说,小学生处于自我意识的朦胧期,缺乏自我评价能力。他们判断是非、好坏,多以"老师说的"为准,并且特别看重、敏锐地感受到教师对自己的态度与评价,甚至以此为依据决定自己的行为。因此,写好操行评语,对小学生来说显得特别重要。教师在写操行评语时遵循客观性的原则,力求一个"真"字;遵循直观性的原则,本着一个"实"字。此外,教师还力求一个"新"字,避开套话,切忌千篇一律或面面俱到,而是几笔勾勒出学生的主要特征,使学生能正确地认识自己的长处。这样的评语,既打动了学生的心弦,又赢得了家长的信赖。

(六)强化实践性教学,促进学生的主动发展

学校培养的人才应该是实践性人才,不是只知道纸上谈兵的人才。因此,学校有必要让学生积极参与知识的应用活动,在实践中发展。

实践性教学包含两层意思:一方面是指学科问题生活化、情景化、社会化;另一方面是指让学生亲自动手操作,积极参与社会实践、生活实践、探究实践。知识来源于实践,又用之于实践。学生要从生活里走进课堂,又要从课堂中走向生活。教师有必要将本学科知识的学习与学生的学习实践、生活实践、社会实践紧密结合,按照学生的实践的特点整合课程体系。实践性教学应包括两个方面:一方面,教师的"教"来源于生产一线的实际经验;另一方面,学生的"学"也能直接运用于实践,在实践中检验学习的效果。

只有让学生主动发展,人才规格才会多样化。如果学生都是机械被动地发展,那将来他们都是一个模子出来的人。龚自珍说要"不拘一格降人才"。没有主动发展,就不可能"不拘一格降人才"。只有主动发展,才能充分培养学生的创造性。只有激发广大学生的主动性、积极性和创造性,培养多样化的人才,将来的人才培养才能形成一个生动活泼的局面。

北仑区义务教育阶段学校着力加强课程的综合性和实践性,重视实验课教学,培养学生的动手操作能力。

2008 年 8 月,北仑区霞浦小学开展了以"课堂教学的实践性和有效性"为主题的校本教研活动。学校里 6 名青年教师分别上了语文、数学、品德、科学、美术课,展示自己的教学风采。课后,全体教师分组进行了听课评析,将自己的听课感受与授课教师进行了面对面的交流与探讨,从实施有效教学、关注教学的过程、重视学生学习的实践性等诸多方面,真诚地提出了自己的观点、意见和要求。本次教研活动不仅让 6 位青年教师获得了深刻的启迪,同时给了全体听课教师很大的帮助,对学校课堂教学改革的进一步深化,起到积极的推动作用。

北仑区淮河小学开设"阳光城"综合实践活动课程,让大社会融入小学

校。综合实践活动不是教学层面的一种教学活动方式，而是课程层面的一种具有独立形态的课程。综合实践活动既是一种实践性的综合课程，也是着眼于发展学生的综合实践能力、创新精神和探究能力的发展性课程和经验课程。综合实践活动课程是最能体现学校特色、满足学生个性差异的发展性课程。学校实施综合实践活动的过程，是重建课程文化和学校文化的过程。淮河小学阳光城综合实践活动课程的架构主要包括两个方面：

第一，模拟城市，自主管理。"阳光城"是一个将学校和周围社区整合而成的模拟城市（见图4-1），采用"小市长负责制"，由学生进行自主管理，并聘请社区及"阳光联盟"和谐共建理事会的各单位领导和优秀人员担当"小市长顾问"、"小市民辅导员"等。"小市民"就在他们的培训、指导下，自主策划活动方案，常态化地开展各种丰富多彩的实践活动。

学校是阳光城的快乐大本营，学生是这个城市中的"小市民"。尽管学校场地有限，淮河小学仍然因地制宜地开辟出了陶艺吧、车模馆、手工坊、机械室、数码港、风筝屋、阳光城电视台演播厅、阳光城动漫农庄。淮河小学还有三个特色基地："生态基地"（芙蓉社区）、"综艺广场基地"（牡丹社区）、"绿色港湾基地"（北极星社区）。

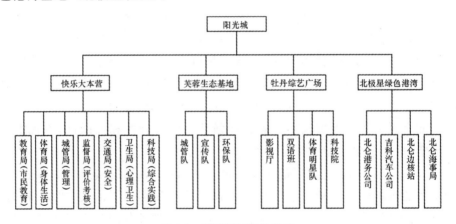

图4-1　"阳光城"机构设置

第二，自主开发，快乐实践。根据素质教育有关理念，学校分别开发了研究性学习、公益活动、数码艺术及劳动科技教育课程，开发内容均以"自主模拟，快乐体验"为原则，构建"以小学生品德素养渗透教育为核心，以主题化的研究性学习为方式，以数码艺术（信息技术教育）为补充与拓展，以劳动与技术教育及公益活动(社区服务、社会实践)为主要活动形式"的"阳光城"综合实践课程开发模式(见图 4-2)。这一模式有助于推进学生对自然、社会、自我三者之间联系的整体认识,增强学生的创新能力、实践能力,塑造学生良好的个性品质。

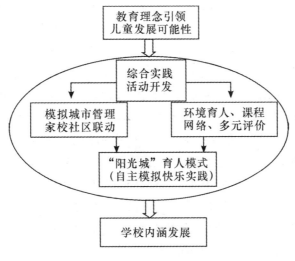

图 4-2　"阳光城"育人模式

"阳光城"综合实践活动充分体现了实践活动的"综合"培养价值。它的活动内容包括了德育活动(立足社区,模拟实践,开展感恩教育、生存教育和养成教育的系列活动),数码艺术教学活动(以"儿童动漫"创作为龙头的信息技术教育类的研究),港区文化的研究(本土化特色的研究性小课题),劳动教育活动(劳动基地建设以及陶艺、木艺、纸艺、金工、三模、风筝的学习)等四个板块,几乎涵盖了德、智、体、美、劳等各方面的教育,实现了教育目标的全方位渗透。同时,四个活动板块之间互相融合,互为一体。例如,在劳技活动中体现德育思想,在数码学习中进行课题研究,以此达到板块结合、整体优化的效果。

建设"阳光城"的初衷是让学生通过自主体验,促进德育、智育、体育和心育的一体化发展。因此,学生在活动中的能动性尤为重要。"阳光城"综合实践活动中学生主体性主要体现在两个方面:一是学生"管理层"。尽管学校教师和社区辅导员在活动中起到了积极的指导和监督作用,但以"小市长""小助理"领衔的"管理层"充当了活动策划的主要群体,并在班级中充当"减负"监督员。二是学生"参与层"。在活动实施过程中,学生"管理层"会广泛征求"小市民"的意见，充分体现"民心"和"民意"。学生"参与层"还拥有对学生"管理层"的选举权和监督权，有效能的"管理层"将受到拥护，无能者将被罢免。学生在这个活动中不仅锻炼了组织、协调能力，也增强了民主、服务和责任意识。

"阳光城"的活动没有固定的学习地点和内容，也没有固定的获取知识的方式和渠道，因此，选择"研究性"的学习方法是最为合适的。经过几年的发展，"阳光城"综合实践活动逐渐以"主题"为线索，联结课堂内外教学。所谓"主题"，是指以某一核心问题为基点而进行的多学科内容及学科教学方式的整合，以此而结成一种独立性、综合性的教学形态。"阳光城"的实践活动很好地运用了"主题"这一元素，对课堂内外的教学内容进行系统的联系。每学期确定一个主题大单元活动，学校按照主题阅读文化指导、主题系列活动文化、主题学科教学和主题环境文化四个板块进行总体设计，充分挖掘活动主题的文化内涵，充分统合课程资源中的"相似块"，利用包括文本资源、自然资源、社区资源、网络资源等一切可以利用的教育资源，致力于实现学科教学、研究性学习、社区服务和社会实践、劳动与技术活动、信息技术、地方课程以及校本课程等各方面的综合。

（七）改革评价机制，发挥引导和激励作用

柳斌指出："形成素质教育的机制涉及很多方面，有教育思想的问题，有学校领导班子建设的问题，还有教师队伍建设、教材建设等方面的问题，但是，最重要的是要建立素质教育的评价制度。"[1]北仑区以"三项改革"作保证。所谓"三项改革"：一是改革招生制度，变"分数竞争"为办学水平竞争；二是改革评估手段，变片面评价为全面评价；三是改革评价导向，变"升学教育"为"全面素质教育"。

北仑区小学和初中在评价改革方面积极探索。在评价机制上，努力做到评价目标多元化、评价手段多样化，既关注评价结果，又关注评价过程。在评价功能上，关注对教育过程的反馈、对学习困难的诊断以及对是否达到了教育教学目标的检查。在考核内容上，根据不同阶段学生的不同特点、课程改革的情况，提出不同的要求，突出学习内容的全面性和综合性，加强对学生的知识、能力、技能、方法、品德的有效考核。在命题上，引入主观题型，

---

[1]　柳斌：《柳斌谈素质教育》，北京师范大学出版社 1998 年版，第 36 页。

加大综合题型的比例,积极引导学生摆脱死记硬背,鼓励思考创新。

北仑区实施中考改革,将综合素质和升学挂钩。北仑中考改革的最大亮点是分数不再成为学生升学的唯一标准,综合素质评价结果与学生学业考试成绩被共同列为高中段学生招生的参考依据。

综合素质测评项目包括审美与艺术(音乐、美术等)、运动与健康(体育、健康等)、探究与实践(研究性学习、社会服务、地方课程、学校课程等)、劳动与技能(劳动技术、信息技术、实验操作等)四大类。每一类测评结果分为A等、P等、E等(分别代表优良、合格、不合格)。根据北仑区的中考方案,如果一名九年级学生在"运动与健康类"中的学习品质、运动技能、健康水平三项测评中获得P等(即合格),并在学校每隔一周组织的类似小型体育比赛中获得前三名,那么,他(她)的综合素质测评结果中就可获得一个A等(优良)。

每位初中毕业生的综合素质测评结果将呈现为四个等级,如3A1P、2A2P等。考生的综合素质测评等级将作为各类高中阶段学校录取新生时的前置条件。省一级重点高中应达到1A3P及以上等级,其他普高应达到4P及以上等级。高中阶段学校在达到综合素质测评等级要求的考生中,根据招生计划和考生志愿,参考综合评语和《学生成长记录册》,再按学业考试总分从高到低录取。省一级重点高中提前招收保送生,采用按比例推荐加学科竞赛成绩并参考综合素质评价结果的方式进行资格认定。测评结果进行公示。北仑区教育局还规定,评价结果应告知学生本人及家长,各类获得A等的学生名单须在校内公示,如有异议,学校应及时进行调查、核实、处理。

第三节 实施新课程改革,实现基础教育质量的全面提升

一、课程改革的理论研究、政策制定和实践推进分析

(一)课程理论研究的进展

从1996年起,教育部有关领导和一些高校、研究机构的研究人员组建了一个探讨课程改革问题的研究小组,不定期地开展交流和沟通。

1996年,国家教委基础教育司组织6所大学及中央教科所的课程专家,

对 1993 年以来实施九年义务教育课程的情况进行充分调研,调研范围涉及 9 个省的 16000 名中小学生和 2000 名校长。调查主要内容包括课程目标落实情况、教学内容适宜性、教与学问题、考试与评价问题。通过调查人们获得了大量数据和资料,为新一轮基础教育课程改革提供了依据。

国家教委组织专家开展基础教育课程改革前期的理论研究工作。一方面,通过对 20 世纪 80 年代以来外国基础教育课程改革情况的广泛比较研究,把握世界基础教育课程改革主要趋势;另一方面,开始规划和设计面向 21 世纪、具有中国特色、现代化的基础课程体系。到 1998 年年底,基本形成了我国基础教育课程体系的框架结构。

1999 年 1 月,教育部基础教育司正式成立了"基础教育课程改革专家工作组",该工作组开展课程改革蓝本的设计工作。

(二)课程政策制定的进展

1997 年 10 月 29 日,国家教委颁布的《关于当前积极推进中小学实施素质教育若干意见》指出:"国家教委要在近期内组织力量对现行课程、教材中不适当的内容、要求进行调整。同时,要制定以全面提高学生素质为目标的课程教材体系,积极稳妥、有计划、有步骤地进行课程、教材改革的研究与实验。"[1]

这意味着新一轮基础教育课程改革已不是一般意义上的学术研究,而是推进素质教育的政府工程。1998 年 4 月,教育部正式颁布《面向 21 世纪教育振兴行动计划》(简称《行动计划》)。《行动计划》对基础教育课程改革提出了指导性意见。《行动计划》指出:"2000 年初步形成现代化基础教育课程框架和标准,改革教育内容和教学方法,推行新的评价制度,开展教师培训,启动新课程实验。争取经过 10 年左右的实验,在全国推行 21 世纪基础教育课程教材体系。"[2]

1999 年 5 月 19 日,《中共中央国务院关于深化教育改革,全面推进素质教育的决定》(简称《决定》)颁布。《决定》指出:"调整和改革课程体系、结

---

[1] 国家教育委员会基础教育司编:《面向 21 世纪开创基础教育的新局面》,北京师范大学出版社 1997 年版,第 4 页。

[2] 何东昌主编:《中华人民共和国重要教育文献(1998—2002)》,海南出版社 2003 年版,第268 页。

构、内容,建立新的基础教育课程体系,试行国家课程、地方课程和学校课程。改变课程过分强调学科体系、脱离时代和社会发展以及学生实际的状况。抓紧建立更新教学内容的机制,加强课程的综合性和实践性,重视实验课教学,培养学生实际操作能力。要增强农村特别是贫困地区义务教育的课程、教材与当地经济社会发展的适应性。促进教材的多样化,进一步完善国家对基础教育教材的评审制度。积极推进教学改革,提高课堂教学的质量,国家和地方要奖励并推广符合素质教育要求的优秀教学成果。"[1]

2001 年 6 月 8 日,教育部发布《关于印发〈基础教育课程改革纲要(试行)〉的通知》。《基础教育课程改革纲要(试行)》对基础教育课程改革的目标、结构与标准、教学过程、教材开发与管理、课程评价、课程管理、教师的培养和培训、课程改革的组织和实施作了具体规定。

自 2001 年到 2003 年,教育部出台了一系列关于新课程改革的重要文件。这些文件包括《关于义务教育全日制学校语文等 18 科课程标准(实验稿)的通知》《关于开展基础教育新课程实验推广工作的意见》《义务教育课程设置实验方案》。

(三)课程改革实践的进展

2000 年,新课程改革进入试验阶段。教育部正式颁布了小学语文、数学及初中语文、数学、英语、物理、化学、生物、历史、地理各科教学大纲,各科教材的修订工作也全面展开。为保证教材修订质量,全国中小学教材审定委员会连续召开了 5 次中小学教材审查工作会议,分别对小学语文、数学及中学语文、数学、英语等 16 个学科的教材编写工作进行了审查。

2001 年 6 月,国务院召开改革开放以来第一次全国基础教育工作会议。时任国务院副总理的李岚清在会上指出:"全面实施素质教育,涉及的问题很多,情况也比较复杂……其中突出抓好的核心问题和关键环节之一就是积极推进课程改革。"[2]

2001 年 7 月,时任教育部副部长的王湛在会上发表讲话,强调课程改革的实验工作在基础教育课程改革全程中是非常重要非常关键的一个阶段，要加强领导，精心组织，扎实做好课程改革实验工作。

2002年9月起，基础教育课程改革实验区进一步扩大。义务教育新课程改革体系进入全面实验和由点到面过渡的关键阶段。新课程改革从原来的38个实验县（市、区）扩大到全国500多个县（市、区），约占全国县（市、区）总数的17％。

2003年7月，教育部举行新课程实验推广工作电视电话会议。时任教育部副部长的王湛在讲话中要求各省级教育行政部门以高度的责任感、使命感和紧迫感，把基础教育课程改革摆在全面推进素质教育的战略地位，加强领导，边实验边推广，精心做好实验工作。

二、新课程改革的质量提升的意蕴

新课程改革确立了一种新的基础教育质量观。这种基础教育质量观包含四个要点。

（一）在新课程标准方面，突出学生发展的意义

新课程标准对教材、教学和评价具有重要的指导意义，是教材编写、教学实施和教学评价的出发点与归宿。

新课程标准形成了学生素质发展的三个层面的目标。对新课程标准的三个层面的概括准确地反映了对学生素质的根本要求。《基础教育课程改革纲要（试行）》指出，国家课程标准"应体现国家对不同阶段的学生在知识和技能、过程和方法、情感态度和价值观等方面的基本要求"。国家课程标准是对学生在某一方面或领域应该具有的素质所提出的基本要求，是一个面向全体学生的标准。我国首次颁布的义务教育阶段17个学科的18种课程标准，尽管各有特色，但是其结构基本上是一致的。在目标的陈述上，都包括了知识和技能、过程和方法、情感态度和价值观三个方面。

新课程标准在课程内容方面突破了学科中心的单一价值取向，精选终身学习必备的基础知识和基本技能，并密切教科书与学生生活以及现代生活、科技发展的联系，强调学生经验、学科知识和社会发展三个方面内容的整合。

新课程标准倡导新的学习方式。王湛指出："基础教育课程改革的目标之一是改变课程过于注重知识传授的影响，强调形成积极主动的学习态度，

使获得基础知识与基本技能的过程同时成为学会学习和形成正确价值观的过程。"①

（二）在课程结构优化方面搭建学生发展新平台

基础教育课程在以下三个方面促进课程结构优化：

一是采取九年一贯整体设置义务教育课程的方式。以往的课程计划虽然在形式上也将小学和初中划分在一起，但实际上，从课程目标到课程内容，都采取分段规划的方式。分段规划给学生升入初中和高中学习带来一些不利影响。而将九年义务教育视为一个整体，进行课程设置，充分关注课程的整体性、一贯性和顺序性，是一个创新。所谓整体性，是指将各类课程按横向关系组织起来，使得各门课程在差异得以尊重的前提下相互整合起来，消除以往学科本位所造成的学科之间彼此割裂甚至壁垒森严的对立局面，使得各门课程、各个学科相互结合产生整体合力，使学习者学习产生整体效应，从而促进学生整体发展。所谓一贯性，是指各门课程按纵向发展序列组织起来。所谓顺序性，是指不同课程有序地开设，前后相互连贯，同时使课程门类由低年级到高年级逐渐增加，从而使得学习者学习产生累积效应，促进学生可持续发展。

二是实施综合性课程，增强学生及时有效地适应社会生产和生活的能力。综合性课程设置，有利于改变课程门类过多、内容交叉重复问题，有利于融合、吸收新内容进入学校课程中，也有利于将学生的生活经验和学校学习结合起来。基础教育课程改革，力求主动适应社会需求的多样性和学生的全面、有个性的发展，构建了重基础、多样化、有层次、综合化的课程体系。义务教育课程门类的调整，呈现了分科课程和综合课程相结合的特点。在课程计划中，首次提出并设置了综合性课程，如小学阶段的品德与生活、品德与社会、科学、艺术等课程；初中阶段的历史与社会、科学、综合实践活动等课程，并且越是在低年级，综合的程度越高。

三是设置综合实践活动课。基础教育课程新体系设置了综合实践活动课程模块，从小学到高中设置了综合实践活动，并且作为必修课程。在时间安排方面，自小学 3 年级开始设置，每周 3 课时。这一模块课程主要包括信

① 朱慕菊：《走进新课程：与课程实施者对话》，北京师范大学出版社 2002 年版，第2页。

息技术教育、研究性学习、社区服务与社会实践、劳动与技术教育四个部分。

综合实践活动模块课程是一门与各学科课程有着本质区别的新课程，是我国基础教育课程体系的结构性突破：相对于分科课程而言，它是一门综合课程；相对于学科课程而言，它是一门经验课程。综合实践活动课程是基于学生的直接经验、密切联系学生自身生活和社会生产生活、体现对知识的综合运用的课程形态。

综合实践活动课程开设的目的在于强调学生通过实践，增强探究和创新意识，学习科学的研究方法，增强综合运用知识的能力，增进学校与社会的联系，培养学生的社会责任感。

综合实践活动模块课程具有五个特点：(1)综合实践活动的主题的选择范围包括学生本人、社会生活和自然世界，对主题的探究必须体现个人、社会、自然的内在整合，体现科学、艺术和道德的内在整合。(2)综合实践活动以学生的现实生活和社会实践为基础发掘课程资源，而不是在学科知识的逻辑序列中构建知识，它以活动为主要开展形式，强调学生亲身经历，要求学生积极参与到各项活动中去，在做事情、考察、实验、探究等系列活动中发现和解决问题，体验和感受生活，培养实践能力和创新能力。(3)综合实践活动面向每一个学生的个性发展，尊重每一个学生发展的特殊需要，其课程目标具有开放性。(4)综合实践活动的开展要求每个班级和每个学校进行整体规划，每个活动开始之前都有周密的设计。但是，随着活动的不断开展、新目标的不断生成、新主题的不断生成，学生在这个过程中兴趣盎然，认识和体验不断加深，创造性火花不断迸发。(5)综合实践活动充分尊重学生的兴趣、爱好，为学生的个性的充分发展开辟了广阔空间。

(三)构建三级课程体系，拓展课程资源的效用

国家课程是国家教育行政部门规定的统一课程，它体现了国家意志，是专门为未来公民接受基础教育后所要具备的共同素质而开发的课程。国家课程的开发主要是根据不同教育阶段的性质和培养目标，制定各个领域或科目的课程标准，编写课程。它是一个国家的基础教育课程计划框架的主体部分，涵盖的课程门类和所占的课时比例与地方课程和校本课程相比是最多的。地方课程是在国家规定的各个教育阶段的课程计划内，由上一级教育行政部门或其授权的教育部门依据当地政治、经济、文化、民族等发展需要而开发的课程。地方课程在充分利用地方教育资源、反映基础教育地

域特点、增强课程的地方适应性方面,有重要价值。校本课程是以学校教师为主体,在具体实施国家课程和地方课程的前提下,通过对本校学生需求进行科学评估,充分利用当地社区和学校的课程资源,根据学校的办学思想而开发的多样化、可供学生选择的课程。

三级课程开发制度使得地方和学校有了课程自主选择、开发和管理的权限,获得了自主、创造性地开发课程的空间,是体现课程以学生发展为中心的观念、提高课程适应性的最有效措施。它体现了对教育中的主体——教师和学生等的尊重,也体现了对不同地区文化和多元文化的尊重。事实表明,课程自主权的下放,不仅极大地激发了学校教师关心课程、研究课程、创造课程的积极性,同时也极大地提升了学校广大教师建设课程文化、建设校园文化的意识,激发社会和家长对学校课程的关注和介入,强化了学校与社会、教师与家长之间的沟通。

(四)形成新课程价值取向

新课程改革中形成了四个新课程价值取向:

第一,完整的人的发展的课程价值取向。课程实践在本质上是一种价值创造活动,因而它必须遵循一定价值原则。任何课程建构如若不优先考虑价值取向问题,缺乏哲学价值观的引领,都将陷入盲目和混乱,从而以失败告终。这种课程价值取向,使学校课程目标发生了深刻变革:一是注重课程目标的完整性,强调学生全面发展;二是重视基础知识的学习,注重提高学生基本素质;三是注重发展学生的个性;四是着眼于未来,注重能力培养;五是强调培养学生良好的道德品质;六是强调国际意识的形成。

第二,科学与人文整合的课程价值取向。科学和人文整合的课程价值取向以科学为基础,以人自身的完善和解放为最高目的,强调人的科学素质与人文修养的辩证统一,致力于科学知识、科学精神和人文精神的沟通与融合,倡导"科学的人道主义",力求把"学会生存""学会关心""学会尊重与宽容""学会共同生活""学会创造"等当代教育理念贯穿到基础教育课程发展的各个方面。

第三,回归生活世界的课程价值取向。回归生活世界的课程价值取向强调自然、社会和人在课程体系中的有机统一,使自然、社会和人成为课程的基本来源。因此,自然即课程,生活即课程,自我即课程。

第四,缔造取向的课程价值取向。缔造取向的课程价值取向关注师生的课程建构问题，师生成为课程知识的创造者，致力于分析和解决课堂中自然发生的课程问题，注重课程实施过程中的意义诠释、文化背景、价值认同等。这种价值取向是建立在课程实施者个人的教育观念之上的，强调批判性对话和主体意识的觉醒。缔造取向的课程实施是最具有创新性的价值取向，它非常强调在课程实施的过程中要充分发挥师生的自主性、能动性和创造性，要求教师具备较强的课程设计能力，教师不仅是课程的实施者，而且是课程的设计者。

三、北仑区实施新课程、促进质量提升的做法和经验

北仑区实施新课程改革、促进质量提升的主要做法有五个。

（一）创建课程改革实验区，率先开展课程改革实验

2002年，北仑区成为浙江省首批三个国家级课程改革实验区中的一个。同年由省教育厅组织，在北仑区召开了全省新课程改革动员大会。

北仑区不断深化课程改革，积极探索新路子。北仑区确立了"均衡、和谐、宽厚、特色"的课程改革目标和"创新理念、注重课堂、强化校本、改革评价、激活机制、提升成果"的课程改革策略。

在组织制度建设方面，各所学校对新课程改革在思想上高度重视，展开了一系列前期准备工作，普遍成立了校级指导和推进新课程实施的组织机构，如新课程实施领导小组、新课程实施工作小组、新课程实施研究小组、课程委员会、学分认定委员会、选课指导中心等，为课程改革提供了组织管理和学术指导方面的保障。同时各所学校讨论制订了学校新课程实验方案、新课程学科实验方案、学生管理制度等相关文件，这些文件的制订都能结合学校实际，注重可操作性。这些做法有助于学校领导正确把握课改方向，有助于教师们摸清课改思路，也有助于课改第一手资料的积累整理，很有实际意义。

2006年9月，浙江省所有高一年级同时进行高中课程改革实验。作为国家课程改革实验区之一，北仑区充分挖掘义务教育段课改的先发优势和高中课改的后发优势，提供了一些先进经验。

在行政组织上，北仑区成立了区教育局高中课改领导小组，明确各相关科室在高中课改中的责任；出台了有关高中课改的指导文件；推荐北仑中学为省高中课改30所样本学校之一，推荐柴桥中学为市高中课改16所样本

学校之一,确定泰河中学和明港中学为区级高中课改样本学校;并及早组织了专题课改工作会议和课改调研,加强了对高中课改的整体部署和灵活调控。

在课改培训上,2005 年暑期北仑区就开始组织全体高中学科教师参加了高中各学科教学方面初中、高中的新课程教学衔接培训工作。2006 年 7 月,组织全体高中教师参加了普通高中新课程通识培训。2006 年 7 月至 9 月,组织高中课程实验教师参加了省市级骨干培训、学科培训,做到先培训后上岗,不培训不上岗。2006 年 9 月至 10 月,北仑区陆续开展高中课改的学科教研活动,通过组织高中教师参与观摩初中课堂教学,使教师们了解了初中教材体系,聆听了初中教师的教改体会,增加了课程改革方面的感性认识。

2006 年 3 月,北仑区组织高中校长、教导主任等赴山东进行课改考察。2006 年 4 月,区教育局为各高中征订《普通高中新课程研修手册》丛书,供各校教师学习。2006 年 8 月,北仑区高中课改第一次工作会议在九峰山麓召开,大家就课时设置、模块教学、选课制度、研究性学习、地方和学校课程建设等重点问题进行了深入的研讨。2006 年 9 月,北仑区教育局编印《北仑区高中课程改革学习资料》,分发全体高中教师学习。

(二)开发校本课程,完善三级课程体系

建立国家、地方和学校三级课程体系是课程改革的核心目标之一。针对地方课程、学校课程的建设和开发相对滞后的矛盾,北仑区重点抓好地方课程和校本课程的建设和开发工作。系统建设地方课程和校本课程对学校而言是前所未有的新事物。各学校在开设地方课程这一块都动了不少脑筋。譬如柴桥中学有专任教师讲授《人·自然·社会》这门地方课程,使地方课程的任课教师和授课时间得到了保证。北仑中学计划由四位教师分工合作来教学这门课程,也不失为一种有效的举措。明港中学则由班主任利用班会课时间进行教学,只要监督和指导能够落实,应该说这也未尝不可一试。可见大家都在努力探索切合本校实际的课改做法。

柴桥中学规定,教师以备课组为单位各自开发一门课程。明港中学教务处对地方课程实施作了具体安排,班主任负责学生心理健康教育等方面内容,作为班队课活动主题,其余内容由政、史、地老师在本学科教学中渗透,针对学校实际,扬长避短,开发传媒、主播、美术等方面的课程。北仑中学和泰河中学分别为学生开设了"高中发展性学习方法指导"和"高中新课程系列学法指导"校本课程，这是针对实际状况采取的有效措施，切合学生需要，深受学生欢迎。

(三)转变教师角色，促进教师专业发展

在新课程实施中，教师的角色有所变化。教师角色变化主要体现在以下四个方面：(1)在对待教师和学生的关系方面，教师需要更多地尊重和欣赏学生。教师需尊重每一个学生做人的尊严和价值，尤其要尊重智力发育不良、学业成绩不良、被孤立和拒绝、有缺点和缺陷、持不同意见的学生，尊重学生，不伤害学生的自尊心，学会赞赏每一位学生。(2)在对待教与学的关系方面，教师要善于帮助和引导学生。教师的职责在于帮助学生更好地确定学习目标，收集和利用学习资料，形成有效的学习方法，发现所学东西的个人意义和社会价值，营造良好的学习心理氛围，进行学习评价。(3)在对待自我方面，教师要学会进行教学反思，教学反思被视为教师专业发展和自我成长的核心因素。(4)在对待与其他同事的关系方面，教师要善于进行合作。

北仑区制订了《北仑区国家基础教育课程改革教师培训方案》，根据"先培训后上岗，不培训不上岗"的原则，在培训内容上抓新，即讲求新理念、新教材、新模式、新方法，在时间上抓早，在形式上抓活，在人员上抓全。在培训方式上关注五个结合：通识培训与学科培训相结合；专家报告与参与讨论相结合；集中培训与校本培训相结合；实验教师与非实验教师相结合；培训与考核相结合。

北仑区各个学校能够严格按照省教育厅的要求，对新课程上岗教师展开多层次全面培训，从通识培训到学科培训，从国家级、省级到市级层层落实，做到"不培训不上岗"。许多教师经过培训后对高中课程改革的背景和主要内容有了必要的了解，也有机会接触并接受新的教育观念，改进教学方法。以北仑中学为例，学校在规定的省市级培训之外，还投入大量资金，分批派教师到外地去学习取经，把课改的重点落实到教师的教育观念的更新和教学水平的提高上，抓住了课程改革的要害。

(四)改革课堂教学，提高教学的有效性

面对新课改，教师们更趋向于通过备课组的团结协作和自身对新教材的钻研,在课堂中凸显"以学生为本"的"自主、合作、探究"的课程理念。如语文阅读课教学中教师注重发挥学生学习的积极性,让学生自己发现问题并指导学生探究问题,激发学生对语文学习的兴趣;政史地学科教师尝试教学方式的改变,实践教学回归生活的理念;英语课教师强调合作意识和能力的培养;同时,信息技术与学科的课程整合,在新课改的课堂上较为普遍,教师上课过程中普遍能自觉使用多媒体等现代教学手段。

北仑区各个学校的教师们积极探索提高课堂教学有效性的策略的提炼。他们正视学生的基础水平,为学生而改变教学,不是埋怨学生,而是带着爱心和责任,追求教学的效益。具体做法包括:制订科学而具有可操作性的教学目标;关注每个教学环节对教学目标达成的贡献度;强调任务驱动,进行教学活动设计;关注学生的课堂思维质量;关注学生的全面能力提升;讲求学生自主性的展示,避免教师以讲代学,从学生的角度关注新知识的探究学习过程;讲求学生多维度的课堂参与,逐渐提高参与的广度和深度;探索学生之间的有序合作学习,挖掘学生个体在教学中的价值;探索人文学科在培养学生情感态度、价值观方面的突出作用。

北仑区课堂教学的特色是追求平实而有活力的课堂教学。举例来说,北仑区光华小学教师上了一节很朴素的课。这是一节数学课,没有刻意准备的课件、投影,也没有花花绿绿的教具,教师带着学生计算,一道题一道题地算,不断地变换算式,由浅入深,从操场的长和宽算到教科书的大小,从黑板的周长算到桌椅板凳的四个边。在不知不觉中,学生掌握了乘法分配率。学生思维非常活跃,他们用自己喜欢的方式列出一道道算式。在他们眼中,数学课程的学习变得生动有趣。

北仑课改同全国许多地区的课改一样,经历了一段艰难的探索历程。开始时,教师对新课程的理解有些表面化、形式化,比如,新课程强调让学生"动"起来,让课堂"活"起来,教师就想尽一切办法让学生"活"起来。终于,课堂气氛活跃起来了,一节课热热闹闹,花花绿绿,可教师却感到心里没了底。这就是我们所追求的新课堂吗?学生忙起来了,可他们究竟在忙些什么?他们到底学到了什么?一系列的问题困扰着进行课改实验的教师。

时任北仑区教育局副局长的俞斌认为,现在的课堂变得前所未有的热闹与开放,热闹之后人们不得不思考:我们缺少了什么?有的课堂表面看起来很热闹,但缺乏教师的指导;有的课堂盲目追求形式,不注重实效。如何做到活泼而有序,追求思维的活跃及思维的深刻性,一些教师开始深入思考。

经过反思,北仑区中小学教师对课堂教学重新进行定位。教师意识到,课堂不要追求表面的热闹,不要追求形式,课堂要变得简洁,而简洁并不等于简单,课堂应是简洁而有活力的课堂,教师要努力做到活中求实,实中求活,活中见效。以语文学科为例,开始的时候,有的教师上的语文课就像班队活动课,教师提出几个问题,请学生谈谈感悟、体验和收获,40分钟就这样过去了。这样的课,"语文味"到底在哪里?语文的人文性与工具性如何得到统一?针对这些问题,北仑区教育局组织教师讨论一堂好的语文课的标准,教师不仅要让学生知道课文写了什么,还要知道是怎么写的。譬如,教师可以让学生用一个句式表达阅读课文后的感受,学生既感悟了好词佳句,体味了作品的感情,又接受了规范的语言训练。

北仑区历史与社会学科教研员陈远峰认为,课改之后,教师们最大的变化是,以前只关注一个个知识点,想方设法让学生记住,而如今,教师不仅要让学生学会知识,更重要的是注重思维品质的形成。为什么有的课显得肤浅,这是因为教师和学生仅仅停留在知识层面。比如,在教历史与社会课中,一个讨论题涉及上海是一个什么样的城市,师生占用大量的时间分析"上海有什么""对上海的了解"。其实,教师不仅要让学生知道这些,还应当从社会经济、自然环境、交通状况、文化发展等方面让学生深入探究上海为什么会发展成一个国际化大都市。历史与社会课是帮助学生走向社会的桥梁,教师要通过这门学科,让学生学会用辨证、发展的眼光分析事物、看待社会。

在课改实验中,教师们遇到的另一个问题是,新教材更加富有弹性,给教师进行创造留有空间,但往往又难以把握,导致教学漫无边际,感觉抓不着中心。针对这一问题,北仑区教研室的人员对教师进行具体指导,要求教师的教学目标的制定要明确、恰当、具体、可操作,教师要围绕这一目标进行教学设计。比如,过去学生朗读后,教师会说:"读得很好。"其实,读的要求到底是什么,教师并不清楚,而现在将教学目标具体化,分出层次,如要求学生准确朗读、有感情地朗读,这样,要求就有了层次性,便于教师把握尺度。其次,围绕教学目标设计教学环节,教师应做到每一个环节都要有效,与教学目标关系不大的,即使是很有创意的环节,也要去掉。另外,新课程强调从学生的经验出发创设情境,关注学生的亲身经历。为了落实这一目标,北仑区学校的教师努力将三维目标融合在一个环节上,做到有深度、有内涵,同时,做到粗犷与精致相结合。

为了提高课堂教学效率,北仑区教研室规定教师要重点处理好八对关系:一是教师讲解与学生自主学习之间的关系,必要的知识传授应当保留;二是学生合作学习与独立思考之间的关系,教师应在学生交流的过程中加强指导;三是知识技能训练与学科思维品质形成之间的关系;四是面向全体与促进个体发展之间的关系;五是开放与继承的关系;六是预设与生成的关系;七是关注过程与关注结果的关系;八是知识技能目标与其他目标之间的关系。

(五)加强教学研究,培养专家型教师,实行减负增效

北仑区注重建立以校为本的教学研究制度。谁看不到教师劳动的创造性,谁就是在根本上不理解教师的劳动的特殊性。同样,不进行教育研究的教师,也不可能真正尝到当教师的快乐,并成为真正出色的教师。新课程改革的推进,对教师提出转型要求,即要求教师角色由教书匠转变为研究者。教师必须学会反思、创新。只有成为教学实践的研究者,才能成为新时期的好教师。在实施新课程改革过程中,北仑区倡导每一所学校积极承担起探索、创新的职责,有所作为,努力凸显办学特色。各个学校进行教学研究,切实做到以校为本,即从学校教育教学实践中的问题出发,通过全体教师的共同研究,达到解决问题、提高质量的目的。"在学校中、通过学校、为了学校进行教学研究",成为广大教师的心声。学校加强制度化建设,保证教学改革和教师专业发展的有机结合。

2008 年,北仑区教育局出台了《北仑区素质教育实施意见》,对上课时间、课程布置、作业、考试、补课、招生等方面进行了改革,减轻了学生的学习负担,把课余时间还给学生,让他们能够快乐地学习和成长。

《北仑区素质教育实施意见》对减负措施制定了具体量化的统一标准:义务教育段学校不得分快慢班或"实验班""提高班""创新班"等;保护学生的隐私权,不得公布学生的考试成绩和名次,不得诱导甚至胁迫学业成绩差的学生及其家长放弃参加考试的权利;各所学校须严格执行课程计划,开齐开足规定课程;小学生、初中生、高中生在校学习活动时间分别不得超过 6 小时、7 小时、8 小时;城区中小学(特别是义务教育段学校)上午不得早于 8 点钟安排集体教育教学活动;教师不得占用学生的课间、午休、自修课时间组织集体教学活动;小学生、初中生原则上应分别在下午 4:00、4:30 前离

校,小学、初中分别在下午 4:45、5:15 前清校(个别有困难的学生除外),离校、清校时间各校可以根据季节变化作适当调整;农村中小学应根据当地群众工作和生活的基本情况,参照执行;学校除可对高中毕业班学生在周六上午进行集中的文化课免费补习(经区教育局批准)外,不得组织其他年级学生利用节假日进行集中的文化课补习,更不得进行收费的集中的文化课补习,也不得组织走读的义务教育段学生参加在校的晚自修。

《北仑区素质教育实施意见》规定,各个学校要建立健全与素质教育要求相一致的考试评价制度。小学、初中不得通过考试或变相考试方式招生,不得提前组织招生,不得随意扩大区域进行招生。高中段招生,继续实行把重点高中招生名额按一定比例分配到初中学校的政策,逐步扩大省一级重点中学保送生的比例;办学体制改革试点初中学校的招生,实行招生名额直接分配到各小学的政策。

为加强监督,北仑区教育局进一步建立健全减负的监督体系,通过学校督导评估、教学常规检查和五表(《课程表》《作息时间表》《教师任课任职表》《课外文体活动安排表》《作业量表》)公示等措施,建立学校减负工作学期报告制、减负工作专项督导制、减负结果社会公告制、减负工作责任追究制,切实加强对减轻中小学生过重课业负担、推进素质教育工作的督查力度。对严重违背教育教学规律和减负规定的责任人和学校,依有关规定予以严肃处理。

第五章　实施区域基础教育质量评价、构筑区域优质教育高地

进入 20 世纪 90 年代，特别是进入 21 世纪以来，随着北仑区普及义务教育目标的实现，高中教育规模的不断扩大，质量问题日益成为教育改革和发展的核心问题。在九年制义务教育普及的条件下，教育发展数量不足与经济发展对劳动力的需求之间的矛盾在很大程度上得到了缓解，教育质量和效益不适应经济建设和社会进步的问题相对而言较为突出，着重提高基础教育质量成为北仑区基础教育发展的战略重点。

2003 年，在北仑区成为全国课程改革实验区的背景下，在高质量、高水平"普九"的基础上，如何创新发展机制，有效促进区域教育高位均衡发展，加快区域教育现代化进程，尽力满足人民群众对公平、优质的现代教育的需求，成为北仑教育工作者关注的焦点问题。"共享愿景""激活教育""扩充能量""实现公平""追求优质"是基础教育改革的新目标。基于实现区域教育现代化的新要求，北仑区各所学校勾画愿景，谋划策略，激发改革和创新的潜能，创建优质教育的高地。

所谓优质教育，简而言之，是指优良的、质量上乘的教育。它是以现代教育思想为指导，以素质教育为载体，以培养创新精神和实践能力为重点，通过教育资源的整合优化而获得的最优质的教育。

优质教育不同于精英教育，它不是少数人可接受的高质量教育，而是追求教育系统整体的优质化。教育优质发展和教育均衡发展都是北仑区教育发展的重要取向。但是，将公平和优质机械地对立起来的看法是不对的，不公平的优质和低水平的公平都不符合时代发展的要求。寻求兼顾公平、优质、选择和活力的基础教育优质均衡发展，才是更符合现代社会要求的选择。

北仑区在优质教育这一新理念的引领下，通过实施督导评价，着力打造优质教育高地。

第一节　区域基础教育质量评价的含义、意义和特性

一、区域基础教育质量评价的概念界定

一些研究者对区域教育作了不同的界定。黄孟源指出："区域教育是指在一定行政区划内或多个衔接在一起、共性比较突出的行政区划联合而成的广义教育。"[①]顾建军指出："区域教育是指占有一定地域的人口集体与自然区域所构成的区域社会中客观存在的相对独立而又基本稳定的教育实体。"[②]

区域教育是介于宏观的国家教育与微观的学校教育之间的教育。国家教育系统所发生的各种关系和规范必然会在区域教育中反映出来，同时区域教育又以自身的关系和规范能动地影响到具体而微观的学校教育过程。

长期以来，我国教育评价工作的重点是微观层次的评价，即主要围绕普通中小学和高等学校进行，重点进行学校评价、校长评价、教师评价、学生评价。随着改革的不断深化，区域教育评价开始引起人们的重视。"两基"工作评估验收全面展开，对素质教育实施、教育经费投入、减轻学习负担、"两高普九"的专项评估也有条不紊地进行。进入 21 世纪以来，人们开始高度关注教育质量评估的进展。

区域基础教育质量评价是以某个区域的基础教育运行状况为对象，对基础教育质量进行的价值判断。区域基础教育质量评价有狭义评价和广义评价之分。狭义的区域基础教育质量评价是以某行政区域的教育运行状况为对象，对其质量有无和质量高低进行价值判断。在我国，狭义的区域基础教育质量评价主要分国家、省、地、县四级，每一级的区域基础教育质量评价就是对该级区域教育的质量进行价值判断。县（市、区）基础教育质量评价具有重要的地位和作用。县（市、区）教育机关是我国教育行政机关的重要

[①]　黄孟源：《可持续发展区域教育研究》，《中国人口、资源和环境》2000 年第 1 期，第 14 页。

[②]　顾建军：《区域教育发展不平衡的理论探讨》，《内蒙古师大学报》（人文社科版）1999 年第 4 期，第 31 页。

组成部分。因为在我国乡(镇)一级教育行政机关变动较大,目前,一般未设立专门的教育行政机关。县(市、区)教育行政机关是具有相对独立和完整的责权利的教育行政机关基层组织。我国基础教育实行"以县为主"的体制,县(市、区)人民政府在基础教育发展方面担负着最基本的组织和管理职责,它在执行党和国家的路线、方针、政策、法律、决议方面,在制定和实施教育事业发展规划方面,在领导并检查学校的政治思想工作、教学工作、体育卫生工作方面,在领导学校师资队伍建设方面,在加强和改进学校管理及提高基础教育质量方面,具有重要的作用。

广义的区域基础教育质量评价,除了以行政区域为单位进行基础教育评价外,还包括对非行政区域的基础教育质量进行评价,它是以某种非行政区域基础教育为对象,对其教育质量进行价值判断。非行政区域包括没有行政隶属关系的经济协作区。广义的区域基础教育质量评价包括对发达地区、欠发达地区和不发达地区的基础教育质量进行的价值判断。

区域基础教育质量评价涉及评价过程和评价主体两个方面。就评价过程而言,该项评价包括教育活动实施前、实施中和实施后的评价。实施前的评价包括在教育活动开始前,为使活动取得更加明显的效果而进行的评价。实施中的评价包括在教育活动过程中,为使活动本身取得更加明显的效果而进行的评价。实施后的评价包括在教育活动告一段落时,为把握这段时间里活动的效果而进行的评价。就评价主体而言,评价主体包括督导部门的管理人员和其他评价主体。

二、区域基础教育质量评价的意义

(一)理论意义

教育评价的层次不同,所依托的支撑性理论基础也有所不同。学生的学业评价主要依托教育目标分类理论和教育测量理论;学校评价主要依托价值论和学校管理理论;区域教育评价主要依托数学模型分析、教育经济学理论和教育社会学理论。开展区域教育质量评价,有助于引进新的理论、技术和方法,从而在更大范围内加强教育评价理论建设,为教育评价提供一些有益的方法和经验,同时也有助于促进教育评价学的建立和完善。

（二）实践意义

开展区域基础教育质量评价，是保证学生达到国家规定的基本质量要求、全面推进素质教育、促进学生全面发展的有效途径。

《中华人民共和国义务教育法》明确规定："义务教育必须贯彻国家的教育方针，实施素质教育，提高教育质量，使适龄儿童、少年在品德、智力、体质等方面全面发展，为培养有理想、有道德、有文化、有纪律的社会主义建设者和接班人奠定基础。""依法实施义务教育的学校应当按照规定标准完成教育教学任务，保证教育教学质量。"

开展区域基础教育评价，也是加强基础教育质量监控的重要手段。从控制论角度看，教育过程是制订教育计划、实施教育计划、完成教育计划、评价教育计划、采取后续措施改进教育计划的过程。教育教学质量的提高必须诉诸评价机制的采用。通过评价人们能知晓教育质量的现实状况，查找问题，提出相应的对策和建议，并实施改革，解决问题。

在进行区域基础教育质量评价时，人们应关注评价的整体性、导向性和灵活性。

一是关注基础教育质量的整体效应。区域基础教育质量评价旨在将区域基础教育运行状况放在社会大环境中进行价值判断。教育质量的衡量标准是学校所培养的人才是否适应社会发展的需要，是否能更好地促进个体的自我完善。在区域基础教育质量评价中，只有将教育放在社会大环境中，把握教育的整体功能，才能对该区域的基础教育质量作出全面的、真实的评价。区域基础教育质量是一个由多种要素组成的大系统，对它必须进行全面的分析，从中找到评价对象的多种因素和多方面效应，通过全面、系统的分析，得出科学的评价结论。

二是关注正确的导向。教育评价是有导向性的。它的主要目的是为了使被评者朝着正确的方向前进，促进被评者的发展，而不是为了简单地确定被评者的优劣。区域基础教育质量评价的对象是一个区域的教育，而不是一个学校，因而，区域基础教育质量评价产生的影响的范围会更大些，人们必须考虑到它的效果和影响，使区域基础教育工作能沿着正确的方向健康发展。同时，人们要针对所评区域教育中的共性和个性问题给予分类指导，充分发挥区域基础教育质量评价的导向作用。

三是关注评价的灵活性。区域基础教育的空间比较大，尽管对象是在一个区域里面,但是区域内各个评价对象间的客观条件是不尽相同的。为了确保区域基础教育质量评价能够促进被评价者的发展,评价中既要有统一的标准,又要照顾保留一定区域的特殊性,使得区域基础教育质量评价具有一定的弹性,并兼顾区域内和区域之间的不平衡性。

第二节 区域基础教育发展性督导评价

一、区域基础教育发展性督导评价的质量目标定位

在依据党和国家的教育方针政策和考虑区情的基础上,北仑区确定了基础教育发展的质量目标,即培养适应社会主义现代化建设要求和新世纪挑战的合格的建设者。这些建设者具有正确的世界观、高度的责任感和事业心、良好的职业道德和现代文明意识,既有深厚的文化基础知识和合理的知识结构,又具有较强的创造性运用知识的能力,同时又具备较好的艺术修养和人际交往的能力。

北仑区区域基础教育评价的质量目标定位主要包括三个方面的要求:

一是学生素质目标和教学要求。学生素质目标包括思想道德素质、科学文化素质、身体素质、劳动技能和艺术修养等方面的要求。不同类别的学校须建立不同的教学质量标准。在义务教育阶段,小学和初中要在保证基本标准的前提下,形成办学特色,使基础教育切实由应试教育转向素质教育。小学和初中要加强教育科研,向科研要质量、要水平、要效益,充分利用教育资源,开发学生的潜能。高中教育要增强教学与实践的联系,更好地适应经济发展和科技进步的要求。

二是办学条件改善的要求。区域内各种教育机构要完全达到现行法律政策规定的办学设施标准,办好一批标准化学校,建成一批优质学校。教育行政部要制定新的办学设施标准,指导各种教育机构做到办学设施的规范化和标准化,特别关注实验设备和图书资料的配备,实施现代化学校达标工程,使少数学校达到国际先进水平。

三是教师队伍建设的要求。提高教育质量的关键是建设一支高素质的教师队伍。区域内各级学校的教师要达到国家规定的学校标准,并取得教师资格制度规定的任教资格,逐步提高基础教育阶段学校的教师的学历层

次，提高教师的业务水平。

北仑区开展区域基础教育发展性督导评价具有以下六个特性：

一是引导性，即强化基础教育督导对学校发展方向的"以县为主"的引导作用。教育督导工作既要致力于检查区内各个单位对国家和地方颁布的一系列教育政策、法律、法规的执行情况，又要根据国家的教育目标，结合本区的实际情况，致力于对学校办学质量进行评价。在"以县为主"的基础教育新管理体制下，由于政府不便直接控制学校的发展方向，对学校发展方向的引导就必须借助教育督导这样的教育管理手段，并有目的、有意识地强化其在促进教育教学质量提高方面的指导职能。

二是教育性，即基础教育督导工作着眼于学校发展，着眼于全体居民的素质的提高。教育督导的目的不是惩罚一些办学不力的学校负责人，而是激励学校的发展。因此，教育督导人员必须树立正确的指导思想，本着促进学校发展和区内居民素质提高这样的理念，开展督导工作。

三是主体性，即肯定督导对象的主体性发展的地位。在整个督导过程中，督导人员时刻以督导对象为中心，督导前应与被督导单位共同制订督导方案，督导过程中与督导对象共同探讨学校存在的薄弱环节，督导后要积极反馈督导评价意见。

四是能动性，即鼓励学校自评和他评相结合，调动学校相关人员参与督导的积极性。从督导程序上看，首先由了解自己办学状况的学校本身进行最初的自我评价，找出问题，然后在复评中由督导人员对问题作出诊断，提出指导意见，共同研制出更为务实、有效的学校发展规划。

五是层次性，即面向所有学校，但是承认不同学校之间的层次差异。在制定督导评价标准时，要承认不同学校间的层次差异，能根据不同学校发展水平制定不同标准，改变过去缺乏针对性的"一把尺"现象，提高督导评价的效度和信度。

六是发展性，即着力推动学校的自主发展。教育督导的最终目的是促进学校自主发展，因此，教育督导人员就不能强制学校按照某种标准接受督导评价，而是应该引导学校走个性发展的道路。教育督导人员在进行督导之前，就要深入研究学校状况，在此基础上制订有效的督导方案、评价标准，有针对性地提出切实的发展目标，引导学校按照新的教育理念和科学发展观办学，更好地促进学校的自主发展。

二、北仑区小学和初中督导评价的过程和方法

为进一步推动北仑区中小学教育的改革和发展,不断扩大优质教育资源,逐步提高中小学的整体办学水平,2004 年 3 月 17 日,宁波市北仑区教育局颁布《北仑区初中、小学督导评估指标体系》。北仑区教育局决定,从 2004 年开始,按照新的督导评估指标体系进行中小学督导评估,以后每两年对各中小学进行一次综合督导评估,时间安排在该年 10 月份。2004 年 10 月先对各初中进行综合督导评估。各校认真对照《北仑区初中、小学督导评估指标体系》的 29 条标准,逐条进行自查自评,以求更新办学理念,促进全面质量的提升,把学校办成人民群众满意的学校。

北仑区实施学校发展性督导评价,有助于深化学校评价改革,完善督导评价机制,发挥教育行政部门和教育督导部门服务、指导、促进学校发展的职能,构建有利于中小学依法自主办学的现代学校制度,促进义务教育均衡发展和内涵发展。

发展性督导评价试点学校每三年进行一次综合督导评价。北仑区分三批学校全面实施学校发展性督导评价,第一批从 2005 年 9 月开始,第二批从 2006 年 9 月开始,第三批从 2007 年 9 月开始。

就总体目标而言,纳入新一轮发展性督导评价的学校,以创建标准化学校、文明学校、示范性学校、现代化学校为指向,严格执行各项教育政策法规,规范办学行为,确保校园平安,致力于学校内涵发展,提升学校层次,办出学校特色。通过三年努力,在学校文化建设、教师专业成长、全面教育质量提升、管理机制和管理效能改进等方面上一个新台阶。

北仑区提出了三个学校发展性督导评价原则:

一是发展性原则。学校发展性督导评价是以促进学校不断发展为目的的过程评价,它引导学校注重学校发展需求与学生发展需求以及社会发展需求的紧密结合,促进基础不同、层次不同的学校都有所发展。

二是主体性原则。学校发展性督导评价充分尊重学校依法办学的主体地位,引导学校更好地发挥主体作用,拓展学校自主发展的空间,发挥学校教职员工办学的主动性与创造性,根据内涵发展的需求制订出发展规划,确定学校发展目标,构建自我评价机制,增强教职工在学校发展过程中的自我反思、自我完善、自我发展的能力。学校发展规划的形成,就成为学校和教育行政部门的双向承诺的契约的订立过程。

三是激励性原则。学校发展性督导评价注重对学校发展的纵向比较，鼓励学校在自己原有基础上不断进步和提高，让基础不同、条件不同的学校在发展过程中都能不断获得成功的体验，把评价作为学校发展的推动力。

学校发展性督导评价的指标由规范性指标、基础性指标、发展性指标三部分组成（见表5-1、表5-2、表5-3）。规范性指标是依据国家教育法律法规、方针政策对学校的规范要求，要求学校依法办学，规范办学行为，具有法定性和统一性，它们是要求所有学校必须达到的法规性指标。基础性指标是教育行政部门对学校在办学条件、管理机制和办学质量上的基本要求，考虑到各校的实际情况，它们主要为常规性指标，体现出个性和共性的有机统一。发展性指标是学校根据时代和社会发展对学校教育的要求，由学校根据自身实际和办学理念，自己选择、自己确定、自己实施，并通过努力争取达成的目标，它们主要为建设性和特色性指标。

表 5-1　北仑区中小学发展性督导评价规范性指标

指标序号	分值（分）	评价要素	自评得分（分）	督导组认证结果
A1	10	严格执行课程计划，开齐开足各类课程，无随意停课、挤占课现象		
A2	10	严格执行收费"一费制"、"公示制"，实行收支两条线管理；收费规范，无乱收费行为		
A3	10	扎实推进"平安校园"建设，无重大师生安全责任事故，在校学生无违法犯罪现象		
A4	10	重视师德师风建设，无体罚和变相体罚现象，没有有偿家教现象		
A5	10	执行减负有关规定，均衡编班，不设重点班、快慢班		
A6	10	义务教育段入学率保持100％，辍学率小学为0，初中控制在0.2％以内		
A7	10	坚持和完善校务公开制度、教职工代表大会制度，实行重大事项议事制度		
A8	10	按规定征订各类教材教辅资料，无乱订、私订现象		
A9	10	财务及校产管理规范，经费使用合理		
A10	10	实行校长任期目标责任制，制订符合学校实际的三年发展规划，建立年度自评机制		
合计	100			

表 5-2　北仑区中小学发展性督导评价基础性指标

一级评价指标	二级评价指标	评价要素	学校自评			督导认证		
			达标	基本达标	不达标	达标	基本达标	不达标
A1 学校管理	B1 办学目标	1.办学指导思想明确,学校三年发展规划和年度目标清晰,各部门工作计划与学校年度目标相衔接,措施落实						
	B2 行政管理	2.各类规章制度、岗位职责完善,并汇编成册						
		3.领导班子团结协作,结构合理,作风民主,工作踏实,公正廉洁,管理效率高,在教职工中有较高威信						
		4.学校主要领导熟悉教育、教学和学校管理业务,深入教学科研第一线						
	B3 教学管理	5.教务管理制度健全,建立教学业务、学生学籍管理档案						
		6.有减轻学生过重负担的具体措施且得到落实;规范实施学生综合素质测评工作,保证学生活动和锻炼的时间						
		7.加强过程管理,教学"五认真"落实,教研组、备课组活动正常,校本研训活动有实效						
		8.重视课堂教学研究,学有兴趣,教有乐趣,师生互动,教学相长,课堂教学星级水平逐年提高						
		9.建立促进学生全面发展、教师全面提高的评价机制,并有计划地组织实施						
		10.教科研工作管理规范,教师人人参与教科研,学校有区级及以上的立项课题并按时结题						
		11.图书馆(室)、阅览室、实验室、计算机房等专用教室管理、使用规范;教学设备设施使用率高,演示实验开设率达 100%,分组实验开设率达 90%以上						
	B4 德育管理	12.学校德育地位落实,全员、全程、全方位育人有措施						
		13.建设校园文化,落实中小学生日常行为规范,学生实践体验活动有计划开展						
		14.对行为有偏差、学习生活有困难学生有帮教计划,措施具体有效						
		15.学校教育资源向社区开放,学校教育、家庭教育、社区教育融合,家长学校定期开班,教师家访率高						
		16.重视"队校、团校、业余党校"建设,重视班集体和班主任队伍建设,措施实,有成效						

续表

一级评价指标	二级评价指标	评价要素	学校自评			督导认证		
			达标	基本达标	不达标	达标	基本达标	不达标
A1 学校管理	B5 队伍管理	17.有切实可行的培训计划,搭建学习型组织平台,对教师开展多种形式的专业培训						
		18.各学科教师配足配齐,且相对集中						
		19.实行教师全员年度考核和教师师德师风考核						
		20.全体教师按规定参加继续教育培训,大多数教师能运用现代教育技术手段辅助教学						
	B6 后勤管理	21.大宗物品采购按规定执行,账物相符						
		22.食堂、宿舍管理规范,定期检查各类设施,及时消除安全隐患						
		23.环境整洁有序,做到绿化、美化、净化、教育化;积极开展绿色学校建设						
A2 教育质量	B7 学生品德	24.学生具有爱国主义情感和良好心理品德素养,通过区行为规范示范学校验收						
	B8 文化知识	25.初中及小学的毕业率达到100%						
		26.学校自测或区抽测中,小学各科合格率高于95%以上;初中各科合格率高于80%以上,低分率不突破10%						
	B9 身体素质	27.学生身体素质达到规定标准						
		28.养成良好的生活卫生习惯,年近视发病率低于5%						
	B10 劳动技能	29.学生有正确的劳动观点,具有自我服务、家务劳动和简单公益劳动能力						
	B11 个性特长	30.95%以上学生参与经常性的艺术、科技、体育、文化、社团活动,并积极组队参加区各类比赛						
	B12 社会评价	31.学校教育过程中不出现产生社会不良影响的事件						
		32.社会、家长对学校的满意度在80%以上						
A3 办学条件	B13 校舍面积	33.达到浙江省标准化学校Ⅰ、Ⅱ、Ⅲ类要求						
	B14 设备设施	34.达到浙江省装备设施配置标准要求						

续表

一级评价指标	二级评价指标	评价要素	学校自评			督导认证		
			达标	基本达标	不达标	达标	基本达标	不达标
A3办学条件	B15图书阅览	35.教学参考书、工具书150种以上,生均图书册数小学生不少于30册,初中生不少于35册						
		36.师生阅览室座位分别不低于教师总数的25%,学生总数的15%						
	B16教学用房	37.建有十类专用教室,内部设施基本符合要求,建有多媒体阶梯教室,实现多媒体进教室,电脑小学10人/台,初中7人/台						
	B1体育场地	38.有田径场1个、篮排球场2~6个(12~15班2个、16~20班4个、20班以上6个),场地设施基本满足教育教学需要						

表 5-3　北仑区中小学发展性督导评价发展性指标

一级指标	分值（分）	自选指标	目标	自评	督评
A1 学校管理	10				
A2 队伍建设	10				
A3 德育工作	10				
A4 教学工作	10				
A5 教育科研	10				
A6 学校课程	10				
A7 办学特色	10				
A8 校园文化	10				
A9 教育质量	10				
A10 办学条件	10				

为了更好地实施中小学发展性督导评价,北仑区还制定了《北仑区中小学发展性督导评价发展性指标指南》(简称《指南》)。《指南》具体规定了10个一级指标和40个二级指标。

第一个一级指标为学校管理。它包括4个二级指标:

(1)全面贯彻国家教育方针,模范执行教育法规和有关的方针政策,扎实推进素质教育,确立现代教育办学理念。

(2)办学目标符合教育改革发展要求,符合学校实际,体现学校的个性与特色。

(3)建立和完善有助于促进学校发展、教师发展、学生发展,且科学、合理、具有可操作性的自我评价和自我发展的内在机制,形成现代学校管理特色。

(4)在"发展内涵、提升层次、办出特色"上形成自身的思路和经验,发挥宣传、示范和辐射作用。

第二个一级指标为队伍建设。它包括4个二级指标:

(1)领导班子民主务实,开拓创新,具有较强的协调决策能力,善于研究解决新问题。

(2)教师结构合理,学历、职称比例不断提升,整体教学水平明显提高。

(3)根据不同层次教师专业发展需求,创设开放式的校本培训格局,建立名师培养和各层次骨干教师培养的机制。

(4)完善教师聘任、聘用和评价考核制度,促进教师主动地学习、研究、反思,促进教师职业道德和专业水平的提高。

第三个一级指标为德育工作。它包括4个二级指标:

(1)重视德育队伍建设,注重德育目标与途径的针对性、实效性,完善以学校为主体,学校、家庭、社区相结合的教育网络。

(2)全面实施学生成长记录册,建立综合素质评价有效机制。

(3)学校资源向社会开放,建立学生参与社区服务和社区建设的有效制度。

(4)在全面开展德育工作的基础上,形成学校德育特色。

第四个一级指标为教学工作。它包括4个二级指标:

(1)教学改革目标清晰,校本教、研、训氛围浓厚,品牌学科不断涌现。

(2)教师积极更新教学理念,转变教学行为方式,指导学生学会学习,切实提高教学的有效性,课堂教学星级水平持续攀升。

(3)学生有学习动力和学习兴趣,能充分运用各种学习资源,通过团队合作、探究活动、社会实践等多种方式进行学习。

(4)建立课程开发与教学的资源库,实现教育资源共享。

第五个一级指标为教育科研。它包括3个二级指标:

(1)课题研究紧密结合学校教改实际和学校发展要求。

（2）课题管理规范、有序，教师参与面广，形成教科研骨干队伍。

（3）课题研究成果及时应用于学校教育教学工作实际，切实推进学校发展。

第六个一级指标为学校课程。它包括 3 个二级指标：

（1）课程内容富有时代气息，课程设置符合课程改革精神，提供学生自主选择的内容和探究的空间，满足学生个性发展的需要。

（2）结合学校实际，积极开发具有校本特色的课程体系。

（3）不断完善学校课程管理制度，逐步形成学校特色课程与特色项目。

第七个一级指标为办学特色。它包括 3 个二级指标：

（1）创建与学校发展相适应的具有个性特征的办学特色。

（2）特色办学渗透于教育教学的各个环节之中，形成较为完善的支撑保障机制。

（3）特色成果普遍涌现，在区域内有一定的知名度。

第八个一级指标为校园文化。它包括 3 个二级指标：

（1）校风、教风、学风蓬勃向上，积极进取，注重学习型组织建设，形成宽松和谐的人文环境。

（2）学校文化活动丰富多样，品位高雅，参与面广。

（3）从学校实际出发，建设富有特色的校园文化。

第九个一级指标为教育质量。它包括 4 个二级指标：

（1）面向全体，教学质量全面提升，低分率逐年递减。

（2）善于实践，在"减负提质"上积累具有推广价值的经验。

（3）结对帮扶薄弱学校，起好示范带动作用。

（4）积极接纳流动人口子女入学，公平对待，实效明显。

第十个一级指标为办学条件。它包括 2 个二级指标：

（1）不断改进办学条件的具体要求，达成目标计划性强，措施到位。

（2）适应教育发展的需求，教育设施设备合理增添，使用效率高。

北仑区所属学校在进行发展性督导评价中，采用以下四个基本做法：

一是精心制订学校发展规划。实施发展性督导评价的学校根据国家的教育方针和素质教育的要求，在学校发展背景现状分析、发动教职员工共同参与和听取社区、家长意见的基础上，依据规范性指标、基础性指标和发展性指标要素，科学制订体现现代教育理念和办学思想，体现教育改革和发展要求，体现学校、教师、学生共同发展愿景的学校三年发展规划和年度发展目标，以规划目标来统一教职员工的思想，落实到具体的教育教学之中，并经教代会通过后上报区督导室。

二是强化规划，实施责任制。学校以达成发展目标为导向，建立和完善规划实施的目标责任制，明确规划的阶段性目标，将任务分解到职能部门与教师，责任到人，形成职能部门和教师联动机制，健全学校内部管理系统，并采取切实有效的过程监控措施，加强职能部门与个人的自我监控与调节，把年度工作目标的完成情况列入教师年度考核范围，增强教职工的主体意识和实施能力，提高规划目标的达成度，实现共同发展的良好愿景。校长作为学校的第一责任人，肩负着引领学校改革与发展的重任，精心谋划校本管理，确保学校的发展规划得到有效实施。

三是建立规范的学校自评制度。学校把自评作为促进学校依法自主办学和促进教师与学生发展的一个重要环节，作为现代学校建设和校本管理的一项重要内容，建立学校发展规划的年度自评和综合自评制度，准确设定自评目标，建立健全自评组织，严格规范自评程序，形成学校自我评价与外部评价互动的监控机制。学校注意评价过程中的资料积累，每学年结束后，根据有关数据、材料进行分析、汇总，开展自评，完成自评报告，并视实际情况对指标作适当的修改，使自评过程成为自我诊断、自我反思、自我调控、自我完善、自我发展的过程。

四是重视对规划实施的指导与过程管理。区督导室加强对发展性督导的研究，以科研来引领和推进发展性督导评价工作，建立全面的基础性数据库，开展制订规划的指导培训，切实把握好学校发展规划评审与论证环节，加强与学校的联系和合作，汇总与分析学校的年度自评报告，及时跟踪学校发展进程，妥善处理好过程性信息采集与终端性督导评估的关系，不断积累经验，提高督学的专业能力，真正达到发展性督导指导和服务学校发展的目的。

就学校发展性督导的评价程序而言，主要通过平时督导人员随访、年度专项督导及三年后总结性评价，按照规范性指标、基础性指标和发展性指标的达成度，综合考查学生、教师、学校三年来的发展情况，定性分析和定量分析相结合，对每所被评学校写出督导评估报告。

就学校发展性督导的结果运用而言，由区督导室将各校发展性评估结果以书面形式提供给教育行政部门，作为校长工作绩效、教师奖励、评先评优、师资配置、经费投入、学校干部任免等的重要参考依据。

2006 年北仑区教育局对宁波联合实验中学进行督导评估。区教育局督导室一行 8 人在俞斌副局长的带领下,对北仑区宁波联合实验中学进行了为期一天的发展性督导评估。督导组根据学校制订的三年发展规划和基础性指标,通过听取学校领导汇报、教师座谈、师生问卷调查、查阅资料、实地察看等方式,综合有关信息,得出如下评价结论。就学校发展性指标达成情况而言,学校领导班子团结、务实,整体素质好;认真贯彻教育方针,严格规范办学行为;充分发挥党支部的政治核心作用和工会、教代会的民主监督作用,学校的育人环境不断优化,办学条件明显改善;常规管理制度较完善,并能具体落实,严格执行。在德育方面,学校重视师德师风建设,学校的政治学习、实践活动与师德教育紧密联系,有计划、有内容、有目标,突出重点,注重考核,使个体师德创优向群体师德创优发展;学生的德育工作制度化、规范化、系列化,具有很强的针对性、实效性、社会性;以日常行为规范的养成教育为抓手,丰富多彩的活动形式为载体,使学生的思想道德水平不断提高,同时促进良好校风的形成。在教学方面,以课改实验为契机,以素质教育为核心,以课堂教学为重点,转变观念,脚踏实地,认真组织实施各项教学和教科研活动,有效地调动了广大学生的学习积极性,促进了教师的专业成长,教学效益逐年提高,特别是 2004 年中考合格率、优秀率均名列全区前茅,学校的社会信誉再攀新高,学生在区以上各类体育、艺术、劳技和学科竞赛中都取得了较好成绩。三年中,学校还多渠道筹集资金,投入 200 多万元改善师生的教学环境和生活条件,为学校基本达到三年发展规划的预定目标提供了必要的条件。

督导评价人员对该校下一轮发展提出了如下四条意见与建议:(1)学校发展性督导评估的运行机制需要进一步完善。运行机制包括制订发展规划和实施规划,并进行监控和改进。学校要建立规范的学校发展规划自评制度,形成学校自我评价与外部评价互动的监控机制,把自评作为促进学校依法自主办学和促进教师与学生的发展的一个重要环节,根据自身发展的需要,建立学校发展规划的年度自评和综合自评制度,准确设定自评目标,建立健全自评组织,严格规范自评程序,将单项评价与综合评价、个体评价与部门评价有机结合。在自评过程中,要扩大自评主体的参与度,重视教师、学生的互动评价,使自评过程成为自我诊断、自我反思、自我调控、自我完善、自我发展的过程。(2)在新一轮规划制订中,学校要进一步思考如何打造一支高质量的教师队伍这一学校建设的根本性问题,以保证学校的持续发展,进一步重视人性化管理、人文关怀,努力为教师创设自我发展的平台,使学校发展、教师发展、学生发展协调融洽,尽可能减少美妙乐曲中的不和谐音符。(3)学校教科研工作要立足课堂,解决教学中的实际问题,进一步健全教科研队伍,提高教科研成果与立项课题的层次。(4)学校要加大创特色力度,在现有成绩基础上强中选强,精心规划,扩大参与面,打造自己的品牌。

三、北仑区小学和初中督导评价实施成效

通过不断努力,北仑区小学和初中督导评价取得明显的实效。

(一)构建发展性督导评价指标新体系

评价指标是开展科学评价活动的基础,是督导评估的直接依据。为了构建既注重基本规范,又强调发展导向,既注重普遍基础,又强调个体特点的发展性督导评价指标体系,2006 年 7 月,北仑区印发了《北仑区中小学发展性督导评估指标》。2008 年结合北仑区教育改革和发展的实际,对部分指标进行了修改,同时又制定了衡量学校发展增量大小的《评估细则》。《评估细则》具有很强的操作性,简便、可行,突出重点,抓住关键,极大方便了学校自评和督导评估。

(二)探索发展性督导评价的运行新机制

新运行机制发挥了三个方面的作用:

一是加强对评价内容和学校三年发展规划制订的指导。为了保证发展性督导评价工作扎实有效地开展,北仑区教育局加强了对学校校长的培训和三年发展规划制订的指导,加强了对学校自查自评的督查与指导,加强了阶段性发展的督导评估,形成了"学校制订发展规划—学校实施规划—学校自评—阶段性外部督导评价—修正规划—学校再实施规划"的评价运行模式,构建了促进学校自主内涵发展、保障素质教育深入实施的有效机制。

在督导评价过程中,教育局召开了校长会议,学习发展性督导评价相关理论和实施办法;邀请浙江大学教授作了学校发展规划理论方面的讲座;组织部分校长学习兄弟学校的先进做法和经验,提高校长对开展发展性督导评估工作重要性的认识;同时组织督学到学校进行调研,并对学校班子成员进行培训指导。

教育局还指导学校依据指标体系，从自身的实际出发，制订学校三年发展规划，并以规划来统领学校的可持续发展。在制订规划时，要求学校对现状作全面而深刻的分析，明确学校发展的起点和基础，制定明确的发展目标，目标具有可测性，规划中的措施具体可行，具有可操作性。在措施方面，各个学校发掘和寻找自身的发展亮点，选择切合学校发展的突破口，逐步形成自己的办学特色。为了确保规划的制订质量，教育局还组成了由教育行政部门有关科室、各职能部门负责人和督学构成的评审小组，召开学校规划论证会，对每一所学校三年规划进行论证完善，然后由学校组织实施。

二是完善发展性督导校本评估制度和三年发展总结性评估制度。学校在实施发展规划一定时期（一个学年）后，进行阶段性成效的自评，对基础性指标和学校制订的发展性指标的目标达成度作出价值判断，并根据评估结果，调整发展规划，改进学校管理，确保规划实施的有效性和实效性，保证学校发展目标的实现。在这个过程中，区督导室组织人员一起参与学校自评活动或者开展随访督导活动。在学校发展规划实施三年后，由教育督导室组织督导评估队伍，通过与教师、学校领导座谈，进行教师、学生问卷调查，查阅资料，对学校基础性指标和发展性指标落实情况进行综合督导评估。在评价时，评价人员对基础性指标采用统一的绝对标准进行评定，对学校自主选择发展性指标偏重于评估结果的纵向比较，以更好地引导学校树立自主发展的目标意识和责任意识。评价人员对学校的发展态势及绩效作出客观评价，既充分肯定工作成绩，又总结经验和分析不足，并提出改进措施，为学校制订下一轮发展规划提供可靠依据。

三是促进一批学校的快速发展和特色形成。由于学校规划的制订及阶段性自检自评等工作立足于自身的优势与不足，符合学校实际，抓住了学校发展的主要矛盾，学校面貌改变迅速。例如，北仑区三山学校与镇政府领导一起，在一年内解决了学校的校舍设施问题，完成了300米田径场修建和食堂建造工程，顺利解决了实行九年一贯制后的两校整合问题。北仑区白峰小学经过科学论证，提出了"夯实基础、强化品牌、快速发展"的三年发展思路，踏实工作，不但学校硬件设施得到根本性的改变，而且积极打造艺术白峰，学校被评为浙江省首批艺术特色学校，一所设施先进、功能完备、环境优美的现代化农村示范学校呈现在人们面前。北仑区参与发展性督导评估的每所学校，均确立了符合自己学校实际的自主发展项目，并在实施自主发展项目的过程中，不同程度地促进了学校、教师与学生的共同发展，形成了明显的办学优势和办学特色。许多学校在管理、科研、教研、书法、折纸、篆刻、舞龙舞狮、剪纸、童诗、乒乓、棋类、器乐、科普、航模等项目上形成了各自的特色,在区域内外产生了广泛的影响,并已经结出了丰硕的成果。2012 年,北仑区已有国家级体育传统项目学校 1 所,省级特色学校 7 所,市级特色项目学校 5 所,市级体育传统项目学校 8 所,区级特色项目学校 16 所,基本形成了"校校有特色,校校有风格"的可喜局面。

北仑区督导评价的进行对各个学校的硬件建设和软件建设均起到了重要的推动作用。通过教育装备应用与研究的专项督导检查,北仑区的教学设备的总量从 2002 年的 3400 万元增至 2008 年的 11170 万元,大大提高了现代教育技术装备使用的正向效益。各个学校重点做好装备管理改进、装备水平提高、装备使用效率提高、装备持续更新四个方面的工作。在软件建设方面,区教育局努力实现"幼儿园亮丽、小学出彩、初中规范、普高跨越、职高后发"的奋斗目标。

第三节　实施基础教育质量监控

基础教育质量是提升国家竞争力的决定性因素,是一个国家综合国力的重要标志之一。近年来,随着我国"两基"攻坚任务和目标的实现,基础教育工作的重心已逐步从促进规模扩大、数量的增加转移到提高质量和效益的轨道上来。构建科学合理的基础教育质量监控体系,促进基础教育的持续健康发展,已成为基础教育发展亟待解决的问题。

进入 21 世纪,北仑区基础教育站在以提高质量、促进高位均衡为核心的新发展起点上。面对新形势,在北仑区基础教育发展方向方面,必须更加关注教育公平、教育质量、教育效益。北仑区教育行政管理者和一线教师把全面实施素质教育、提高教育质量作为推进基础教育均衡发展的根本任务。实践证明,办学条件的均衡只是义务教育均衡的一个方面,只有在质量上、内涵发展上实现均衡,才能有效解决一系列矛盾,才能真正实现基础教育高位优质均衡发展。

一、基础教育质量监控的机制设计

在具体实践中,北仑区形成了独特的基础教育质量监控机制。区教育局确定了基础教育质量监控的四个原则：一是充分发挥政府主体履行职责、学校主体担当使命和社会主体有所作为的主体性原则；二是围绕教育目的、教育过程和教育结果开展监控的目标导向原则；三是构建质量监控的队伍支持机制、投入保障机制和信息反馈机制的综合保障原则；四是运用单项监控与综合监控相结合、个体监控与群体监控相结合、静态监控与动态监控相结合的全面监管原则。

（一）基础教育质量监控主体多元化机制设计

县域基础教育质量监控是一个多主体参与的过程。监控主体是质量监控体系中最重要的构成要件，监控主体的构成状况直接影响着监控体系运作的优劣，最终影响到质量监控的信度与效度。基础教育质量高低不仅关系到举办者、办学者的利益，而且与社会、民众特别是受教育者的利益密切相关。

就政府主体的职责而言，在"以县为主"的基础教育管理体制下，地方政府作为基础教育投入的重要主体，是区域基础教育发展的规划者、决策者与执行者，拥有教育执法权、行政权、资源调配权、区域教育规划权和行政奖惩权，在区域基础教育发展中始终处于领导地位，理应成为基础教育质量监控的强有力控制主体。但政府对基础教育质量监控的强有力控制并不意味着政府应承担无限的责任，相反，政府应避免只做没完没了的琐碎事务，而应站在总揽全局的制高点上加强管理。换言之，政府对基础教育质量的监控功能主要应体现在宏观层面，其主要职责是通过制度化、常态化、周期性的督导、检查和评估活动，了解区域基础教育的质量状况，进而利用政策、法规、规划和指导等手段进行宏观管理，促进基础教育质量的不断改善与提高，使其更符合国家和人民的利益与需要。

就学校主体的使命而言，学校是教育教学活动的发生地，是体现县域基础教育发展水平和基础教育质量的窗口，同时也是开展基础教育质量监控的主阵地。在构建县域基础教育质量监控体系的过程中，必须确立各级各类学校在质量监控中的主体地位，充分发挥学校领导、教师和学生等教育当事人在质量监控中的积极作用，从而不断增强质量监控的针对性和有效性。与政府部门相比，学校主体属于弱势控制主体，拥有有限权力，控制有限资源，主要在教育系统内发挥局部作用、有限作用，在职责权限范围内发挥作用。但从教育质量的生成和发展的视角来看，学校则是更具专业监控能力的主体。学校工作不仅可以反映教师素质的合格情况、教育投入的到位情况,还可以对学生的学习准备情况、身心发展情况等进行有效监督,并及时采取相应的针对性措施加以调控。尤其是在监控教师的教学方法和教学内容是否科学合理这一点上,学校比政府和教育主管部门更具优势。因此,在县域基础教育质量监控体系中,政府必须确立和保障学校的主体地位,学校自身也应积极、主动地开展内部质量监控。

就社会主体的作用而言,基础教育必须确保每一个接受教育的儿童有健康成长的社会环境。那么如何才能实现这个目标呢? 一个有效、便捷的方法就对基础教育办学质量进行有效的监督。国外发达国家的实践经验表明,当基础教育学校的办学质量受到社会有效监督时,基础教育的高质量就有了比较可靠的保证。因此,构建县域基础教育质量监控体系,还应把以学生家长为代表的社会主体纳入质量监控主体的范畴,形成政府、学校、社会"三位一体"的稳定的质量监控的三角形主体结构。但现实中,大多数学生家长认为教育孩子是学校和教师的事,他们只关心学校有没有优秀的教师,有没有先进的教育教学设备,而对学校教育质量关心不够,尤其是对学生的知识基础和心理准备的关注不够。几乎没有家长主动要求去听教师上课,多数家长不了解孩子在课堂上的表现。为了改变这种情况,学生家长应该在方便的时候到课堂听课,了解孩子的课堂反应,了解教师的上课情况。学校也应该为家长提供了解孩子课堂表现的便利条件。

(二)基础教育质量监控的因素、过程、结果、保障联动机制设计

基础教育是一个庞大的系统工程,影响基础教育质量提高的因素是多方面的。为了加强基础教育质量监控,人们应把对基础教育质量产生直接或间接影响的各个因素全部纳入监控视野,突破只对个别领域、个别要素进行监控的局限性。

长期以来,基础教育质量监控主要集中在政策执行和学生学业质量两个方面。结合当前对基础教育质量提升的总体要求,北仑区县域基础教育质量监控关注三个因素的整合:

(1)进行教育过程监控。教育过程是教育要素在时间维度上的互动。教育过程监控就是对教育诸要素在教育活动中的运行情况进行监控,其主要目的在于及时了解各教育环节的工作状况与质量状况。教育过程监控的具体指标可以包括:学校人力资源使用情况;学校财力资源使用情况;学校

教学资源及办学条件使用情况;教育质量研讨情况;各教学环节实施情况;教改情况;教学奖励情况;学校教学督导组织与活动情况;课程开设与开发情况;教育科研情况;德育工作情况;心理教育情况;学生课外组织与活动情况等。教育过程监控是教育质量监控中最难进行的监控之一,因为成功的教育过程是教育者在充分的教育资源的支持下,利用合理的教育方法和手段,积极影响学习者的过程。在这个过程中,学习者获得了知识,提升了能力,形成了习惯,还伴随着态度和情感的变化。一般来说,教育过程监控可以采用对不同主体进行访谈、不同主体间相互认知的方法进行。

(2)进行教育结果监控。教育结果是教育活动开展结果,也是教育要素互动和在经历一定教育时间之后产生的结果。教育结果历来是衡量教育质量的重要指标,理应成为质量监控的重点。长期以来,人们对基础教育结果的关注主要集中在学生成绩、社会满意度、升学率、毕业率、家长满意率等方面,具有一定的片面性。为了更加全面、客观地反映县域基础教育质量,还有必要从纵向和横向两个维度来监控教育结果。从纵向的角度看,需要考察受过基础教育后学生的进步程度和进步速度,这两个方面的考察可以通过基础教育的效能分析进行,这在一定程度上可以"屏蔽"学生原有水平对基础教育质量监控的影响;从横向来看,人们需比较不同地区基础教育、城市与农村基础教育的结果和效能,以便衡量教育系统运作的整体效果。

(3)进行教育保障监控。近年来,北仑区逐步完善县域基础教育质量监控的保障机制。基础教育质量监控保障机制主要包括三个机制:第一个保障机制是队伍支持机制。基础教育质量监控工作是一个多领域专家共同参与、具有很高技术含量的工作,它涉及教育心理学、教育测量学、教育评价学、教育统计学、学科教育学、教育技术学、教育经济学以及教育管理学与教育政策分析等多个领域的专门知识。因此,在实施县域基础教育质量监控的过程中,特别需要掌握一定专业知识的人才来参与这项工作。但在现有的基础教育质量管理队伍中,具有教育测量、教育评价、教育统计等方面专业知识的人才还相当缺乏,在一定程度上影响和制约了基础教育质量监控的深入开展。因此,北仑区十分注重依托专业的教育质量监测与评价机构的人员及高等院校的专家,加强教育质量监控专业人才的培养,不断壮大专业队伍,努力形成一支由课程、学科和教育评价、学业测量等方面的专家组成的专兼结合的专门化队伍,为教育质量监控工作提供理论咨询和技术支持。第二个机制是投入保障机制。基础教育质量监控是提高教育质量、培养创新人才的重要手段，同时监控工作是一项持续稳定、科学规范，具有很高技术含量的系统工作。开展基础教育质量监控、实施和建立县域基础教育质量监控体系、创建基础教育质量认证体系等，必然需要大量的专项经费的支持。北仑区着力创造良好的社会环境，通过各种途径宣传基础教育政策，引导社会资金投入到基础教育质量监控领域。第三个机制是信息反馈机制。监控的核心是反馈。及时、准确、完整的信息反馈是质量监控的基础。基础教育质量监控所获得的信息是教育主管部门了解、判断教育质量的主要依据，是修正教育政策、调整教育质量发展目标的主要依据。因此，构建基础教育质量监控的信息反馈机制是十分必要的。一方面，要把监控所获得的信息及时通报给相关质量管理主体，使其改进工作。另一方面，要通过发布质量监控报告，让公众、社会其他部门了解基础教育质量状况和存在的问题，引导社会舆论正确评价、判断基础教育质量，形成有效的基础教育监督机制和保障机制。同时，还要及时把监控对象存在的质量问题向监控对象进行反馈，以便监控对象及时改进教育教学活动。基础教育质量监控重在根据监控结果对学校和区域性基础教育工作进行有针对性的指导，而不能对学生个人、学校或区域基础教育质量发展情况进行排队，搞基础教育质量评比。

（三）基础教育质量监控的多方法并用的机制设计

北仑区努力采用多种方法进行县域基础教育质量监控。教育质量监控的方法很多，但没有哪一种方法是绝对优异的，它们都有各自的适应范围，只有将多种方法结合起来，发挥各自的优势和作用，才能从不同的侧面反映基础教育质量的实际状况。因此，在实施基础教育质量监控时，北仑区注重以下三个方法的使用：

（1）单项监控与综合监控相结合的方法。单项监控是对监控对象的某一方面进行的监控，或者是对监控对象在某一时间范围内的变化情况进行的监控。单项监控可为改进某一方面的工作提供依据。综合监控不是单项监控的结果的累加，而是对监控对象全方位的、多角度的综合各种因素的系统监控。基础教育本身是一个复杂的巨型系统，包含不同的子系统，而这些子系统又有相对独立性，质量监控需要与各层次的教育活动开展同步进行，以判断各层次、各方面的效果，从而改进各层次、各方面的工作。因此，在实施基础教育质量监控过程中，必须坚持单项监控与综合监控相结合。

　　(2)个体监控与群体监控相结合的方法。个体监控是对教育者或受教育者个体进行的监控。如对教师的教育教学工作进行检查;对学生的学业水平进行测试。这种监控的作用在于使被监控对象提高水平,达到预期的目标。群体监控是针对某一群体或几个群体进行的监控,其主要目的是为一个地区或一所学校的教育决策、教育管理和教育改革服务。在群体监控的各种活动中,通常都采用不记名的形式,这样既能减轻监控群体中个体的心理负担,又较易获取真实的信息。为了充分整合这两种监控方法的优势,需要在监控工作中结合实际情况,将两者有机地结合起来。

　　(3)静态监控与动态监控相结合的方法。静态监控的重点在于考察基础教育现有的实际水平,判断其是否符合一定的质量标准,其主要目的是考核教育任务完成的程度和达到的水平。动态监控则更注重对教育过程的监测和调控,其主要目的是对基础教育质量提高作出价值判断。对基础教育而言,其质量保障和质量提升是一项复杂的系统工程,不是一蹴而就的,也不是一劳永逸的。仅仅依靠静态监控不能反映整个发展过程,也无法把握其发展方向;而仅仅依靠动态监控也无法判断其是否达到相应的质量标准。因此,在基础教育质量监控中,北仑区基础教育评价和监控机构注重静态监控与动态监控的有机结合,但以动态评价为主,注重对学校发展的纵向比较,鼓励学校在原有的基础上不断进步,使基础不同、条件不同的学校在发展过程中都能不断摸索获取成功的经验。

二、基础教育质量监控的过程和方法

　　北仑区积极参与浙江省教研室组织的基础教育质量监测和过程性评价项目实验工作,并取得了较好的实效。

　　2010 年 10 月 29 日,浙江省教育厅教研室发布《关于开展基础教育质量监测与过程性评价项目实验的通知》(简称《通知》)。《通知》指出:"建立以提高教育质量为导向的管理制度和工作机制,把教育资源配置和学校工作重点集中到强化教学环节、提高教育质量上来,是浙江省基础教育质量评价和管理制度的重要创新。开展基础教育质量监测与过程性评价研究,制定教育质量标准,建立教育质量保障体系,是实施'创业富民、创新强省'战略的需要,是全面实施素质教育、探索人才成长规律的需要,是加强教育管理、进行科学决策的需要。"

　　基础教育质量监测与教学质量过程管理改革实验的对象为浙江省基础

教育阶段部分县(市、区)的部分初中、小学中的部分班级与学生。根据浙江省基础教育的实际状况,借鉴国内外基础教育质量监测的经验,浙江省基础教育质量监测与过程性评价项目实验工作重点领域包括以下五个方面:(1)学生的思想品德和公民素质。它包括对学生自尊、自强、遵纪守法、诚实守信、保护环境、积极参加公益活动、具有社会责任感等思想品德和公民素质教育方面的表现进行监测。(2)学生的身体、心理健康水平和艺术素养。它包括对学生的身体形态、机能、素质、体育锻炼和个人健康等身体健康方面及对学生的情绪、意志品质、个人行为习惯、与他人交流合作等心理健康方面的表现进行监测,对学生参加艺术活动的兴趣、审美情趣、艺术欣赏与表现能力方面进行监测。(3)学生的学业水平和学习素养。它包括对学生各学科的学业水平及对学生的学习兴趣、学习习惯、学习方法方面的情况进行监测。(4)学生的实践能力和创新意识。它包括对学生的动手操作能力、在实践中运用所学知识的能力以及创新意识和创新能力等方面进行监测。(5)影响学生发展的教育环境与社会环境。它包括从学生的家庭环境,教师、学校、课程等学校教育环境,以及有关的社会、经济环境等层面监测影响学生发展的相关因素。

为了更好地开展基础教育质量监测工作,浙江省教研室牵头成立浙江省基础教育质量监测与过程性评价项目组,由时任浙江省教育厅教研室副主任的石世昌任项目组组长,时任浙江省教育厅教研室评价部主任的方张松任项目组副组长,各相关教研室评价负责人为成员,同时成立项目专家组和项目支持小组。

在实施基础教育质量监控中,北仑区主要做好四个方面的工作:(1)实验区教研室评价负责人亲自牵头,明确项目学校,明确项目的计划和要求,抓好过程性评价数据的采集、积累、研究、运用工作。(2)教研室组织相应的培训。(3)广大教师充分利用项目平台,用好前置性作业、学生错题本、综合实践等模块,积极采集学生的过程性学习数据,及时发现每一个学生平时的学习状况,逐步提升对教学的自我分析与检测能力,从而改进日常教学行为,促进教学质量提高。(4)学校和教研室进行学业质量的在线抽测与过程性数据的关联性分析。

除了积极参加省教研室组织的项目外,北仑区还严把质量监控关,提升区域教育现代化水平。教育质量监控是区域教育质量评价的重要组成部分,区域教育现代化离不开教育教学质量的达标和优化。北仑区历来把教育质量当作学校和区域教育发展的基础要素。近年来,重视过程性监控、诊断性抽测和跟踪式改进的区域教育质量监控网络初步形成,有力地促进了北仑区的教育现代化进程的快速推进。近年来北仑区主要开展四个方面的工作:

一是以起点看发展,构建高中学生学业发展潜力系数测评体系。以起点看发展是教育评价的一个重要观点。学校教育质量监控必须建立在各校自身的特点之上,除了管理、教师和学校的硬件等要素,学生的原有基础是影响教育产出的核心要素之一,因此教育评价不仅要看学生的全面发展,而且要突出学业评价中的发展性评价。以高中生学业发展水平评价为例,依据多年的数据积累,北仑区逐渐形成了相对稳定的区域高中生学业发展潜力系数测评体系,以高中入学时的学业考试成绩为基础,与三年后高考时的批次走向建立起关联性。以学业发展潜力系数为导向,注重反映学生在高中阶段的发展增量,为不同层次的普通高中提供了符合学校实际情况的学业发展方向。教育局将各个学校进行学业质量评价,建立在潜力系数分析的基础之上,同时又参考学校历年的纵向发展和市内同类学校的横向发展,对达到和超过潜力发展目标的学校进行科学的评价,这种做法受到了各校教师的普遍认同。

二是以课程调研为基础,实施过程性监控。区域教育质量监控的意义不仅仅是为了进行终结性评价,更在于过程的规范与结果的改进。因此,北仑区教育局强调在常态中发现经验和不足。区教育局每年开展课程调研,重点对学校课程的开发与设置、学科教师的配备与使用、常态课堂的质量、教学常规的落实、教学管理与质量评价机制的建设与优化、学生的分层发展与优化措施、轻负担高质量教育的追求等方面进行细致的调研与指导,通过听取广大师生的意见与建议、交流与汇总情况,并对调研学校进行指导性反馈,从而有力地保证了教育质量的全面性和教育管理的科学性。

三是进行诊断性抽测,实施多学科、多板块的诊断。教育局对基础教育质量的评价是多维的。为了更好地引导中小学的教育教学工作,教育局不定期开展多学科、多板块的诊断性抽测,并将抽测分析报告对每一个学校进行反馈。对于语文、数学、科学、英语等学科,教育局采取学段抽测的方法,重点监控初中总分后 30% 和小学总分后 20% 学生的情况,引导各校关注后进学生的发展,同时对书面测试难以反映的内容进行不定期动态的板块式抽测,如抽测语文的写字、英语的语音、科学的实验等,这些板块的测试有力地向各学科教学提出了三维课程目标方面的要求。对于音乐、美术、体育、技术、综合实践活动等学科,则逐年开展专项抽测,通过书面问卷、技能测试、优秀成果展评等形式进行质量诊断,保证以上学科教学也做到课程落实、人员落实、学生发展落实。

四是实行跟踪式监控,提升监控的价值。教育质量监控的目的不仅仅是为了评价,而且是为了改进教育。本着这样的宗旨,北仑区教育局重视各种途径的调研、诊断、视导。教育局要求将监控的情况进行认真的分析,将有关意见和建议通过口头或书面形式进行反馈,要求教育质量有显著缺陷的学校提出改进的策略和行动计划。教育局重视后续的跟进措施,在一定周期之后进行复查,以了解学校的改进效果,指导学校的教育质量管理和轻负高质工作的开展。在加强区域教育质量监控与管理的过程中,北仑区基础教育质量快速提升,高中教育优质、高位均衡,并进一步向特色高中的目标发展,区域内高考重点率、本科率和学科平均水平连续七年保持在宁波市各县(区)排名的前三位;义务段教育在课程建设的全面性和学生素质发展的多元性方面有了长足的进步;职业教育与经济社会紧密联系,培养的高素质劳动者供不应求。这一切,都增强了北仑教育工作者对全面实现区域教育现代化的信心。

三、基础教育质量监控的实施成效

质量提升是基础教育工作者的中心任务,质量高低是衡量基础教育成败的关键指标,质量监控是基础教育可持续发展的重要抓手。《国家中长期教育改革和发展规划纲要》指出:"把提高质量作为教育改革发展的核心任务。树立科学的质量观,把促进人的全面发展、适应社会需要作为衡量教育质量的根本标准。树立以提高质量为核心的教育发展观,注重教育内涵发展,鼓励学校办出特色、办出水平,出名师,育英才。建立以提高教育质量为导向的管理制度和工作机制,把教育资源配置和学校工作重点集中到强化教学环节、提高教育质量上来。制定教育质量国家标准,建立健全教育质量保障体系。"[①]通过实施基础教育质量监控,北仑区基础教育学校树立了以人为本、全面、均衡、可持续发展的质量观,广大教师充分认识到教育教学质量高低不仅反映在考试成绩上,更体现在学生的素质发展上;质量管理不仅要

---

① 教育部:《国家中长期教育改革和发展规划纲要》,人民出版社 2010 年版,第14页。

注重结果,更要注重过程;质量水平不仅反映学生的学习水平,更反映教师的教学水平和学校管理水平。提高教育质量、促进师生和谐发展已经成为学校生存的核心目标和内涵发展的生命线。

基础教育质量监控的实施,更新了区内干部、教师的评价观,以评价促发展的教育理念逐渐得到认可,发展性评价广泛应用到学校教学实践中。各所学校严格落实质量监控制度,践行全面性、发展性的评价原则,鼓励教师树立正确的教育观、学生观和评价观,认真学习评价理论,运用多种评价方式,肯定学生的点点滴滴的进步,开发学生的各种潜能,构建科学的评价体系。

基础教育质量监控的实施,推进了教学质量管理的科学发展。教学质量管理是影响质量提高的关键因素,是制约学校发展的重要环节。教学质量管理就是把形成教学质量的全过程和各个环节管理起来,把有关人员组织起来,把影响教学质量的各种因素控制起来,以保证在形成教学质量的过程中不出差错,或少出差错,达到不断提高教和学的质量的目的。科学合理、切实可行的质量监控,能有效地调动学校管理者和教师研究教学、聚焦教学的积极性,促进学校管理水平的提高。质量监控的有效实施,促使管理者和教师树立新教育质量观,即素质教育观、全面管理观、预防为主观、用数据说话的观点。全面质量观是指师生员工人人参与教学质量管理,学生从新生入学开始到毕业为止全面形成教学质量,教师关注学生德、智、体、美、劳的全面发展。教学质量不是考出来的,而是教出来的、学出来的。学校管理者管理工作的重点,需从事后的检验转移到事先的预防上来。为了正确地进行教学质量管理,教育管理者就需要收集反映质量的各种事实材料和数据。只有这样做,才能用定性分析和定量分析方法来判断质量优劣,分析原因,找出主要矛盾,以便采取切实可行的措施。通过质量监控,学校管理者和其他教师也学会了三种不同的质量管理方式:一是预防性质量管理,也就是校长、教导主任、教研组长通过抽样检查,及时了解教师备课、上课、批改作业、辅导的质量,及时了解学生预习、听课、复习、作业的质量,从中总结推广经验,发现问题,及时研究解决。二是鉴定性质量管理,也就是到一定阶段所进行的质量检查和质量分析,又称阶段性质量管理。三是实验性质量管理,也就是先通过科学研究和科学实验得出切实可行、行之有效的做法后,再逐步加以推广的质量管理方法。

基础教育质量监控的实施,推动了教学改革的深化。教学是深化课程改革、全面实施素质教育的首要渠道。各个学校以监控为契机,依据反馈信息,分析教学现状,揭示教学规律,提高教学质量。学校利用科研方法,分析教学中的实际问题,扎实进行课堂教学目标、内容、方式、手段、效果等方面的研究与实践,使得新课程改革的先进理念和技术落实到课堂教学之中,转化为教师的有效教学行为,从而促进课堂教学质量目标的达成。

第四节　区域推进"轻负担、高质量"工作,提高管理效能

"轻负担、高质量"的实质是学生用较少的时间和精力投入,学到较多的知识和技能,获得较快较好的发展。高质量是教育教学工作的根本目标,而减轻负担是实现目标的基本途径。"轻负担、高质量"是实施有效教学,推进素质教育的重要举措。

北仑区在推进素质教育的过程中,采取了一系列措施,减轻学生的学习负担,改进教学工作。在减轻学生学习负担方面,北仑区主要采取如下举措:第一,严格控制各类旨在培养尖子生的班级的组建,小学阶段一律停止奥数、奥语或者培优的辅导班,停止剑桥英语的新开班,已办起来的班级进行妥当的过渡。第二,初中段要停止教师在午休时间集中辅导或者组织学生统一做作业的行为,清理学校统一放学时间后部分教师仍然整班补课的现象。第三,加强对学生作业和考试的过程监控和源头管理,做到有制度、有人管、有反馈、有考核。第四,有计划地办好家长学校,落实具体的讲授计划,安排以校内教师为主的授课人员进行讲授,明确全年的开办时间。区教育局出台家长学校建设的指导意见和基本标准,促进各个学校对家长学校的重视。第五,在全区全面推行"五表"公示制度、减轻负担工作学期报告制、减轻负担结果公告制度、减轻负担工作责任追究制度。第六,严格执行国家关于普通高中招收择校生的政策,招收比例控制在 20% 以内,严格控制义务教育阶段学校招收择校生。第七,星期六上午,除了高三可以补课外,其他学校一律不允许补课。

为了使得减轻学生负担工作落到实处,北仑区教育局出台了《北仑区关于进一步强化中小学教师教学工作常规的意见》,引导学校加强过程管理,提高教学质量和效益,关注全区学科总分后 30% 学生的发展,确保教学工作的中心位置和教育质量的首要地位的落实。为确保教学计划规定课程的开

足和开好,区教育督导室对学校课程执行情况进行专门的督导检查。各个教育业务科室认真开展明察暗访工作,监督学校认真做好减轻负担的工作。

在减轻负担的基础上,北仑区还采取了一些得力的措施,以提高教育教学质量:

第一,实施名校长培养工程,加强校长队伍的建设。校长是学校的领军人物,校长要有先进的理念、卓越的谋略和高超的创造力。北仑区教育局制订《北仑教育"十一五"发展规划》,规定名校长培养指标。依托浙江省"领雁工程"和宁波市"百千万"工程,重点培养名校长。不断引入激励机制、竞争机制、目标考核机制和后备干部培养机制。总结一批校长的成功办学经验,完善校长年度考核、任期目标、轮岗交流和能上能下的办法,着力建设一支既有学科专业水平又有组织协调能力,既擅长科研和管理,又有国际视野和本土意识的校长队伍。

第二,实施人才培养促进工程,促进名师的成长和发展。采取的措施包括专家引领、名师示范、骨干带动和内部培养、外部引进等。主动争取各所高校和科研机构、省市教研室和教育考试院的相关人员具体指导,加强各学科带头人培养,产生一批学科领军人物。

第三,从严管理教师队伍,强化对教师的培训。严格教师准入制度,逐渐做到不聘用代课教师。开展面向非师范专业、面向社会特别是企业优秀工程技术和管理人员取得教师资格的认定工作。深入推进中小学人事制度改革,高门槛跨入,高素质立足,高品位发展。音、体、美、计算机和综合实践专职教师配备率达到85%以上。学校公用经费中10%用于教师业务培训,按照职业规范、新知识、新技能和新方法的要求,通过网络互动、教科研一体、校本培训等手段,建立每5年对普通中小学教师进行一次全员培训的制度。启动区级学科教师培训计划,实现轮岗培训。建立区教师培训专题资源库,供全区各个学校进行菜单式培训。教师编制数依据浙江省规定的编制标准配备。2012年确保拥有高一级学历的小学、初中和高中教师比例分别达到90%、85%、10%左右,具有研究生学历的高中教师达到10%左右,中职双型教师比例达到85%;全区争取有8名左右省特级教师,20名左右市名师,30名左右区名师,40名左右市学科骨干,50名左右小中高教师。大力加强教师职业道德建设,引导教师教书育人、敬业爱生、遵纪守法、为人师表。精心组织开展师德主题教育,在暑期开展"千名教师签订师德承诺书"签名活动,拒绝有偿家教和有偿兼课签名等活动。每年进行"感动港城学子十大优秀教师"评选和奖励活动。重点加强学前教育教师队伍建设工作。区内三星级及以上幼儿园的 650 名教师的年收入不低于 2.5 万元。重点解决个体幼儿园 1000 多名教师的年收入问题，所需经费区学前教育发展专项资金安排一部分，各个街道在可用经费中划出一部分，各个幼儿园配套一部分。

第四，创建浓厚的科研氛围，促进教师专业成长。北仑区确立"教学科研并进，研究引领并进"的指导思想，引领教师向研究型、学者型目标迈进。出台了《关于进一步加强教科研工作的若干意见》，鼓励教师搞好教学研究。编辑《北仑初中办学特色经验精选》和《北仑教育科学》，推介和宣传教师的优秀教科研成果。研讨并完成列入国家级和省市区级的教育科学规划课题的结题工作，组织成果评奖。组织教师开展教育专题调研活动。教育教学科学研究活动的开展，有力地增强了广大教师学理论、用理论，吸收先进的教育教学思想，提炼有效的、成功的教改经验，探索、研究新情况和新问题的干劲。实践证明，从事教科研是促进教师专业发展的一条行之有效的途径。

第六章　基础教育学校层面教育质量评价

第一节　基础教育学校层面教育质量评价的含义、意义和特征

一、基础教育学校层面教育质量评价的含义

学校是教育系统的基层单位。在实际工作中,所有的教育路线、方针和政策最终都要依靠学校来贯彻和执行。办好每一所学校是促进区域基础教育发展的基石。评价学校办得好不好,尤其是评价学校的质量水平的高低,是国家、社会和普通民众非常关注的问题。

学校教育质量评价是指运用现代教育评价的理论和方法,对学校的运行状态进行价值判断。

学校层面的教育质量评价是整体教育质量保障体系的核心组成部分。校本教育质量评价的程序包括:先由学校进行自评,撰写自评报告,提交给外部评估机构;然后由外部评价机构对学校的自评报告进行检查,这一检查通常采用同行评议的办法;在此基础上,外部评价机构起草正式的评价报告,作出结论;在这一结论得到各方认可后,各方再采取后续的相关行动。

学校层面的教育质量评价活动以学校自愿参加为原则,以学校内部的持续的自我质量管理活动为核心,以学校的自我评价为基础。就内外关系来看,由于双方往往难以对教育质量形成完全一致的看法,为避免由此产生的冲突,一般的做法是,外部评价机构和学校各有分工,外部评价机构偏重于输入和输出的评价,而学校则偏重于过程的改进和质量的提高。

学校办学水平评价是一项综合性的评价,它不仅包括办学效果的评价,还包括领导班子建设评价、教学管理水平评价和教师队伍建设评价。

学校管理工作质量评价是学校教育质量评价的重要组成部分。学校管理工作质量可采用指标体系法加以评价。学校管理涉及行政管理、德育管理、教学管理、教职工管理和总务管理等方面。在这些方面的管理工作中,人们需要侧重对各级各类管理人员的管理效能进行评价。管理人员的工作效果如何,直接影响着该部门的工作效果。人们还需要对管理体制进行评价。机构设置合理、职责分工明确,则管理效能相对较高。德育管理涉及德育的地位和作用是否得到落实,德育的队伍建设是否有效,师生的思想道德素养是否得到提高。教学管理涉及教学计划的制订、教学常规的落实、教学研究的进行等。教职工管理涉及教师的职业道德的开展、教师进修培训的开展、教师评价的进行和教师育人成效的取得。总务管理涉及财务管理、安全管理、卫生管理等工作。

二、基础教育学校层面教育质量评价的意义

(一)理论意义

学校是以育人为根本职责的社会组织。学校是社会整体的一部分。学校不是游离于社会之外的机构,不是与社会完全保持中立的机构,也非跟随社会发展亦步亦趋的机构。学校是一个开放的机构,它在社会环境的约束下得到发展,又要体现自身的相对独立性和自主性。办好每一所学校是教育事业发展的基石。学校层面的教育评价有助于充分认识学校的运行状态,认清学校的性质和功能,改进管理和教学工作,达到办好学校的目标。

(二)实践意义

1. 学校教育质量评价是现代学校教育发展的客观要求

学校是社会生产力发展到一定历史阶段的产物。对学校的评价古已有之。但是,对学校进行全面科学的评价,那还是近几十年的事情。1940 年,在艾钦(Alchian)提出评价报告后,教育评价法在美国被采用,并很快传入欧洲各国。此后学校综合评价在其他国家也陆续得以实施。改革开放以来,我国逐步开展学校评价研究,学校的等级评定也逐步实施。但是,系统的学校评价理论还付之阙如,科学的学校评价的经验还较为缺乏。随着义务教育的普及水平的提高,学校评价的重心逐渐从考查教育数量转向考查教育质量和效益。

2. 进行学校教育质量评价是促进学生全面发展的需要

培养德、智、体、美、劳全面发展的社会主义建设者和接班人,是我国的教育方针。基础教育旨在为学生做人和做事打好基础。基础教育能否为学生打好终身学习和终身发展的基础,直接影响学生的前途,关系着教育目的的实现。目前学校中存在片面追求升学率的倾向,一些地方甚至将升学率的高低作为评价学校工作好坏的唯一标准,这种做法严重影响了学生的全面发展。为了改变这种状况,就有必要运用教育评价的理论和方法,确立正确的评价标准,对学校教育质量进行科学的评价。

3. 进行学校教育质量评价也是改进学校管理工作、提高管理效能的需要

开展学校教育质量评价,有助于使学校领导和教师明确奋斗目标,做到办学规范化、工作制度化、管理科学化,并且有助于调动广大教师的积极性,有助于获取改进学校管理工作的客观依据。

三、基础教育学校层面教育质量评价的特征

基础教育学校层面教育质量评价具有三个基本特征:

一是以提高质量为宗旨。对学校进行教育评价,是为了改进学校教育教学工作,即通过办学水平评价,及时肯定前一阶段工作中的成绩,发现工作中的不足,从而使所做工作更有效地促进学校教育质量和办学水平的不断提高。对于教育行政部门来说,进行办学水平评价,有助于了解学校的整体状况,为研究教育方针政策、制定教育法规、确定下一步教育工作的重点、改进教育事业管理、制订教育改革方案,提供科学的依据。

二是以管理工作为核心内容的综合性。进行基础教育学校的教育质量评价,就要对学校的办学方向、办学条件、各项工作、学校绩效等各个方面进行全方位的价值判断,所以,它是一种综合性特别突出的评价。

三是依据学校类别的不同而形成不同的指标体系,进行有差别的评价。对于一个县(市、区)来说,从纵向的教育结构的角度看,区域内有幼儿园、小学、初中和高中等各类学校。从横向的教育结构看,区域内有普通中学和职业中学。因此,在进行基础教育学校教育质量评价时,有必要针对不同类别的学校制定有针对性的评价指标体系,进行分类评价。

第二节　北仑区学校自我评价的实践探索

正确处理好外部评价和内部评价的关系,是学校管理面临的一个基本问题。学校既需要接受外部评价,也需要进行内部评价。外部评价是指上级教育行政部门和教育督导部门组织的评价,是加强宏观指导和管理的一项重要措施,其目的在于客观地评价学校的办学水平,加强科学管理,确保教育的基本质量。

传统上,有些学校对外部评价非常重视,而对学校内部评价不够重视,换句话说,只等上级有关部门来评价自己的学校,而忽视了学校内部的评价。这对于充分调动广大教师的积极性和改进学校民主管理是不利的。

学校自我评价,是指以学校自主发展为基点,以全员参与为形式,以学校的战略规划、具体目标实施为对象,按照学校认可的评价标准,在学校范围内开展定期的评价活动。学校自我评价是学校评价工作的基础,也是学校自身建设、提高办学水平和教育质量、主动适应社会发展的重要手段和促进可持续发展的自我保障机制。

在实际工作中,学校管理者和广大教师必须关心如下问题:学校管理的目标是否已经达到,达到目标的程度如何? 教育活动是否达到预期的目的,获得了应有的价值? 要回答这些问题只有通过评价才行。学校评价对学校的科学决策具有重要意义。只有通过评价获得第一手资料,才能作出科学、合理、可行的决策。学校自我评价是学校自我发展的前提和保证。如果没有学校的自我评价,学校管理者就不可能明了各项工作的进展和存在的问题,学校的发展也就不可能是一种良性的发展。

学校自我评价具有五个方面的优点:

一是学校自我评价不受时间和场合的限制,简便易行。无论管理者、教师还是学生,都可以随时随地、经常性地对照目标要求进行自我评价。

二是学校自我评价省时省力、耗资少。学校可以在日常工作中随时组织教师进行自我评价,节省时间、精力和资金。

三是学校自我评价可以在较长时间内连续操作,机动灵活。学校可以根据学校的发展规划具体规定自我评价的做法。

四是学校自我评价可以调动起学校全体教师的积极性和主动性。学校自我评价是学校对自身进行的评价,全体教师都是评价者,这样就容易调动他们主动配合参与评价的积极性和主动性,树立主人翁意识,共同关心学校的发展,为学校的发展出谋划策,共同努力。

五是学校自我评价为学校提供了一个多样化的发展空间。实施学校自我评价,就可以为他人评价提供参考依据,打破他人评价"一言堂"的局面。

主动建立有效的自我评价制度,是提高学校整体办学水平和管理工作质量的至关重要的工作。

在实施学校自我评价方面,北仑区主要采取以下三个做法:

一是做好自我评价的准备工作。各个学校成立自我评价领导小组。学校设立自我评价机构,组成以校长为首的评价小组,负责全面的自我评价。学校制定发展性评价指标。学校的自我评价指标根据学校自身的发展规划来制定,评价指标的制定具有现实性和可操作性,具有前瞻性和发展性,兼顾学校的现实基础和未来发展潜力。学校组织专项自评小组,分解指标,依据发展性指标体系,结合科室部门分工和管理目标,将指标予以分解,各个专项自评小组负责按照具体的指标和要素,按照要求制订更为具体的自我评价计划,确保按时完成准备工作。

二是实施自我评价。每学年开学前,对照学校发展规划进行诊断性自评。将自评过程和工作过程紧密结合,对照发展性评价指标进行形成性自评。各专项自评小组结合本部门的职责,对所负责的指标和要素及时收集信息,及时反馈调节,及时改进工作,并记录自评结果,积累自评资料。每学年末,学校结合工作总结,对照发展性自我评价指标,进行总结性自评。

三是进行自我评价的总结。学校根据各个专项自评小组的总结性自评分析报告,指定专人撰写学校自评报告。同时,自评领导小组及时召开自评工作总结会,肯定成绩,总结和交流经验,找出差距,提出加强和改进工作的意见。

第三节　学校发展目标导向评价的整体推进

学校发展目标导向评价是一种新型的学校评价。

学校发展目标评价是学校发展评价的重要组成部分。恰当的学校定位和个性鲜明并富有创新精神的目标是建设一流学校的基础。学校发展目标是学校的师生员工事先预想的关于下一阶段学校建设和发展的结果。

学校发展目标在学校建设过程中具有重要意义。它是学校建设工作的指南。如果事先缺乏精心设计的目标,学校工作就会杂乱无章,没有头绪。有了精心设计的目标,学校的全体成员就有了明确的工作方向。

学校发展目标在实践中起着凝聚全体师生员工的作用。在很大程度上,学校目标就是学校全体师生员工共同的愿景,它为大家确定了一个共同的努力方向,为全体师生员工形成共同的价值追求提供了坚实的基础。

确定学校发展目标,关键是确定学校的发展方向、发展程度和时间安排。学校的发展方向通常是指学校办学的特色,学校的办学特色是学校赖以生存和发展的基础。任何一所学校都有可能办成一流学校,如果这所学校能办出特色的话。学校有了办学特色,就有了其他学校无法替代的优势。学校的发展程度是指在特定方向上达到的发展水平。学校的未来发展目标最好是具有可行性和可操作性的目标。

一、学校发展目标评价指标的解析

国外一些组织和机构对学校发展目标进行了具体的界定,并建构了评价指标体系。

欧盟提出了欧洲学校教育质量评价指标体系。欧洲学校教育质量评价指标体系由 4 个一级指标和 16 个二级指标构成。4 个一级指标为成就、成功与转移、学校教育监测、资源与结果。成就指标包括数学成就、阅读成就、科学成就、信息通讯技术(ICT)成就、外语成就、学会学习的成就、公民教育的成就 7 个二级指标。成功与转移指标包括学校辍学率、高中教育完成率、高等教育参与率 3 个二级指标。学校教育监测指标包括学校教育的评估与指导、家长的参与 2 个二级指标。资源与结果指标包括生均教育开支、教师教育与培训、小学前教育参与率、平均每台计算机的使用学生数 4 个二级指标。[①]

台北市教育局局长吴清基提出了优质学校教育评价指标体系。这一指标体系包括 9 个一级指标和 42 个二级指标。

第一个一级指标领导包括道德领导、趋势领导、专业领导、整合领导 4

---

① European Report of May 2000 on the Quality of School Education: Sixteen Quality Indicators,http://europa.eu/scadplus/leg/en/cha/c11063.htm.

个二级指标。

第二个一级指标行政管理包括知识管理、网络管理、品质管理、绩效管理 4 个二级指标。

第三个一级指标课程发展包括统一规划、有效执行、落实评鉴、持续研发 4 个二级指标。

第四个一级指标教师教学包括专业教学、创新教学、有效教学、活力班级、良师典范 5 个二级指标。

第五个一级指标学生发展包括学会认知体验、学会悦纳自己、学会尊重别人、学会负责做事、学会生涯发展 5 个二级指标。

第六个一级指标专业发展包括计划专业成长、从事教育研究、建立教学档案、参与学术活动、评估进修成果 5 个二级指标。

第七个一级指标资源统整包括家长正向参与、家长多元参与、善用社区资源、引导社区发展 4 个二级指标。

第八个一级指标校园营造包括安全校园、人文校园、自然校园、科技校园、艺术校园 5 个二级指标。

第九个一级指标学校文化包括共塑愿景、全员参与、团队合作、和谐温馨、持续创新、永续发展 6 个二级指标。

上述指标均对学校的综合发展目标进行了清晰的界定。

二、北仑区学校发展目标评价的具体实施

北仑区各个学校均实行目标导向的评价。在学校发展目标导向评价方面，大多数学校采取如下五个基本做法：

第一，规划引领，明确发展方向。学校着手将办学条件优势转化为管理优势和质量优势，这是任何一所学校的管理者都要面临的首要任务，而要实现这一目标，就必须围绕发展这一主题，明确发展方向，增强自我发展的后劲。各所学校管理者都要高度重视目标定位，总结办学经验，实施素质教育，创新学校管理模式，提升办学水平，促进学校科学发展。北仑区紧密结合规划引领工作方面取得的经验和学校发展性评价工作的要求，明确发展方向。

第二，准确把脉，科学规划。学校发展，规划先行，发展规划解决的是学校向何处发展、如何发展的问题。一个好的规划必须有全体教职工的参与与认同，因此，在确定学校办学理念系统及制订学校发展规划的过程中，北

仑区各所学校坚持从学校实际出发，从教师实际出发，充分发扬民主精神，反复听取各方意见，动员每一位教职工参与讨论。在制订规划前，学校采用了问卷调查、师生座谈会、征求意见稿、跟踪调查、实例调研等多个渠道采集信息，将学校的办学理念、办学目标、学校规划等提交广大教师讨论，并广泛征求教师的合理化建议。正因如此，学校在发展过程中能真正找准发展的突破口、落脚点，使所采取的措施真正发挥作用。

第三，集思广益，认同目标。形成初步方案后，学校领导的办学思路可以说已经较为清晰，但是如果方案得不到广大教师的认可，就难以内化成为全体教师的自觉行为，改革举措便无法落到实处。在征求广泛意见基础上形成的书面方案，如果不加以宣传、学习、培训，很多还只是纸面上的文字，无法化为实际行为。所以，有必要从以下几方面着手，加大宣传培训力度：一是在方案形成过程中向多方征求意见，逐步梳理大家关心的问题，这在一定程度上也达到了宣传交流的作用。二是形成方案后把方案初稿发给全体教师进行反复讨论，学校领导分别召开校内不同层次的会议及家长座谈会，征求意见，形成较为完善的方案，并交教代会审议通过，使它既反映学校的实际情况，也符合广大教师的心愿。三是在不同阶段的教师会、家长会、对外交流会、专家讲座等各种场合进行宣讲引导，还利用学校的网站、校报、文化宣传栏等途径进行宣传。通过这些途径和方式，使得发展规划和发展性评价的思想理念和要求逐步传播到学校各个层面，并得到教职工的广泛认同。

第四，关注教师，助推发展。没有教师的发展，就不可能有效促进学生的发展，也更谈不上学校的整体发展；只有教师队伍素质得到整体提升，才能确保学校在发展性评价过程中得以持续良性发展。因此，教师三年发展规划的制订和实施，又从以下方面助推着学校的发展：一是北仑区各所学校着力转变教师思想意识。教师素质培养是一项长期工程，不会立竿见影。教师观念的更新是先导。各所学校积极倡导教师树立"不怕吃苦、敬业奉献"的精神，使教师不断明晰提升自身素养的重要性，在自身能力素质提升基础上发挥最大效能。二是各所学校创新教师培养机制。在运用精神激励机制引导教师敬业的同时，致力于教师素质培养机制的建立，形成分层、分类培训机制，确定分层、分类培养对象，并通过多种途径实施分类培养。区教师培训机构主要实施以下四项系统工程：一是实施骨干教师培养工程，选派教师参加专业机构组织的骨干教师培训；选定教师与名校名师、特级教师结对，拜师学艺。二是实施"青蓝工程"，促进青年教师发展。三是实施中年教师专业再培训工程。四是实施新加盟教师培训工程,关注对新调入或新分配教师的培训。

第五,反思评价,激励发展。实施学校发展目标的过程评价是学校发展性评价的一个重要环节。学校组织各个目标管理团队,开展目标实施情况的阶段性评价,及时收集相关的信息资料,反思总结目标实施过程中的好做法,明确下一阶段的工作任务。同时,为了保证学校发展规划中各项目标的实现,各所学校制定和完善了激励机制,在教师职称评聘、教职工学期和学年工作考核、教学和科研、课程开发等系列活动中得以体现,从而激发全体教职工积极参与目标管理,真正形成自我完善、自主发展的现代教育管理机制。

北仑区霞浦小学制订了三年发展规划,并进行发展目标导向的评价。学校制定了 2006—2009 年发展目标,即以发展为主题,树立科学发展观、现代教育观、新型教师观、新型学生观,深入实践"面向现代化、面向世界、面向未来"的教育思想。三年内把学校办成观念超前、科研先导、特色明显、质量上乘、在区内外有一定影响力的农村示范小学;把大多数学生培养成为人格高尚、体魄健康、思维活跃、学习勤奋、兴趣广泛、责任感强、适应社会需要的人才。

学校制定的总目标包括各个阶段的目标。第一阶段为准备与试行阶段(2006 年 9 月至 2007 年 7 月),主要目标包括确定思路、制订计划、贯彻任务、初步试行。第二阶段为实施阶段(2007 年 8 月至 2008 年 12 月),主要目标包括努力实施、检查落实、修正方案、积累材料。第三阶段为总结提高阶段(2009 年 1 月至 2009 年 8 月),主要目标包括总结提炼、撰写材料、形成特色、推广运用。

总目标分解为学校管理目标、教学工作目标和评价目标三个方面。

学校管理目标包括:积极探索学校管理体制,建立符合学校和谐发展的"阳光"管理模式,全面推动学校民主管理建设。2006 年,在原有的民主管理模式的基础上,初步构建阳光管理机制。其工作重点是初步建立学校中层干部、年级组长、教研组长竞聘、轮岗、全员参与的"阳光"上岗制度;修订完善学校各部门的管理制度;修订"阳光"校务实施办法。2007 年,积累经验、逐步完善"阳光"管理机制。重点是完善"阳光"上岗制度,完善"阳光"校务实施办法。2008 年,总结提炼"阳光"管理机制,形成具有特色的校本管理模式。学校采取的工作措施包括:一是进一步完善学校中层干部、年级组长、教研组长等管理干部的上岗制度，实行竞聘、轮岗、全员参与的"阳光"上岗制度。二是进一步完善学校的管理体系与管理制度，更加凸显管理的"人性化、民主化"。再次修改《霞浦小学教育教学奖励制度条例》。三是进一步完善校务公开制度，建设"阳光"校务。四是进一步完善教代会的监督机制，确保学校管理的民主化。

学校的教学工作目标包括：全面实施素质教育，继续重视知识、技能的教学，并关注情感、态度的培养；充分利用各种课程资源，培养学生的能力；开展研究性学习，鼓励合作学习，促进学生之间的交流，促进师生教学相长；努力做到基础实、负担轻、质量高、素质优，力争在三年内教学质量达到全区中上游水平。2006 年，制定教学常规、学业成绩评价等各项制度，并逐项落实。2007 年，通过检查、总结不断提高教学效能，做到基础实、质量高。2008 年，形成品牌学科和学校特色，教学质量达到全区中上游水平。

评价目标包括：建立科学、合理的学生质量评价体系和教师工作考核、激励体系，不断改进完善，使学生的发展和教师的发展逐步达到拟定的目标。在学生质量评价体系构建方面，坚持学生质量评价的多元化，做到评价主体多元化，评价方式多样化，评价过程人性化；在构建教师工作的考核体系方面，为调动一切积极因素，努力营造良好的奋发向上的育人环境，积极探索新时期民主化办学途径与方法，逐步完善激励机制，调动教师工作的积极性。

在制订了三年规划后，霞浦小学开展了目标达成度评价。通过评价，学校的面貌发生了巨大变化。

第四节　开展现代化达纲学校评价

自 2002 年开始，宁波市在全市范围内开展现代化达纲学校评价。北仑区也积极参加这项评价活动。《宁波市小学现代化建设办学纲要》督导评估方案自 2002 年起试行，以后每两年修改一次。该督导评估方案的评估对象为城镇各小学和农村中心小学。《宁波市小学现代化建设办学纲要》督导评估方案的指标体系共设 4 项一级指标，24 项二级指标（见表 6-1）。根据"硬件从实，软件从严"的原则，B1—B9 及 B18、B20 等 11 项指标为学校办学的必备条件，其余指标设达标和基本达标两档，未达到基本要求的即视为不达标，不另行具体说明。现阶段认定为《宁波市小学现代化建设办学纲要》达标学校的标准为:11项必备条件必须全部达标,24项二级指标中,基本达标不能超过5项,不允许有不达标的指标,即达标率为80％。城镇小学现代化学校将从2002学年第一学期起分批组织认定性评估。对已达到省示范小学的学校,只需上报自评报告,由市教育局组织抽查。对其他小学,则需分年进行申报评估。

表6-1　《宁波市小学现代化建设办学纲要》督导评估方案

一级指标	二级指标	达标要求	基本达标要求
A1 学校管理	B1 办学思想	树立现代化办学理念,坚持社会主义办学方向,全面贯彻教育方针,积极实施素质教育,面向全体学生,全面提高教育质量	
	B2 办学目标	有明确的办学目标以及符合现代化建设要求的近、中、远期规划和切合学校发展实际的实施步骤。各部门有落实规划的具体措施,全校形成目标管理体系	
	B3 管理机制	建立科学健全的内部管理机制,有科学的规章制度并严格执行,做到目标、计划、组织、指挥、调控、考核等环节层层紧扣。实行民主管理,建立重大事项议事制度。管理方法与手段逐步现代化	
	B4 执行计划	严肃执行教学计划和教学大纲,开齐、开足、开好课程和课时,重视开发学生潜力和学习的积极性。三年级以上年级开设英语课。五年级以上年级开设信息课	
	B5 德育工作	有健全的校长负责的德育工作体制,形成一支稳定有力的德育工作队伍,能把德育有意识地贯穿于课堂教学过程之中,提高德育工作的科学性、针对性、实效性,充分发挥家庭、学校、社会三结合的教育功能	
	B6 教学工作	以教学为中心,注重对学生实践能力和创新意识的培养。规范办学行为,严格执行"减负"规定。建立科学的教学质量考评制度,加强对教学过程的监控。严格学籍管理,义务教育对象名册、登记卡齐全,管理规范,无流生	
	B7 体艺卫与安全工作	认真贯彻执行学校体育、卫生工作条例,积极推行《国家体育锻炼标准》,组织开展小型多样的体育竞赛活动和丰富多彩的校园艺术活动。每年组织一次全校性的运动会和艺术活动。积极开展心理健康教育,建立学生健康档案。有安全制度和安全措施,安全教育开展正常,无事故隐患,无食物中毒事故与责任事故发生	
	B8 后勤工作	严格遵守财务制度,经费收入合法,经费支出合理。校产管理制度健全,管理到位。校园环境绿化、美化,食堂、宿舍管理规范,师生满意度高。学校无违反财务制度情况	

续表

一级指标	二级指标	达标要求	基本达标要求
A2 师资队伍	B9 领导班子	班子配备齐全,结构合理,团结协作,作风民主,公正廉洁,有现代化教育理念,勇于开拓创新,掌握现代化的管理方法和手段,决策科学,工作效率高,有威信。校级领导具有大专以上学历,有较高的教学水平和科研能力	
	B10 教师队伍(一)	为人师表,爱岗敬业,树立正确的教育观、人才观、质量观。专任教师均符合规定学历,50%教师具有大专以上学历,具有小学高级职称以上的教师比例达35%以上,学校有县(市)级以上名教师、学科带头人和教坛新秀4人以上,三分之二以上教师能上公开课,近三年在县(市)以上发表的专业文章篇数、获县(市)级以上教育科研论文和科研成果三等奖以上的项数之和与教师总数之比大于0.5。班师比为1∶2	具有大专以上学历教师占45%以上,具有小学高级职称以上教师比例达到30%以上;有名教师、学科带头人、教坛新秀2人以上;近三年论文发表获奖数之和与教师总数之比大于0.4
	B11 教师队伍(二)	具有教育现代化思想,掌握现代化的教育手段和方法,45周岁以下教师均应获得普通话和计算机合格证书,会讲实用英语100句,能制作多媒体课件,运用多媒体手段进行授课占授课总课时的10%以上。全体教师能胜任1～2个兴趣小组的辅导工作或1～2个研究性课题的指导工作。积极参加继续教育,参加培训人数需达到应培训人数的98%以上。充分利用现代化教学设备,自然实验演示率、分组实验开出率均达到95%以上	45周岁以下教师中85%以上获得普通话和计算机合格证书及会讲实用英语100句,大多数教师能制作多媒体课件,运用多媒体手段进行授课占总授课时的6%以上,继续教育培训率在95%以上。自然实验演示率、分组实验开出率达到90%以上
A3 办学条件	B12 学校规模	学校规模应在18班以上。每班学额在48人以内,平行班差额小于3人	班额控制在50人以内
	B13 学校面积和布局	生均占地面积不少于13～16平方米,生均建筑面积不少于8平方米,生均绿化面积不少于1平方米。校园教学、活动、生活等区分别设立,布局合理,环境整洁卫生,消防、排水、供水、供电设施完好,学校无污染源	生均占地面积不少于11平方米
	B14 教学用房	有符合标准的普通教室,按规定配备、配齐十类专用室以及档案资料室、队室,各室面积照明度均符合规定要求,教室与教学辅助用房达到1∶1	能基本配齐各类专用室,教室与教学辅助用房达到1∶0.7

续表

一级指标	二级指标	达标要求	基本达标要求
A3 办学条件	B15 图书馆	有专用图书室、阅览室、教师资料室、校史室等,师生阅览室座位分别不低于学生总数的 20% 和教师总数的 40%。教师教学参考书、工具书达到 150 种以上,生均图书达到 30 册,音像资料、计算机教学软件的数量和种类能满足教学需要	师生阅览室座位分别不低于学生总数的 15% 和教师总数的 30%。教师参考书、工具书达到 120 种以上,生均图书达到 25 册
	B16 体育场地	学校应有 250 米以上环形跑道,附 100 米(6 道)直跑道的田径场一个,有篮球、排球场,有能满足教学需要的体育馆或风雨操场	有 200 米以上环形跑道,附 60 米直跑道的田径场一个,目前尚无体育馆和风雨操场
	B17 生活用房	有师生餐厅 1 个以上,能满足师生的用膳需要。有符合安全卫生要求的厕所,学生每人应占厕所面积 0.1 平方米,男生每 40 人、女生每 20 人各有一个坑位	餐厅能基本满足师生用膳需要。学生人均占厕面积 0.07 平方米以上,男生每 50 人、女生每 25 人各有一个坑位
	B18 教学设备	建有校园网络系统、通讯系统、音响系统和闭路电视系统。各学科用具配齐配足,教学仪器按一类标准配备,有一定的劳技器材、体育器材、艺术器材,按省Ⅰ类标准配备,校医室卫生器械齐全,四机(电视机、幻灯机、录音机、投影仪)一幕进课堂。计算机房配置达到学生上课人均一机的要求	
	B19 教育经费	政府和教育主管部门按规定拨给学校足够的办学经费,学校每年应有基建总投资的 2% 以上用作校舍维修,公用经费应占学校总支出的 30% 以上,经费使用效益高	公用经费占学校总支出的 20% 以上
A4 教育质量	B20 学生品德	学生能遵守《小学生守则》和日常行为规范,诸方面得到全面和谐的发展,具有一定的道德判断能力和良好的个性心理品质,有较强的自律能力,操行合格率达 100%,良好以上占 90%,在校生无受行政拘留以上处分。守则和规范遵守率占 98% 以上	
	B21 文化课质量	学生知识面宽,求知欲强,兴趣广泛,思维活跃,基本知识扎实,基本技能熟练,学习成绩稳步提高,各科合格率 95% 以上,其中优秀率 30% 以上,一年来在县(市)级以上刊物发表文章数和在县(市)级以上各项竞赛中获奖数之和占学生总数的 10% 以上	各科合格率 90% 以上,其中优秀率 20% 以上。发表文章数和竞赛获奖数之和占学生总数的 7% 以上

续表

一级 指标	二级 指标	达标要求	基本达标要求
A4 教 育 质 量	B22 身体 素质	学生体质、体能良好，体育达标率90%以上，其中优秀率在25%以上，懂得卫生保健知识，养成良好的卫生习惯，近视年新发病率控制在3%以下	体育达标率86%以上，其中优秀率20%以上，学生近视率年新发病率控制在5%以下
	B23 劳技 教育	绝大多数学生达到劳技课大纲对知识、技术、能力的要求，劳技课开设率在95%以上，养成自觉参加劳动的习惯，生活自理能力强，劳技掌握率在80%以上	多数学生能达到劳技课大纲中对知识、技术、能力的要求，生活自理能力较强，劳技掌握率在65%以上
	B24 个性 特长 发展	学生的兴趣爱好得到充分的培养和发展，初步具有探索精神和创新意识，中高年级学生均会一种以上乐器，各类特长生比例达30%以上，在美术、音乐、文学、影视等方面具初步的欣赏能力和表现美的能力	学生兴趣爱好得到较好的培养和发展，各类特长生比例达20%以上

第五节　开展幼儿园发展性评价，提升幼儿教育水平

为深化幼儿园评价改革，构建依法自主办学的现代学校制度，激励幼儿园走自主发展、内涵提升之路，实现科学和谐发展，自2009年开始，北仑区各个幼儿园分别开展发展性评价。

实施发展性评价的幼儿园，旨在创建标准化幼儿园、示范性幼儿园、现代化幼儿园。各个幼儿园着力制订三年发展规划，严格执行各项教育政策法规，规范办园行为，确保校园平安，通过学校自评和外部评价相结合、学校自主发展与行政监督指导相统一的学校评价机制，致力于幼儿园内涵发展，提升办园层次，办出幼儿园特色。通过三年的努力，建立完善的现代学校制度，增强幼儿园可持续发展能力，形成幼儿园自我约束、自我完善、自我发展的内在机制，积极推进素质教育的全面实施，促进校园文化建设、教师专业成长、全面教育质量、学校管理机制和管理效能等方面上一个新的台阶，把幼儿园办成当地群众满意的幼儿园。

幼儿园发展性评价指标由《北仑区幼儿园基础性评价指标》和《北仑区幼儿园发展性评价指南》两部分组成（见表6-1、表6-2）。《北仑区幼儿园基础性评价指标》是根据国家的教育方针、法律、法规和浙江省有关规范要求

制定的,体现了幼儿园基本条件、学校管理和办学基本要求的规定,具有基础性和统一性。《北仑区幼儿园基础性评价指标》涉及幼儿园必须做到的项目。《北仑区幼儿园发展性评价指南》是依据教育改革和发展需要,以及幼儿教育发展规律所确立的关键领域及要素,幼儿园可根据自身发展的不同阶段和办学特色选择重点,兼顾其他。区教育督导室将通过督导评价,指导幼儿园努力实现选定的发展性目标。《北仑区幼儿园发展性评价指南》供幼儿园在制定发展性指标时参考,各幼儿园可根据要求,进一步细化要点和评价要素,也可以自设指标(见表 6-2)。

北仑区幼儿园发展性评价的具体做法包括以下五个:

一是制订学校发展规划。各幼儿园根据教育改革和发展的重点和自身实际,依据基础性指标和发展性指标,发动教职员工共同参与制订幼儿园三年发展规划和年度发展目标,以规划目标来统一全体幼儿教师的思想,落实到具体的教育教学之中,并经教代会通过后上报区督导室。

二是组织实施规划。幼儿园将三年发展规划中的总目标分解成学年度工作目标,并将学年度工作目标分解为具体落实措施,分别落实到园内具体部门和责任人身上。幼儿园定期了解实施情况,区教育督导室、责任区督学定期或不定期对幼儿园的实施情况进行随访指导。

三是规范评价制度。幼儿园建立发展规划的自我评价与外部评价互动的评价机制。每学年结束前,学校自上而下地组织幼儿教师开展自评,并在总结、反思的基础上撰写年度自评报告,并视实际情况对指标作适当的修改,使自评过程成为自我诊断、自我反思、自我调控、自我完善、自我发展的过程。区教育督导室在幼儿园自评的基础上,组织责任区督学对幼儿园的阶段性自评报告进行认定,并向幼儿园进行信息反馈,帮助幼儿园进一步改进工作。

四是开展终结性评价。终结性评价是指在幼儿园发展规划的第三年度结束前由幼儿园对发展规划实施情况进行全面评价,形成自查自评总报告。在此基础上,区教育督导部门组织督学对幼儿园发展规划的实施进行总结性评价,肯定成绩,指出存在问题,提出改进意见,撰写督导报告,并向幼儿园公布评价结果。幼儿园在综合自我评价和督导评价的基础上提出改进措施,并制订新一轮发展规划。

五是评价结果的运用。由区教育督导室将各幼儿园发展性评估结果以书面形式提供给教育行政部门,作为园长工作绩效评定、教师奖励、评先评优、师资配置、经费投入、学校干部任免等的重要参考依据。

表 6-2　北仑区幼儿园基础性评价指标

指标	评价要点	分值	自评	督评
基本条件	1.园舍面积：有与幼儿园规模和保育、教育要求相适应的园舍，生均占地面积、生均建筑面积、各类用房分别符合省三级及以上标准	10分		
	2.设施设备：各类设施设备安全卫生，符合幼儿身心发展现状，教玩具配备符合国家教委 1992 年下发的《幼儿园玩教具配备目录》的要求	10分		
	3.师资队伍：幼儿园专任教师数量足够、结构合理，具有幼儿教师资格，队伍相对稳定，适应素质教育需要。编外人员管理规范，聘用合同签约率 100％，并按规定办理各类保险	10分		
组织管理	4.领导班子：园长和领导班子理念先进、思路清晰、作风踏实、廉洁自律、具有较强的领导力，教职工满意度高	6分		
	5.机构设置：幼儿园管理机构设置合理，职责明确，运作正常，各项规章制度健全，并能落实。班额符合各星级幼儿园规定的要求。不违规收费	6分		
	6.民主管理：建立园长负责、决策民主、运行规范的民主管理机制；建立园务公开等有效的监督机制，自觉接受教代会、家长、社会及有关部门的监督	6分		
	7.师德规范：幼儿园有师德建设计划、实施过程和相应的考评制度，教师具有良好的职业道德，忠诚于幼教事业，有较强的社会责任感，具有健康的心态和团结协作精神。杜绝体罚、变相体罚学生的现象	6分		
	8.课程设置：课程设置符合《基础教育课程改革纲要》精神，以游戏为基本活动，无小学化和成人化现象	6分		
	9.教育教学：教师能遵循教育原则，根据教育目标和幼儿发展的需要，有计划、有组织地实施教育教学，优化一日生活、游戏、体育、学习活动	6分		
	10.家长工作：有多种家长工作的渠道、形式，营造良好的家庭教育氛围，发挥家长、家委会参与幼儿园管理的功能，家长满意率高	6分		
	11.安全管理：幼儿园安全工作制度健全，安全检查和防范工作落实。有幼儿园突发事件处置的应急预案。安全措施得力，无重大安全责任事故发生或造成严重经济损失	8分		
	12.卫生保健：严格执行卫生保健的法规、规章，健全并落实卫生保健制度，严格遵守幼儿一日作息制度；严格执行膳食管理制度，落实幼儿膳食营养管理要求细则，幼儿伙食费专款专用，促进幼儿身体正常发育	8分		

续表

指标	评价要点	分值	自评	督评
组织管理	13.幼儿发展：幼儿身体健康，身高、体重达标，有良好的生活习惯、学习习惯及行为习惯	6分		
	14.档案管理：建档规范，条块清晰，资料齐全，有参考利用价值	6分		

表 6-3　北仑区幼儿园发展性评价指南

发展领域	评价要素	分值	自评	督评
发展规划	1.计划规划：依据自身实际，对幼儿园发展有明确的目标，有幼儿园三年发展规划及年度工作计划，体现科学性、适切性、可操作性和可检测性，并对目标的达成有监测、反馈和调整	7分		
	2.目标管理：依年度将发展目标和规划分解成任务、项目，具体实施策略得当	6分		
学校管理	3.依法治园：执行国家的法律、法规和规定，认真贯彻教育行政部门的相关规定，重视行风建设。建立健全幼儿园制度，如园长负责制、教代会、园务公开、安全保卫等相应制度健全并贯彻执行	6分		
	4.民主管理：建立和实行科学、民主、有效的决策机制、执行机制、考核评价机制和其他管理机制	6分		
	5.文化建设：建设文明、美观、童趣、富有教育性的文化氛围；凝聚力强，营造民主合作、和谐互动的群体环境	6分		
	6.档案管理：建档规范，档案齐全，利用率高，档案管理上等级	6分		
	7.后勤管理：食堂管理，财产管理，后勤服务，设施设备的维护及延长其使用寿命等有明确的举措。依法收费，规范管理，经费使用分配合理	6分		
队伍建设	8.领导班子：结构合理、团结协作、作风民主、廉洁自律、精通业务、威信较高。园长具有现代教育思想，确立素质教育观念，有较高的理论水平、政治水平，勇于改革创新，能经常深入班级，参与、指导教研活动	6分		
	9.教师队伍：建立和完善园本培训的评价制度和运作机制；根据不同层次促进的教师专业发展需求制订校本培养计划；促进教师主动学习、研究和反思，不断提高教育教学水平和能力；重视并加强教师继续教育和现代教育技术培训	6分		
	10.考核奖励：建立和实施以促进教师专业发展为目的的教师考核、奖惩制度，教师的业务考核档案完整；建立教工自主发展机制，形成发展性评价制度，形成促进专业化发展的激励和保障制度	6分		
	11.教育科研：有切合园情的科研课题，教师参与面广；研究成果能及时应用于学校教育教学实践，对推动保教工作有实际价值	6分		

续表

发展领域	评价要素	分值	自评	督评
保教工作	12.课程管理：课程设置符合《纲要》与《课程指南》精神，符合各年龄段幼儿的不同特点，体现教育方案的均衡性、科学性、可操作性，有利于幼儿的全面和谐发展	6分		
	13.组织实施：围绕培养目标，各班有切合班级实际的保教计划，活动体现保教结合；以游戏为主要活动形式，积极鼓励幼儿自主活动；创设与教育相适应的良好环境，并能发挥作用；注重对幼儿的观察与指导，体现个别差异等原则；面向全体儿童，坚持正面教育，师生关系融洽	6分		
	14.家长工作：开展多种形式的家园联系，有针对性地指导家庭教育，有效果；根据家长的需要，提供有效的服务项目；发挥家委会参与管理的作用，定期听取家长意见；家长满意率高	6分		
	15.卫生保健：卫生保健信息化管理、健康教育、健康检查、营养结构、疾病预防等管理规范，幼儿发病率低，身高、体重达标，特殊幼儿追访有成效，消毒隔离措施到位，效果好	6分		
发展成效	1.幼儿发展：幼儿身体健康，身高、体重达标率 p50≥50％，幼儿动作发展良好，喜欢运动；适应集体生活，情绪愉快，生活卫生习惯良好；对人有礼貌，会主动招呼，与同伴友好相处；幼儿喜欢摆弄、观察、提问、探索，乐意表达和表现；有一定的独立意识，能做力所能及的事。学生成长目标有效达成	5分		
	2.教师发展：教师在工作与学习、思考与反思中实现自我成长，体现自我价值；感受到职业的尊严与快乐	5分		
	3.学校发展：学校的发展目标得以实现，具备可持续发展的后劲；教育教学质量稳步提高，办学特色逐渐形成，学生兴趣爱好与特长得到较好的培养与发展；学生、家长、社区满意度高	5分		
自选项目	根据实际自设发展性项目和评价要素			

表 6-2 所列的发展领域和评价要素是幼儿园今后发展的重要领域和目标，是未来时期努力的方向。鉴于目前幼儿园的现状，各幼儿园在制订评价办法时可根据自身实际情况，对发展领域和评价要素作适当的调整。

第六节　开展基于"听课、说课、评课"的评价行动研究

在具体的课堂教学中，教师每时每刻都在进行大量的自发性评价，这些评价活动构成了课堂教学的内在组成部分。布鲁姆指出："大量的教学是自

发性的、无计划的,这种情况对评价也是适用的。教师在每个班级、每堂课上不断对自己的学生进行评价。他们是在没有收到通常被称为测试的任何事物的干扰下,自发地进行这项评价工作的。教师的提示常常寓于一瞬间的面部表情、语言声调的变化及姿势的变换;当然,在其他一些时候,教师也重视学生对提问的口头回答。杰克逊把这些提示恰当地称为'课堂行为的语言'。正是这些提示,频频地告诉各位教师,自己同学生进行的交流成效如何。这些自发的判断,正好跟我们关于形成性评价的释义,吻合得惟妙惟肖;它们是在教学过程之中,为引导该项教学前进而作出各种评定。如果没有这些提示的话,那么教学就几乎不能称之为教学。"①

一、听课、说课、评课的行动研究

学校教学质量提高的一个重要抓手是开设公开课,并进行听课、说课和评课活动。听课是一种对课堂进行仔细观察的活动,它对于了解和认识课堂教学的效果有着极其重要的作用。课堂上许许多多司空见惯的问题经由听课者自觉的观察,就可洞见到很多值得探索、深思的地方。听课是提高教师素质、提升教学质量的重要方式。

(一)听课的评价要领

听课是教师了解和学习别的教师的做法和经验的基本途径。北仑区教研室针对听课提出五个方面的要求:

第一,听课过程中听课者应该有准备地去听,即对要听的课程的内容有所了解,了解上课教师的意图,知道要听的课的教学目的是什么,其重点、难点是什么。有了初步的准备,听课者在听课的过程中就能做到有的放矢,带着问题去听。

第二,明确听课的重点。一节课上得成功与否,不仅仅在于教师讲了多少,更在于学生学会了多少。所以听课者应从单一地听教师讲变为同时看学生学,做到既听又看、听看结合、注重观察。听课者须主要关注课堂中五个方面的内容:一是听教师怎么讲,是不是讲到点子上了。课堂教学确定怎样的教学目标,重点是否突出,详略是否得当。二是听教师是否讲得清楚明白。教学目标采用什么方式实现,如何引导学生复习回顾、回顾什么,学生

---

① 布鲁姆:《教育评价》,邱渊等译,华东师范大学出版社 1987 年版,第270 页。

能否听懂,教学语言如何使用。三是听教师启发是否得当。新课如何导入,包括导入时引导学生参与哪些活动;创设怎样的教学情境,采用了哪些教学手段;设计哪些问题让学生进行探究,如何进行探究(设计活动步骤)。四是听学生的讨论和答题。教师设计怎样的问题或情境引导学生对新课内容和已有的知识进行整合;安排哪些练习让学生动手练,使所学知识得以迁移巩固;课堂教学氛围如何。五是听课后学生的反馈。对于学生的学习活动,听课者应该关注学生是否在教师的引导下积极参与到学习活动中;学习活动中学生经常作出怎样的情绪反应;学生是否乐于参与思考、讨论、争辩、动手操作;学生是否经常积极主动地提出问题。

第三,边听边看。听课者不但要听,还要看。一看教师,看教师的精神是否饱满,教态是否自然亲切,板书是否规范,运用教具是否熟练,教法的选择是否得当,指导学生学习是否得法,实验的安排及操作是否得当,对学生提出的问题应答是否合理。二看学生,看整个课堂气氛,例如看学生是静坐呆听,死记硬背,还是情绪饱满,精神振奋;看学生参与教学活动的广度和深度,例如看学生对教材的感知,注意力是否集中,思维是否活跃,学生的练习、板演、作业情况,学生举手发言、思考问题的情况,学生活动的时间是否足够,各类学生特别是后进生的积极性是否调动得起来,与教师的情感是否交融,自学习惯、读书习惯、书写习惯是否养成,分析问题、解决问题的能力是否提高。

第四,听课时认真思考。听课者需一边听、一边思考这样一些问题:教师对教材为何这样处理? 换成自己该如何处理? 教师怎样把复杂问题转化为简单问题? 他(她)的教学有什么值得自己学习的? 教学中的重难点是怎样突破的? 自己应怎样对该教师的"闪光点"活学活用? 对于上得好的课,听课者应该看得出学生怎样从不懂到懂,从不会到会,从不熟练到比较熟练的过程。听课者一定要注意看实际效果,看学生怎么学,看教师怎样教学生学。思考之后,听课者可以和自己的备课思路进行对比分析,大胆地去粗取精、扬长避短,以利于今后写出更科学合理的教案。

第五,听课后要进行讲评。听课的目的是为了使教师个人和整体教学得到改进。因此,发展性听课不应有终结性听课的结论,而只是鼓励、支持教师积极参与教学改革,促进自己的职业生涯不断发展。

（二）说课的评价要领

所谓说课，就是教师口头表述具体课题的教学设想及其理论依据，也就是授课教师在备课的基础上，面对同行或教研人员，讲述自己的教学设计，然后由听者评说，达到互相交流、共同提高的目的的一种教学研究和师资培训的活动形式。说课能有效地促进教师深入钻研课程标准与教材，灵活运用教学理念进行教学设计，以及自觉进行教学反思。说课主要涉及以下几个方面的内容：一是说教材，主要是说说教材简况、教学目标、重点难点、课时安排、教具准备等，这些可以简单地说，目的是让听的人了解你要说的课的内容。二是说教法，就是说说你根据教材和学生的实际，准备采用哪种教学方法。这涉及总体思路的分析。三是说过程。这是说课的重点。教师要说说你准备怎样安排教学的过程，为什么要这样安排。一般说来，教师应该把自己教学中的几个重点环节说清楚，如课题教学、常规训练、重点训练、课堂练习、作业安排、板书设计等。教师要特别注意把自己教学设计的依据说清楚。这也是说课与教案交流的区别所在。

说课包括理论型说课与实践型说课两种类型。实践型说课侧重说教学的过程和依据，而理论型说课则侧重说自己的观点。一般来说，理论型说课应该包含以下三个方面的内容：一是说观点。理论型说课是针对某一理论观点的说课，所以教师首先要把自己的观点说清楚。赞成什么，反对什么，教师要立场鲜明。二是说实例。理论观点是要用实际的事例来证实的。说课中教师要引用恰当的、生动的例子来说明自己的观点，这是说课的重点。三是说作用。说课不是纯粹的理论交流，它注重的是理论与实践的结合。因此教师要在说课时结合自己的教学实践，把该理论在教学中的作用说清楚。

（三）评课的评价要领

所谓评课，是指对课堂教学成败得失及其原因作中肯的分析和评估，并且能够从教育理论的高度对课堂上的教育行为作出正确的解释，评者对照课堂教学目标，对教师和学生在课堂教学中的活动以及由此所引起的变化进行价值判断。评课是教学、教研工作过程中一项经常开展的活动。评课的类型很多，有同事之间互相学习、共同研讨的评课，有学校领导诊断、检查的评课，有上级专家鉴定或评判的评课等。

二、听课、说课、评课行动研究的特点

行动研究是由约翰·寇勒提出的,他认为,研究的结果应该为实践者服务,研究者应该鼓励实践者参与研究,在行动中解决自身的问题,这种研究被称为行动研究。行动研究具有三个特点:一是为教育行动而研究;二是在教育行动中研究;三是由教育行动者进行研究。

教育行动研究具有四个优点:一是适应性和灵活性;二是评价的持续性和反馈的及时性;三是较强的实践性和参与性;四是多种方法的综合使用。教育行动研究包含四个步骤,即计划、行动、观察、反思。

"听课、说课、评课"的评价行动研究直接指向学校课堂教学的改进,有助于对传统教学过程进行批判和反思,对全新的课堂教学目标、过程及其内在逻辑进行梳理,并在课堂教学改革中成就学生和教师的发展。这是一种涉及全新的评价实践和评价理念的探索。

"听课、说课、评课"的评价行动研究将评价视为课堂教学改革的前提条件,不仅反对用评价改革代替课堂教学改革的做法,而且反对将评价改革与课堂教学内部改革过程割裂开来的做法。

开展"听课、说课、评课"的评价行动研究具有独特的价值。杨启亮认为,"课程评价必须对实践的课程价值进行评定与判断,一方面,它维护理论的价值,但适应不了实践的需要;另一方面,它正视实践的价值,但适应不了理论的需要,由此构成一个两难问题:有关课程评价功能的解释存在着理论与实践的歧义,课程评价改革的理论与评价改革的实践相互支离,而借鉴的课程评价理论与传统的教学评价之间也有个适切性问题。"①事实上,不仅课程评价存在两难问题,课堂教学评价也存在同样的两难问题。

课堂教学评价和课堂教学的具体开展是一个问题的两个方面。只讲求课堂教学的实施,不进行实时的课堂教学评价,则课堂教学实施会缺乏必要的方向引领和结果的反馈。而只关注课堂评价和课程考试的作用,忽视课堂教学的具体实施,则评价就会喧宾夺主,教学实施蜕变为机械的训练和考评。"听课、说课、评课"的评价行动研究摒弃课堂教学评价和课堂教学实施各自为政的做法,采取将评价改革贯穿于课堂教学改革研究与实践的全过

---

① 杨启亮:《课程评价:课程改革中一个双向两难问题》,《教育理论与实践》2005 年第 4 期,第 44—47 页。

程的策略,打破了课堂评价改革和课堂实施改革孰先孰后式问题的思维定势,改变了评价过程外在于课堂教学改革过程的传统,使课堂教学评价成为课堂教学改革的认识深化和实践推进中不可缺少的重要构成,把课堂教学改革实践的深化过程与阶段成果不断转化为评价改革的深化过程。

"听课、说课、评课"的评价行动研究凸显了评价的新功能。评价成为促使理论阐释进入传统教学活动的力量;成为诊断课堂教学中存在的问题,明晰涌现出的"新质",深化和提升课堂教学过程内在展开逻辑和形态的手段;成为促进理论和实践在变革过程中的双向建构和转化的独特因素。

北仑区"听课、说课、评课"的评价行动研究呈现出四个不同的阶段性特征:

第一个阶段是进行批判性评价。这一阶段的主要任务在于共同反思教学改革过程中实践所呈现的"旧质"因素,并寻根究底。"听课、说课、评课"的评价行动研究首先需要在对传统的课堂教学的"旧质"特征进行批判的前提下,才能有效地使得新理论观点和变革因素融入其中。"听课、说课、评课"的评价行动研究发端于找到存在的问题。

卡尔指出:"批判取向的特点是,批判取向追求完善自我了解,这种自我了解不仅启发实践者的信念和理解,而且把实践者从不合理的信念和误解中解放出来,这些不合理的信念和误解是他们从习惯、传统和意识形态中继承下来的。为了达到这个目的,即为了解释实践者的信念和实践的不合理性,并指出在制度化背景下和在各种社会生活形式中出现的这种不合理的根源,批判取向运用了意识形态批判的方法,这是实践者所进行的批判性的自我反省。"[1]教师需要通过评课,认识到自己以往教学的局限性。

教师需要在专业理论人员的帮助下进行自我反省。专业人员的评课不只是指向教师教学行为中呈现的问题,而且要指向对隐含在行为背后的思想观念的剖析。

第二个阶段是实施重建性评价。这一阶段的主要任务在于共同揭示课堂教学的"新质"特征和内在逻辑。

"听课、说课、评课"评价行动研究通过对课堂教学进行诊断和反思,读懂教师的行为初衷并触及其教学行为背后的内隐理念、内在认识,以促使理

---

[1] 卡尔:《教育与实践的原理》,郭元祥、沈剑平译,载于瞿葆奎:《教育学文集·教育与教育学》,人民教育出版社1993年版,第569页。

论认识融入课堂教学实践。教师在"听课、说课、评课"活动中,在专家指导下,学习相关理论,理解和领悟这些理论与传统的、已经成为自己头脑中的个人理论的差异和矛盾,进而改变自己头脑中的观念、实践标准和参照系统。

新理论的学习和应用有助于改变教师的教学方式。教师需要改变原有的教学"图式",以顺应新的教学"图式",达到新的认知平衡状态。教师与听课、说课和评课的人一起,探讨使用新型的教学方式的可能性。在一起磨合认识的过程中,教师和其他人员进行思想观点的碰撞,有时会萌发思想的火花。

在新的课型未建立之前,评课活动并非用统一的评价标准先在地框定教师的教学过程及其教学行为,而是教师同行、专业理论研究人员一起协商、交流、研讨,去共同发现问题、经验,逐渐形成有关课堂教学评价的要素和结构,并最终形成特定的指标体系。课堂教学中所呈现的新质特征和内在逻辑在评课过程中通过运用评价指标的形式趋于稳定,形成体现新质的课型。教师由此逐渐认识课堂教学评价指标体系的意义,进而更好地理解动态生成的课堂教学的意蕴,并能创造性地进行教学实践。

教师可以通过"听课、说课、评课"方式比较不同类型的课的上法,明晰旧质特征和新质特征之间的差异和冲突,进而更新个人的教学观念和实践行为。通过这种方式,旧质不仅在教学观念中,而且在日常教学行为中,逐渐地淡化和去除,而新质则逐渐清晰和固化下来。

第三个阶段是提升性评价。这个阶段的任务是系统研究课堂教学改进的经验,并形成一些规律性的认识。

首先,评课是对传统的课堂教学的反思,通过教师的课前教学设计、课中的教学表现和课后的说课和自我反省,人们可以切中要害地指出教师的课堂教学行为得以支撑的教育观念和思维方式等。其次,评课是课堂教学重建的设想和谋划。通过评课人们可以发现课堂教学中所呈现的亮点,形成具有探索性的问题,进而确立促进课堂教学改进的专门议题。正如叶澜指出的:"评课不能满足于问题的揭示,而是要提出改进、重建教学观念与行为的具体建议,使教师结合自己的课,对新理念指导下的具体教学行为的形态是什么有所启发,对理论与实践在教学行为中的内在关系有所体悟。"[1]

---

[1]　叶澜:《新"基础教育"发展性研究报告集》,中国轻工业出版社 2004 年版,第31 页。

第四个阶段是自觉的评价。这一阶段的主要任务是养成教师自我定向和自主发展的意识。

教师的课堂教学须与研究和发展有机结合。教师的课堂教学与学校的变革、研究性的备课、研究性的教学设计、研究性的学习紧密结合，化为教师的观念和行为，成为教师的新的动力定型。一旦这种状况出现，教师就不再依赖于研究者的外部指导，借用外在的可操作的模式，而是在已经内化的教育理念和内在的教育理论的指导下进行自主研究。

通过"听课、说课、评课"评价行动研究，教师个人能进行具有前瞻性的评课活动，逐渐转变为一位自觉的变革实践者，在日常课堂教学中呈现自我更新式的主动发展态势，通过反思和重建使传授知识的工作变为促进学生发展、丰富学生个性的工作。

第七节　实施普通高中"质量促品牌行动计划"

自 2006 年高中新课程改革全面铺开以来，北仑区着力实施"质量促品牌行动计划"。这一行动计划包括五个方面措施：

一是实行普高招生的"三个提高"，即提高每所普通高中招生的最低分数线，提高初中招生中普职比方面的职高升学比，增加高中上重点大学分数线的人数。

二是提高普高教师的底气、底蕴和底数，即增强高中教师的学科底气，增强普高教师的文化底蕴，提高普高教师实施新课程改革高考方案的教学底数。

三是提高教研员的整体水平，即提高教研员对高中学科的教研水平，增强普通高中教师在市内外的学科教学的话语权，提高对高中新课程改革高考方案的应对指导水平。

四是提高普通高中的办学质量，即做到全区重点大学上线人数超过75％，提高具有高素质的学生的比例，提高"教师有特长、学生有好出路"的学校的办学水平。

五是提高普通高中的社会适应性，即促进普高教育所需的硬件设施与装备的更新，做到一年一变样，三年大变样，保障普高教育必需的教师配备，提高教师对优胜劣汰的适应性，保障普高教育必需的资金投入，提高对与绩效挂钩的投入机制的认识，提高资金的使用效益。

通过实施"质量促品牌行动计划"，北仑区普高驶入内涵式发展的快车道，学校的社会知名度和群众的满意度均显著提高。2008年，宁波市普高教育工作会议在鄞州区召开，北仑区高中教育获得了与会者所作的"高位、持续和稳定发展"的很好的评价。同年10月份，北仑区作为宁波市的唯一代表，接受了浙江省教育厅普通高中新课程实验的督查，得到了高度评价。督查结果表明，北仑区每所高中认真开设必修课程，合理安排选修课程，积极开发校本课程，实施活动课程，并且课堂教学有序规范，班班有活力，校校有特色，为浙江省高中新课程改革提供了很好的经验。

第八节　促进优效学校建设的评价改革

无论是学校还是家长，都会在整个教育教学过程中计算为获得相应的成绩所可能付出的成本，计算如何使得学校以有限的成本获得尽可能优异的成绩，即如何使学校的教育教学工作变得更有效。有效包含两层意义：(1)取得优异成绩的过程是科学的；(2)取得优异成绩的过程应该是可持续的。理想的学校可称为优效学校。

阿伦·奥恩斯坦和莱文·丹尼尔归纳了优效学校的八个特征：(1)适当的问题解决。一项改革之所以能发挥作用，是因为学校认为它能确定并解决日常问题。(2)在学校层面关注制约学校整体发展的问题。学校管理者必须对学校面临的挑战和机遇、优势和弱势有深刻的认识，并制定学校的发展规划。(3)挖掘改革的巨大潜能。成功的学校致力于改革，改革成效取决于改革策略是否得到很好的实施。(4)签订领导和分享的协议。有意义的改革要求改变机构的安排，明确相应的职责分工，改进对教材和教法的选择和使用，完善决策机制。(5)教师的全面参与。教师有机会帮助选择方案和评价改革成效。(6)加强教职员工的培训。全体教师都需参加教师培训。教师培训应该是教师和管理者在每个舞台一同工作的一个互动的过程。(7)具有一致性。学校改革努力措施中的一致性包括两个维度：第一个维度是指超越年级水平的一致；第二个维度是指一个学校的教学计划和教学方法的连贯性和兼容性。(8)专业团体的形成。学校不能保证所有学生都努力学习,除非教师们在一起工作,相互挑战,承担艰巨任务。[①]

优效学校是一种兼顾效率和公平两个基准的学校。效率和公平是基本的人类价值准则,也是学校教育教学工作的基本价值准则。学校必须传授给学生作为合格的社会劳动力所需的知识、技能,以增强国家和地区的经济竞争能力。同样,学校也必须提高处境不利的学生的能力,使其能很好地生存和发展。从效率的角度看,学校必须使学生做好充分的就业准备,以顺利地踏入社会。如果进入社会的劳动力缺乏基本的工作能力,那么培养这些学生的学校在教育方面是不成功的。如果经济处境不利的学生的能力得不到培养,获得学业成功和生涯发展的机会得不到增加,那么这种学校也不是成功的学校。

一般说来,优效学校是指具有较高效率和效益的学校。人们对优效学校有不同的界定。一些人认为具有高学业成绩的学校是优效学校。另一些人认为能够确定和解决内在问题的自我更新的学校、能促进个人发展的学校、能提高学生学习成绩的学校及致力于发展学生的独立学习技巧和培养学生对学习的兴趣的学校是优效学校。

纳德·爱德蒙(Edmond)和其他研究者认为,一所优效学校起码应具有以下特征:(1)不使人感到压抑,并且存在有助于教学改进的安全有序的环境;(2)有一个清晰的教学任务,在此基础上全体教职员工享有教学的优先权,并且作出负责任的承诺;(3)分管教学的校长熟谙有效教学的特征;(4)营造出一种全体教师努力帮助全体学生掌握富有挑战性知识和技能的气氛;(5)使大多数学生把时间花费在既定的基本技能的掌握活动上;(6)对学生发展进行频繁的检测,以改进学生个人表现和课堂教学计划;(7)建立学校和家庭的良好关系,使家长支持学校的工作,并且在帮助实现目标的过程中发挥重要作用。[②]

莱文·丹尼尔(Daniel)认为,优效学校的关键特征包括:(1)注意学校目标与多元文化教育的关系;(2)强调对学生个人问题进行反馈,并发展他们的社会技能;(3)有致力于提高学生学习效率的教职员工;(4)为使教学任务

---

① 阿伦·奥恩斯坦、莱文·丹尼尔:《教育基础》,杨树兵等译,江苏教育出版社 2003 年版,第516页。

② 阿伦·奥恩斯坦、莱文·丹尼尔:《教育基础》,杨树兵等译,江苏教育出版社 2003 年版,第512页。

更实际和更易于管理而表现出持续的关注；（5）对成绩较低的学生的行动目标的干预。①

优效学校除了关注普通学生的培养外，还特别关注学业成绩较差的学生的培养。优效学校把重点放在避免学生好中差的永久性的、固定的分类上；加强对成绩较差的学生的辅导；组建成绩好的学生与成绩差的学生的结对帮扶小组，将成绩差的学生分配到更小的学校或单位以提供更个性化的环境，为成绩差的学生提供学业咨询和个别辅导。

北仑区致力于创建优效学校，并进行相关评价。北仑区提出了优效学校的创建计划。优效学校的创建策略包括四个方面：

第一，发挥校长凝聚教师人心的作用。从某种角度看，一个好校长就是一个好学校。这句名言不是强调校长的个人能力的独特作用，而是强调校长具有凝聚教师的人心方面的重要作用。无论是校长还是教师，怀揣个人英雄主义来建设学校是值得称道的，但是仅有个人雄心和抱负是远远不够的。学校并不是一个人的学校。学生的成功也不是靠哪一个教师就可以成就的。校长的重要职责是运用有效的方式将教师组织起来，增强教师的向心力和凝聚力。只有这样，才能通过学校这个组织形成教育亲和力，使学生在学校获得和谐的发展，使教师在帮助学生取得优异成绩的同时，获得专业能力的提升。

第二，促进学校中行政管理人员和教学专业人员的良好沟通。学校是典型的专业机构，非专业人员很难在学校拥有教育教学事务方面的发言权。学校中并没有严格意义上的行政管理人员，虽然学校有教员和职员之分，但是并没有行政管理人员与教学专业人员之分。在学校中真正行使行政管理权限者基本上都是从教学专业人员中选拔的，他们中大多数人尽管行使行政管理权限，但是仍然从事教学工作，原则上仍然以教育教学工作为主，兼做行政管理工作。

如何建设学校中的行政管理人员和教学专业人员相互协同的有效组织，是学校管理中的一个难题。从表面上看，学生在考试评价中获得的成绩是教学专业人员努力的结果，所以学校的教学专业人员更看重自己的专业自主权，更希望在教育教学过程中保持自己的专业精神和专业判断。教学

---

　　①　Levine D. U. Unusually Effective Schools：A Review and Analysis of Research and Practice. School Effectiveness and School Improvement，1990(3)：221-224.

专业人员在捍卫专业判断的同时,也在捍卫专业个人主义,而任何一个专业要发挥更大的社会效益,都需要与其他专业相融共进,这种相融共进的过程是一种专业妥协的过程。学校的行政管理人员对于学生在考试评价中取得的成绩似乎并没有多大影响,他们的目标是使得整个学校组织的教育绩效变得更好。这样一来,行政管理行为就是直接对学校组织负责,相应地,它对学生和教师负责的程度就显得不够,行政管理人员的作为甚至被看成是对教师的个人教学专业行为的干扰。在学校的管理、教育教学工作中,行政管理人员和教学专业人员应该进行必要的职责划分,没有这种划分,就不会有行政管理人员和专业人员的协作。当没有人真正对行政管理负责时,或者学校对行政管理负责任的力量不够强大时,就会导致越来越多的教师通过对自己的专业负责的方式来保护自己,结果是,尽管每位学科教师都很努力,但是整个学校的教育教学水平得不到提高。

　　学校中行政管理与专业自主权的关系主要体现在两个方面:第一个方面体现在学校管理层与各个科目的任课教师的关系的处理。学校管理层必须制定提高学校绩效的管理规章制度,并负责使这些规章制度得到很好的落实。在这方面,各个科目的任课教师必须自觉遵守学校的规定,尽心尽责完成学校分配的任务。第二个方面体现在年级组和教研组之间的关系的处理。从逻辑上讲,教研组及其备课组是教学专业的化身,年级组是行政管理的代言人和执行者;前者对学科考试成绩负责,后者对班级和学生的总成绩负责。在学生的学习时间和教师的教学资源有限的情况下,教研组和备课组所期待的学科考试成绩最优的目标会受到限制。在这种情况下,教研组和备课组一方面希望通过加强学科教学的科学性来提高学科考试的成绩,另一方面则希望通过争取得到更多的学生学习时间和相应的教学资源,以提高学科考试成绩。由于后者相对比较容易做到,所以大多数教研组和备课组都专注于后者。如果教师们都这么想,那就需要年级组和班主任就学生的学习时间和教学资源在学科间的配置事宜进行协调。但是,问题在于,年级组的管理者和班主任并非完全的行政管理者,他们只有在满足自己专业需求的情况下,才能腾出时间和精力来行使行政管理职责。在平衡他们所在学科教学方面的学生成绩和年级及全校的学生成绩的关系方面,他们可能并不乐意承担该有的行政管理和协调职能,而是尽可能利用行政管理职权来实现自己的专业教学价值,取得所任教的科目方面的学生成绩的最大化。因此,制定年级组和教研组的管理细则,明晰两者的职责分工是必要的。

第三，加强教师专业研究方面的共享式协作。在影响学校教育教学业绩的诸多资源中，教师的教学水平和生源质量最为重要。从某种意义上讲，生源质量是一个外生变量，它取决于学校的知名度、特异性。教师的教学能力和水平是制约学校教育质量的重要因素。不同学校的教师群体之间在教育教学水平上的差异非常明显。为了体现学校教师独特的专业价值，展示学校的核心竞争力，就需要教师对自己的教育教学工作开展研究，就需要学校对教师的研究工作进行有效的组织。教师的专业研究的特点是不讲求全面，而讲求深入和细化，这就使得学校管理难以运用统一的管理手段规范教师的专业研究工作。学校对教师专业研究的管理不在于规定教师具体的研究内容，而在于通过组织教师的专业研究活动，避免教师在专业研究上的重复，同时促进教师的专业研究成果在学校教育教学中的推广应用。

第四，关注学校整体的绩效提升。作为专业机构，学校特别关注专业人员的个人绩效，有时会忽视学校整体的组织绩效。学校强调个人绩效是必要的，但是这肯定是不全面的。对学校发展来说，除了需要关注教师个人的教学业绩，还有营造校园文化、构建教育教学氛围等学校层面的工作。对于学生的成长来说，不但需要学科教师个人的努力，而且需要一个多个学科教师团队的合作和协调，需要学校将学生的知识学习与品德养成有机结合起来。对于学校组织的关注，既是学校整体教育教学品质提升的要求，也是在教师群体中强调团队精神，促进教师之间友好合作的要求。

为进一步推动宁波市现代化学校建设，根据市政府教育督导室的统一安排，2007 年 11 月 15 日，市督导处和北仑区教育督导室相关人员对江北区第二实验小学进行了宁波市第六批现代化达纲学校的评估。评估组在校期间，听取了学校领导关于创建宁波市现代化达纲学校的自评自查汇报，察看了校容校貌和各种教育资源、教育设施设备，查阅了近几年来的有关档案资料，访谈了学校领导和部分教师。在全面调查了解、认真查阅资料的基础上，复查组同志对照《宁波市学校现代化建设纲要》督导评估方案，对江北区第二实验小学在学校管理、师资队伍、办学条件、教育质量等方面进行了全面分析和综合评估，形成了反馈意见。

评估组指出各项指标的达标情况，学校对照《宁波市小学现代化建设办学纲要》督导评估方案 24 项指标进行自评，其中 22 项达标，第 15 项、22 项两项为基本达标。评估组也认定江北区第二实验小学的 24 项指标中，22 项达标,第 15 项、22 项两项为基本达标,指标达标率为 92%。

评估组指明了学校办学的成绩和经验:(1)学校办学指导思想端正,领导班子坚强有力,创建宁波市现代化达纲学校目标明确,措施有力。学校紧紧围绕"发展学校、成长教师、幸福学生"的办学目标,让每一个学生都享受到公平、优质的教育资源。(2)学校积极走科研兴校之路,创办学校特色,全面推进素质教育。2010 年,学校教师累计有 40 余人次在各类比赛和论文、案例评比中获奖,数学教研组被评为宁波市首批三星级教研组。学校的另一个特色项目——网球,在 2010 年全国短式网球晋级赛中,获女子团体第一名,在 2010 年省运会上,也获得团体第一、二名的好成绩。学校在社会上的声誉不断上升。(3)学校领导深知,一流的学校要有一流的管理,更要有一流的教师队伍。学校青年教师逐年增加,教师年龄结构发生较大变化,学校通过"导师制",优化群体组合,以老带新,进行传、帮、带,使青年教师迅速成长。(4)学校定期召开家长会,建立家长委员会,设立家长开放日,形成家校合力,全面做好思想教育工作,密切联系社区,充分发挥家庭、学校、社会三结合的教育网络。

第七章　学科教学质量评价

第一节　学科教学质量评价的含义、意义和特征

一、学科教学质量评价含义

历史上对学科有四种解释：一是指隋唐以来设科举士的名目；二是指按照学问的性质而划分的门类，如自然科学中的物理学、化学，社会科学中的历史学、经济学等；三是指学校课程的组成部分，是学校教学的科目，如语文、数学、地理、生物等；四是指军事训练或体育训练中的各种知识性的科目，以区别于"术科"。作为学校课程的组成部分，学科的英文名称为 branch of learning，course，subject，是指知识或学习的一种分科，尤指在学习制度设计中为了教学的需要将所学内容作为一个整体进行细分。

由于本专著主要探讨基础教育质量，故将学科限定为教学科目。教学科目是学校课程的组成部分，教学内容的基本门类。为了实现教育目的，人们从科学、文学、艺术及其他典型活动领域中，选取适合一定年龄阶段的受教育者学习的知识、技能和技巧，按照教学原则，分门别类组成教学科目。

在中小学教育教学工作中，人们会划分不同学科，进行不同学科教学。小学一般有语文、数学、英语、科学、自然、社会、美术、音乐、体育等学科。初中除了上述学科外，一般还包括政治、历史、地理、生物、物理、化学等学科。高中的学科分得更细，包括专门的必修性的教学科目和选修性的教学科目。

学科教学是学校教学的基本教学实施方式。国家规定课程计划，规定不同科目的教学时间分配。任课教师按照教学科目接受专业训练，承担专门的教学科目的教学任务。学生有组织有计划地学习特定科目的内容。学校按照课程计划分学年和学期组织和安排相关教学科目的教学工作。

学科教学质量评价是考虑学科教学的实际情况,依据一定的教学目标和规范,用科学的方法,通过对学科教学情况的系统检测与考核,对教学过程和成果作出价值判断的活动。学科教学质量评价具有四个要点:(1)学科教学质量评价是一种有程序的、系统的活动过程,它包含着一系列的步骤和方法。(2)学科教学质量评价是以教学目标或一定的教育价值观为依据,将现实的状态和预定的目标进行比较的活动过程。(3)学科教学质量评价是以科学的方法和技术手段,伴随一系列的检测、考核活动,进行搜集、分析、处理、评估信息的过程。(4)学科教学质量评价始终以价值判断为核心。

学科教学质量评价主要涉及学生学业成就评价。成就也称成绩,是指一个人已经获得的业绩。对于成就,人们可以从多个角度进行考察和研究,既可以从学业方面进行考察和研究,也可以从工作方面进行考察和研究,既可以从一般的成绩(如学生的学业成就、教师的教学效果、职员的工作业绩)的角度进行考察和研究,也可以从特殊的成就(如科学家的发明创造)的角度进行考察和研究。

学业成就是指某种知识和技能方面的学习和训练的水平。学业成就评价是指对学习者已经具有的知识和技能水平作出价值判断。学业成就评价旨在判定一个人通过与其他人相比,查看通过学习和训练学到了什么,有了多少收获,以便确认学生的实际发展水平。

为了促使学生更好地学习和掌握知识,教师需要具备相应的学科教学方面的专业知识和能力。

学科教学知识(Pedagogical Content Knowledge,简称 PCK)是教师和学生在教学过程中重点教和学的载体。学科教学知识是指一个学科领域各种主题相关内容的总和。它是教师拥有的特殊知识。从字面就可以看出,学科教学知识是教师个人独一无二的教学经验,是教师独特领域学科内容和教育学知识的特殊整合,是教师自己对专业进行理解的特定形式。此外,学科教学知识也是区分学科教师与学者的一种知识体系。学者去创造某一学科领域里的新知识,教师则是帮助学生去理解这些新知识,而且这也是优秀教师与新任教师的差别之所在,同时也是学科专家和经验丰富教师的区别之所在。在这个认识模式中,作为知识的一种形式,它是由事实、概念、技巧、过程、信念和态度组成的,不同的是,它是许多种知识基础的融合,而且它是教师的特殊工作领域,所有知识基础促成了最丰富的学科教学知识的生成与发展。

学科教学质量是指不同科目的教学实施后形成的质量状态。学科的教学质量包括学科教学的输入质量、过程质量和输出质量。从教育目标实现的角度看,人们十分关注学科教学的输出质量。输出质量集中反映在学生的学习能力的增强和发展水平的提高。

学科教学质量评价包括综合性学科教学质量评价和单一学科教学质量评价。学科教学质量评价需要使用测验等手段。测验旨在测量学生对于某一学科或某组学科经过学习和训练之后所获得的知识和技能,从而为评价教育目标实现程度提供依据。

综合性学科教学质量评价是针对中小学的多种学科进行的质量评价,由于评价的内容范围涉及多种学科,故测试题目取样所代表的是各个学科中普遍的概念和技能。

单一学科教学质量评价是考察和判断中小学所设置的各门学科中某一门学科的学生学习成效。

二、学科教学质量评价的意义

第一,学科教学质量评价有助于提供学生学习结果方面的信息反馈。学科教学质量评价不仅是教师了解学生学习情况、鉴别学生学业成绩的主要手段,也是学生了解自己学习状况的基本渠道之一。通过评价,教师可以知晓自己有没有教会学生,自己的教学有无实效;学生可以知晓哪些内容已经学会,并找出自己的薄弱环节,改进学习方法,确定努力的方向。评价起到激发学生的学习动机、提高学习的积极性的作用。

第二,学科教学质量评价有助于为教师改进教学和提高教学质量提供信息反馈。学科教学质量评价能使教师及时发现教学中存在的问题,为改进教学方法、修改教学计划、调整教学内容提供依据。

第三,学科教学质量评价有助于客观地评定教学效果,推进教学改革。教学效果的判定需要依据一些客观标准,需要系统地收集资料和得出可靠的结论。好的教材教法、成功的教改经验,要通过教学效果提高来体现。而教学效果在一定程度上要通过学科教学质量评价来检验。

三、基础教育阶段学科教学质量评价的特征

学科教学质量评价有别于一般的教学评价。首先,学科教学质量评价偏重于对学生获得知识和技能的成就及其应用和评价知识的能力作出价值

判断。其次,学科质量评价必须以各科教科书的内容和一定的教学目标为依据。再次,学科教学质量评价旨在测量学生掌握知识的多少和掌握技能的熟练程度,它多少带有直接测量的性质。但是,由于个体知识经验的获得与个体智力的发展是密不可分的,在学科质量衡量和分析中一般包括有智力测验所测量的各种心理因素,故学科质量评价又带有间接的测量的性质。

区域基础教育阶段学科教学质量评价的特点有五个:

一是基础性。基础教育包括学前教育、初等教育和中等教育。初等教育旨在使受教育者打下科学文化知识基础,具备初步生活能力和学习能力。中等教育是在初等教育的基础上继续实施的中等普通教育和中等职业教育。基础教育阶段学科教学质量评价通过对初等教育和中等教育的教育教学情况的系统检测与考核,评定基础教育阶段的教学效果及教学目标的实现程度,并对其作出相应的价值判断,以提高全体中小学生的全面质量。该评价体系面向国民基本教育,充分体现了基础性。

二是区域性。基础教育阶段学科教学质量评价具有一定的范围,它可以是一个县(市、区),也可以是一个乡、镇,还可以是一所学校。基础教育阶段学科教学质量评价既要符合事物发展的内在规律,又要符合当地实际情况,使其既具有客观性,又具有导向性。人们要按照不同地区进行分类评价,既重视学校办学条件、师资水平、学生生源,又考虑学生的巩固率、毕业率等评价指标,充分调动不同区域学校和教师的办学的积极性。

三是导向性。基础教育阶段学科教学质量评价须面向全体学生,为学生的全面发展创造相应的条件,尊重学生身心发展特点和教育规律,使学生生动活泼、积极主动地得到发展。

四是可行性。基础教育阶段学科教学质量评价的技术性很强,评价方法的科学性和客观性是可行性的必要前提。评价方法的科学性是决定评价的客观性的关键。强调评价的科学性和可行性,是评价走向科学化的保证。学科教学质量评价的科学性表现在评价指标体系、评价标准和评价方法是符合客观实际的,是反映评价对象的本质特征的,是遵循教育规律的。可行性是指学科教学评价方案、指标和具体实施程序方法要简明、清晰、方便、实用和可行。这就要求评价指标有一致性和普遍性;评价指标体系简便、易测、要求适度;评价结果不能要求过分精确;评价方法力求简易,计量方法不宜太繁琐、太难。

五是新颖性。基础教育阶段学科教学质量评价是以全面推进素质教育、全面提高教育质量为目的、积极探索教学质量评价的新思路、新举措和新方法的研究过程。随着教育教学改革的不断深入，人们需要形成新的评价体系。

在基础教育学校学科教学质量评价中，必须遵循三个要求：

一是必须按照教学目标的要求进行质量评价。教学是一项有目的、有计划的工作，它首先要确定教学目标，然后根据教学目标规定教学内容，选择教学方法，开展教学活动，测量教学效果。教学目标支配、调节着整个教学活动。学科教学质量评价是鉴别、检验教学目标是否达成的手段。为了使得学科教学质量评价真正起到鉴别教学目标是否实现的作用，在选择评价的工具和手段时，要特别注重按照教学目标的要求来编制测试题目和测试方式。

二是学科教学质量评价过程中使用的测试题必须是学科内容的代表性取样。所谓代表性取样，是指它并非随机选择，而是要根据教材各个部分内容的重要程度，经过权衡来决定题目的分量，选择有代表性的测试题。为了做好这项工作，最好由有关学科的专家和有经验、有水平的教师，在对教材和课程标准作了仔细的分析和反复推敲的基础上，经过集体讨论，集思广益地作出决定。

三是按照学科内容的特点和教学目标的要求，采用合适的测试题形式。学科教学质量评价中使用的测试题可以分为两种：一种是客观题，另一种是主观题。在一门包括较多方面内容的学科中，究竟应该采用何种测试题形式，要在具体分析各个学科内容的特点和教学目标的要求后再确定。

第二节　北仑区学科教学质量的提升策略

一、实施有效教学策略

为了提高教学质量，北仑区基础教育阶段学校着力实施有效教学策略。有效教学策略包括以下三个策略：

第一，课堂教学内容的科学性的策略。科学的东西来不得半点虚假。这就是说，教师给学生传授的知识首先必须是科学的。传授知识的科学性是指必须讲求实际，符合客观规律。

第二，课堂教学目标的明确性的策略。一是教学目标的要求要具体。

教学目标对整个教学过程有导向、激励、评价的功能,教学成败很大程度取决于教学目标是否准确、具体、全面,对学生的要求是否适度。因此,教师要为每课时、每单元制定明确的教学目标,规定学生掌握什么知识及掌握知识的广度和深度。有目标的教学就好比百米赛跑,目标明确,参赛者可对准目标往前冲,而无目标的课堂教学就好像饭后散步,很难收到好的教学效果。二是明确的教学目标有利于提高全体学生的学习质量。明确的教学目标对教学还具有反馈、评价的功能。通过目标教学,进行有效的反馈、矫正,查漏补缺,一课一评价,不放过一个知识点,不让一个学生掉队。目标教学面向全体,可有效地提高学生的学习质量。在目标教学中,学生学习情况的反馈矫正机会多,其中有三次反馈矫正,包括基本训练后的、新课教学后的、综合练习后的反馈矫正。教学评价,既可以是教学之后,为改善学习作准备的诊断性评价;又可以放在教学之中,为及时调整教学活动而进行的形成性评价;还可以放在某一单元结束之后,为改善本单元学习查漏补缺,又为改善下阶段学习作准备的终结性评价。通过这样的反馈、矫正、评价,提高学生吸收知识的效率,使所有学生为达到目标而努力,避免教与学的盲目性,有利于学生素质的全面提高。

第三,课堂教学结构的合理性的策略。课堂教学结构是指一节课的组成部分及其相互关系。其设计合理与否,直接影响课堂教学质量的高低。结构完美、布局合理的课堂教学,可以增强课堂教学的艺术魅力,提高教学质量。合理的课堂教学结构设计应以序列性为前提,实现序列性与波动性两者的最佳组合,使课堂教学既连贯有序,又起伏有致,以保证课堂教学的良性运行。一堂课中,学生的思维状态呈现三个阶段的变化,即思维水平逐渐集中阶段、最佳思维水平阶段和思维水平逐渐下降阶段。课堂教学结构应由精彩夺人的导课、引人入胜的高潮、耐人寻味的结课三部分构成。

二、实施减负和质量均衡度测试策略

目前,北仑区各所学校正在开展"减负提质"专项工作。一方面,坚决实行"减负",另一方面,坚决地开展为了监控质量的"教学质量均衡度测试"。

学科教学质量均衡度测试具有四个方面的意义:一是为客观评价一所学校的教学质量提供价值判断的参照体系。二是为客观评价一位教师的教学质量提供价值判断的参照体系。有了质量评价标准,就能更好地对一个教师的课堂教学质量、常态教学质量进行客观的评价。三是为"减负提质"

提供加减的依据和质量标准,减少无效负担,增加有效负担,改进学习状态,提高教学效益。四是为提高日常教学质量确立方向,让教师不断矫正教学行为,调整努力方向,始终奔走在提高质量的路上。

学科教学质量评价具有三个特性:一是教学质量评价具有权威性。有了质量评价标准,各所学校不再自说自话,监控人员调查到的数据更具有说服力。二是教学质量评价具有自主性。不必等到他人来检测,每一位教师都可以根据教学质量的变化,自主调控教学行为。三是教学质量评价具有发展性。评价的目的是为了发展。通过比较各个阶段的质量,可以反映出教学质量的动态变化,既可以促进学生发展,也可以促进教师、学校的发展。

学科教学质量评价的内容包括三个方面:一是设定目标体系。根据学科课程标准所设置的课程教学目标,根据学科特点分解成各个维度,每一个维度按学期的不同设定各个具体目标。二是对于目标的评价,可以分成定性评价和定量评价。各个维度可以设立基础性目标、发展性目标和特色性目标,以利于促进学校、教师、学生各有特性的发展。三是设定评估方法。根据评估内容的特性,分别设定评估的办法,或是纸笔考试,或是实践操作,或是作品分析。

第三节　北仑区学科教学质量评价的探索

一、厘定素质教育的教学质量标准

《中国教育改革和发展纲要》指出:"建立各级各类教育的质量标准和评估指标。各级教育部门要把检查评估学校教育作为一项经常性的任务。"[①]从素质教育的角度看,学科教学质量具有横向的全面和纵向的高度两个维度。

从横向的全面的质量维度看,学科教学质量评价须确立以下六条标准:(1)全面质量的基点是受教育者整体具有全面的素质。受教育者在德、智、体、美、劳等诸多方面都得到发展,他们学会做人、学会求知、学会生活、学会

---

① 何东昌主编:《中华人民共和国重要教育文献(1990—1997)》,海南人民出版社1998年版,第3471页。

健体、学会审美。(2)教育者面向每一个受教育者,使他们得到有助于个性全面发展的教育。为此,人们需要明确人的素质组合的规律和最佳结构,使全面素质设计和提升具体化、系列化和科学化。(3)教育管理工作面向每一所学校,使所有学校达到合格的乃至优良的标准。为此,人们要根据个人发展和社会发展的整体需要,确定教学质量标准,根据学校培养人才的具体目标,制定多种多样的人才质量规格。(4)质量监管者关注质量标准的全面性和质量规格的多样性。(5)全体教育工作相关人员积极创造更高更全的质量。所有教育者和受教育者均直接作用于教育教学质量本身,人人明确承担教育教学质量提高的职责和义务,各司其职,各尽其能。(6)教师实现教学全过程的质量优化。只有把握教学质量产出和形成的各个环节,使各个环节相互保证、相互促进、相互制约,才能取得教学全程的高质量。

从纵向的高度的质量维度看,学科教学质量评价须确立以下四个标准:(1)高标准。各个地方和各个学校,每个教师和学生都确立真正的发展水平方面的高标准,而不是一般标准或者低标准。(2)高要求。为了达到高标准,人们就要在具体教学工作中体现高要求,达到高水平。(3)全面的质量合格。高质量要求教育产品和服务全部合格,要求所有产品和服务达到优质标准。如果部分产品和服务不合格,就会既造成直接的损失和资源浪费,又降低整体质量水平。(4)整体质量高。如果少数地方、学校、教师和学生的高质量是以其他地方、学校、教师和学生的低质量为代价的,则教学的整体质量不是高而是低,局部的高质量不足以补偿其他地方的低质量。

二、构建学科教学质量评价体系

学生是教育的对象。教学质量高低主要体现在学生身上。在对学生学习质量进行评价时,教师要做到注重评价指标的全面性、评价过程的全面性和评价方式的全面性。

在评价指标设计和使用上,人们应改变单纯凭考试、凭分数评价学生的做法。学生的各方面素质是既有独立性,又相互联系的有机统一体,是缺一不可的。人们不能以某一个方面的单项评价来代替对学生的整体评价,偏废和忽视任何一个方面素质都是背离教育方针、违背人自身发展规律的做法。

在评价指导思想上,人们需着眼于促进学生个性的全面发展和弘扬学生的主动精神,强调将有血有肉有情感和有个性的人当作评价对象,并通过评价努力促使受教育者个性的自由发展。评价者从每一个学生的内在需要和实际出发，评价学生各自发展过程。评价指标既有知识水平方面的指标，也有智能水平方面的指标，还有非智力因素、心理素质、劳动素质、音体美素质等方面的指标，这样一来，就有助于改变过去只重视知识和能力、忽视品格和人格的倾向。总之，在学科教学质量评价中尽量追求培养目标的全面落实。

在评价过程中，人们须改变单纯凭借学期或学年的考试作片面的终结性评价的做法，重视学习过程的评价，将单元知识测查和平时课堂教学考查作为学生评价的一个重要组成部分，通过形成性评价为提高教学质量、促进学生发展提供及时、必要和可靠的信息。

在评价方式上，人们须改变单纯依靠教师评价的做法，做到评价的全面性。学生评价以自我评价、学生互评、教师评价、家长评价相结合的方式全面实施。自我评价和学生互评是学生自己教育自己的好方式，也是提高学习自觉性、积极性的好途径。

在评价方法上，注重采用绝对评价法，纠正单纯依赖相对评价法的做法的不足。建立在传统的选拔为中心的教育观的基础之上的相对评价有诸多不足。以选拔为中心的教育观认为，随着学生沿着教育阶梯的不断上升，具备必要的天赋才能或知识、技能、态度，从而成功地越过更高阶梯的人会越来越少，教育者依据正态分布规律将学生划分为有能力的、良好的一类人和无能力的、差的另一类人，并采用不同的教育方式方法。绝对评价法是依据教学目标、教学计划和教材测量学生的学习水平而进行的评价。

三、北仑区明确中小学教师学科教学设计测评要求

北仑区开展的各学科教学设计测评主要检测教师分析教材、选用教法的水平，它是新课程理念在教师实际课堂教学设计中的贯彻和体现。

教学设计测评统一采用闭卷笔答形式，考试时间 120 分钟，总分均为100 分。测评要求在规定时间内完成答题，教师不带任何教辅材料，在所给不同课型素材中选定其中一课教学内容，进行有针对性的教学设计，其中小学语文、小学数学学科由教师按自身任教情况选择中低段或高段的不同内容进行教学设计。

学科教学设计测评的考查重点：（1）教师对本学科教材的理解水平（如教材的体系、知识能力分布等），重点难点的确定和突破能力；（2）教师对课

程标准相应级别要求的掌握能力,特别是教师要把握好教材与课程标准要求之间的联系;(3)教师对学情及相应年级段学生特点的把握;(4)教师对学科课程实施意见的认识及对具体教学设计及其背后的课程理念的理解能力,教师对教学设计行为背后隐含的意图的表述能力;(5)教师对教学设计的效果的预测能力。

北仑区中小学教师学科教学设计测评包括以下六大部分。

其中教材学情分析占 5 分,评价标准包括四条:(1)准确分析教学内容在整个课程标准或教材中的地位;(2)准确分析本节内容与前后章节的联系;(3)说明与本教学内容相关的课程标准规定;(4)简要分析学习者共性特征、学习者以前具备的知识结构与现有能力等。

教学目标表述占 15 分,具体评价标准包括六条:(1)所确定的知识和能力目标与学生以前的知识结构相关联,并可检测;(2)有过程,有方法,学生确实能够使用恰当的方法;(3)有明确的情感态度目标指向,有明确的价值判断,且与本节学习内容直接相关;(4)语句描述上包括对象、行为、条件和标准四个要素,以学生为行为主体进行表述;(5)教学重点难点确定合理:重点是对学生的身心发展或学科发展重要的知识、在知识体系中十分重要的知识,难点是老师需加以指导、学生难以理解的内容;(6)解决重点、难点的措施具体、明确、可操作,并确实能够有效解决重点与难点。

教学准备占 5 分,具体评价标准包括两条:(1)学生上课前准备方面的要求具体明确,充分可行,与课堂教学内容直接相关,并得到检测或落实;(2)所需教学媒体具体,在教学实施中的作用明确,时间设置可行、合理。

教学活动过程占 60 分,具体标准包括八条:(1)能围绕教学目标实施教学,能充分实现本节课教学的整体目标,师生的活动指向清晰、结合紧密,与教学目标直接相关或密切相关;(2)教学指令清晰,教学环节名称新颖别致,操作过程具体明确,教学环节间过渡自然;(3)教学活动符合学习规律,联系生活实际,具有递进性、层次性等特点;(4)设计的媒体启发性强,适时、适量;设计的实验符合教学实际需要,适时、适量;(5)充分关注学情,在每一环节中每一个学生都有明确具体且符合自身实际的学习任务;(6)学生的主体地位突出,体现"自主、合作、探究"的学习方式,教学活动能激发学生的学习热情和学习潜能;设计的情景对后续教学有启发引导作用;(7)有学生活动的时间和空间的保证;(8)设计意图明确,依据合理充分,有科学的实施效果的预测。

板书设计占 10 分,评价标准包括四条:(1)板书思路清晰、简练、实用;(2)结构完整;(3)突出重点,化解难点;(4)有辅助板书并整体设计精美。

作业设计占 5 分,评价标准包括两条:(1)根据学情筛选编制作业,题量少但满足检测的需要,重点和难点在检测中有所体现;(2)鼓励按照学生水平、学习内容的难度分层布置任务,设计实践型、开放性作业。

北仑区还积极开展中小学教师学科专业素养测评工作。为提升北仑区教师的学科教学水平,激励广大教师锐意进取、争先创优,北仑区于 2009 年启动中小学教师学科专业素养测评工作,此学科专业素养测评工作由教师培训中心和区教育局教研室具体落实执行。

本轮学科专业素养测评参加对象为全区各中小学校在职教师,分 A 组(男教师 1969 年 1 月 1 日以后出生,女教师 1974 年 1 月 1 日以后出生)和 B 组(男教师 1969 年 1 月 1 日以前出生,女教师 1974 年 1 月 1 日以前出生)进行。

就具体测评安排而言,2009 年 2 月、2009 年 8 月、2010 年 2 月、2010 年 8 月四个不同时段分别进行 A 组和 B 组的学科专业知识测评、学科教学设计能力测评、学科命题能力测评。区教育局根据三项测评的总分,分 A 组和 B 组对前 10% 教师设奖予以表彰;对小学、初中、高中各段团体平均总分前 30% 学校设奖予以表彰,并作为下一轮区级校本教研训示范学校评比的一项业绩考核项目。教师参与测评后,由教师进修学校颁发当年的继续教育学分。各校教师的测评成绩反馈给学校,但学校不将教师个人测评成绩公开。

在报名环节,兼课教师自选一门,一般以所教主要学科为主,在各校报名时明确所选科目。各校将参评教师名单以 EXCEL 格式于暑假放假前报区教师培训中心。

北仑区中小学教师学科专业知识测试要求包括以下十个学科的要求:

初中历史与社会的要求:(1)2006—2008 年间浙江省中考各地(学业测试)试题(历史与社会部分)约占 70%。(2)其他试题(介于中考难度与高考难度之间)约占 30%。

初中思想品德的要求:(1)2008 年 10 月—2009 年 1 月间国内外重大时事政治约占 5%。(2)2006—2008 年间浙江省中考各地(学业测试)试题(思想品德部分)约占 70%。(3)其他试题(介于中考难度与高考难度之间)约占 25%。

初中美术的要求:(1)教师必看书籍包括《美术课程标准》(全日制义务

教育)和现行新课程教材及教师用书第 13—18 册。(2)考试形式包括:①美术课程标准部分(以填空题和简答题形式出现);②美术常识与专业知识(以填空题、选择题、连线题、技能题和问题形式出现)。(3)考试分值、时间、方式包括:满分为 100 分(必看书籍占 80%,其他占 20%);时间为 120 分钟;考试方式为闭卷笔答。

初中信息技术的要求:(1)主要参考《中小学信息技术课程指导纲要》(人民教育出版社 2000 年版)。(2)题库(浙江省中小学信息技术等级考试非操作部分)的说明:指定内容占 80%,其他内容占 20%。

初中音乐的要求:(1)教师必看书籍包括《音乐课程标准》(全日制义务教育版)、李重光编的《基本乐理》、新课程教材及教师用书第 13—18 册(人民音乐出版社 2000 年版)。(2)考试形式包括:音乐课程标准部分(以填空题和简答题形式出现),音乐常识与专业知识部分(以填空题、选择题、连线题和问题形式出现)。(3)考试分值、时间、方式包括:满分为 100 分(必看书籍占 80%,其他占 20%);时间为 120 分钟;方式为闭卷笔答。

初中科学的要求:(1)2006—2008 年浙江省中考各地(学业测试)真题占 80%。(2)其他试题(中考难度)占 20%。

初中语文的要求:(1)2006—2008 年间浙江省中考各地(学业测试)的真题占 80%。(2)其他试题(中考难度)占 20%。

初中英语的要求:(1)测试范围包括:2006—2008 年间浙江省各地市中考英语试卷,各地(市)初三英语竞赛试题。(2)测试要求包括:不设听力,中考试卷相当难度内容占 70%,初三英语竞赛相当难度内容占 30%。

初中数学的要求:(1)2006—2008 年间全国各地中考数学(学业测试)试题约占 70%。(2)其他试题(介于中考难度与竞赛难度之间)约占 30%。

中、小学体育的要求:(1)体育基础知识;(2)体育教学基本常识;(3)体育保健知识;(4)体育与健康课程标准;(5)田径、篮球、排球、足球等学校组织的竞赛项目的竞赛规则与裁判法。

四、设计和使用北仑区小学和中学各科课堂教学评价意见表

自 2002 年基础教育新课程改革以来,北仑区注重课堂教学评价改革。全区每所小学和初中依据教育部颁布的《基础教育课程改革纲要(试行)》和教育部制定的各个学科的《课程标准》,结合北仑区学校的实际情况,制定和实施了各个学科的课堂教学评价意见表(见表 7-1)。

表 7-1　北仑区小学《品德与生活/社会》课堂教学评价意见表

学校:　　　班级:　　　授课教师:　　　课题:　　　日期:

评价指标	评价要素	评价等级 (A/B/C/D)
教学 目标	1.预设目标符合学生实际和课程目标要求	
	2.关注生成性目标,并能有效引导学生达成目标	
	3.目标具有难度和层次	
	4.能将目标贯穿在教学活动的全过程之中	
学生 学习 状态	5.学生对教学的话题和活动形式感兴趣,参与面广	
	6.能借助自己的生活经验,认识问题和解决问题	
	7.思维活跃,学习主动,能在活动中生成新的问题	
	8.合作学习气氛浓重,有探究问题的兴趣和方法	
	9.学得愉快、轻松、和谐	
教师 教学 行为	10.能根据教学进程恰当地进行角色转换,并调整自己的教学策略	
	11.设计的教育活动具有层次性,能体现教学目标	
	12.与学生平等交流,主动参与学生的学习活动	
	13.珍视学生的独特感受,鼓励创新,给学生留有思考空间和选择的余地	
	14.引导有方,能对学生的经验和反馈的信息进行提炼和点拨	
	15.使用教材灵活,能有效地利用和开发课程资源,使教学内容贴近学生生活	
	16.重视对学生学习方法和学习过程的指导	
	17.能有效运用评价促进学生发展	
教学 效果	18.能有效地达成目标,使每一个学生的品德和社会性在原有基础上得到应有的发展	
	19.自主、探究、合作学习有实效	
教学 特色	20.教师有良好的教育机智和教学素养	
	21.有自己的教学风格并具创新精神	

等级说明:A 等:A 级有 10 个及以上,不出现 B 等以下的等级;B 等:A、B 级有 10 个及以上,不出现 D 级;C 等:C 级及以上的等级有 10 个及以上;其余为 D 等。	等 级	

综合评述(执教者课后反思)

其他学科的课堂教学评价表的格式相同,但是具体的评价要点体现不同学科的特殊性。

各个学科的课堂教学评价意见表综合反映课堂教学的目标、内容、方式、方法和效果。教学目标涉及教学中怎样促进学生发展方面的基本要求,它具有指示方向的作用。教学目标具体规定学习的知识点和技能类别,并明确教师的努力方向。教学策略表明教师应该怎样教才能更好地促进学生的发展。教学策略的选择和使用具有综合性,以便学生完成多方面的学习任务。学习活动的开展着眼于教学目标的实现,学习活动要求涉及态度积极、观察仔细、思维活跃、操作认真等方面。教学效果是课堂的总体表现,最核心的结果是学生学有所得、学有所乐。教学特色是反映教师风格的一个因素,是教师经验的提炼。

通过实施各个学科的课堂教学评价意见表,教师能通过评价结果的分析明确自己的优缺点,并尽力采取措施改进自己的课堂教学。对于学校的管理者来说,通过课堂教学评价意见表的使用,他们能及时有效地了解全体教师的教学状况,对教学质量进行监管,提出加强和改进教学的指导性意见,采取措施提高学校的教学质量。

五、实施优质课评比活动

北仑区对小学语文、数学优质课评比作出如下规定。

优质课评比分两个阶段,每年 11 月下旬和 12 月上旬分别进行。2011年 11 月下旬参加优质课评比的学校包括:蔚斗小学、小港实验小学、小港中心小学、下邵小学、九峰小学、霞浦小学、柴桥小学、柴桥实验小学、三山学校、白峰小学、郭巨小学和梅山小学。2011 年 12 月上旬参加优质课评比的学校包括:北仑区实验小学、大碶小学、博平小学、邬隘小学、高塘小学、东海实验小学、绍成小学、华山小学、新碶小学、长江小学、淮河小学和泰河小学。

申报优质课的教师教龄不限,但此项评比希望有更多的新人涌现,所以已获得区教坛新秀一等奖及以上奖项的教师,原则上不再参与本次优质课评比。

参加优质课评比教师的上课年级、教学内容由参赛教师自己选择。2011 年 11 月下旬和 12 月上旬各个学校分别确定上课教师的名单、教学内容及年级。各个学校把这次优质课评比作为教师课堂教学比武的契机,动员每一位教师参与,并在学校评比的基础上择优推荐,其中语文学科和数学学科各有一名教师参加区优质课评比。

　　区内不少小学和初中在较早的年份就开展了优质评比活动。2008年5月15日，柴桥片区音乐学科优质课评比活动在郭巨中学举行，北仑中学张龙老师、顾国和中学虞天霞老师、联合中学蒋建立老师担任评委，柴桥片区相关学校的音乐教师参加了听课。老师们分别听取了紫石中学刘云山老师执教的《校园歌曲》、三山中学揭正勤老师执教的《二泉映月》、白峰中学刘冬娥老师执教的《西南情》和郭巨中学任俊松老师执教的《走进非洲音乐》。上课教师根据自己对教材的独特理解，通过不同手段、多种道具向学生展示了音乐的无穷魅力。只见学生、老师在悠扬的乐曲声中感受着音乐的意境，随着节奏翩翩起舞，这时的课堂已不再是原先单调乏味的音乐课堂，而是变成可以尽情展现每个人才华的大舞台。活动结束后，评委老师们对四堂课作了精彩的点评。

　　2009年5月15日，北仑区举行2009年高中思想政治学科优质课评比。评比地点在柴桥中学。参加人员包括：（1）参评教师：北仑中学的黄立杰老师、柴桥中学的郑银芬老师、泰河中学的吴东平老师、明港中学的梅明敏老师。（2）评委各校政治教研组长或政治学科组长。参评教师于2009年13日16:30到行政大楼B座412室抽签确定上课序号、授课班级，并告知教学内容。参评教师在本人课堂教学结束后可参与观摩。

　　2010年北仑区小学体育学科优质课评比在博平小学举行。上课安排如表7-2所示。

表7-2　北仑区小学体育学科优质课评比

日程	课次	时间	执教教师	年级	教学内容
12.15 上午	第一节	8:25—9:05	周 琳	三年级	沙包与游戏
	第二节	9:20—10:00	顾磊磊	三年级	仰卧推起成桥
	第三节	10:10—10:50	朱晨晖	五年级	分腿腾跃
12.15 下午	第四节	12:10—12:50	沈哲科	三年级	双脚起跳双脚落地
	第五节	13:05—13:45	吴嗣勇	三年级	前滚翻与游戏
	第六节	13:55—14:35	竺益娜	三年级	跑跳
12.16 上午	第二节	9:20—10:00	刘义华	三年级	仰卧推起成桥
	第三节	10:10—10:50	马志强	三年级	足球球性练习——踩球
12.16 下午	第四节	12:10—12:50	陈 业	三年级	沙包投准
	第五节	13:05—13:45	王琼瑶	二年级	立定跳远
	第七节	13:55—14:35	沈 魏	四年级	技巧与游戏

　　2011年3月10日，北仑区高中英语优质课评比活动在柴桥中学举行，

评比结果为：北仑中学郑静君老师获得一等奖；泰河中学刘芬芬老师获得二等奖；柴桥中学石银珥老师和明港中学王璐璐老师获得三等奖。

第四节　北仑区学科教学质量提升和评价的实效

通过近几年的努力，北仑区学科教学质量提升和评价取得了巨大的实际效果，主要表现在以下六个方面：

第一，确定了"大面积提高教学质量"这一核心指导思想。北仑区学科教学质量评价的核心思想是从理论和实践上真正确立了大面积提高教学质量这一新战略。大面积提高教学质量的含义具体体现在三个方面：一是它不囿于个别学科、个别班级、个别师生、个别学校在本校范围内提高教学质量，而是着眼于一大批乡镇和街道、全区的教学质量的整体提高。二是教师的教学质量、学生的学习质量、学校整体品质都在原有基础上大幅度地提高。三是95%以上的常态学生都能得到良好的发展。

大面积提高教学质量的理论依据是乐观主义导向的个体心理发展观。当代心理学研究表明，学生是有独立的人格、有巨大的潜能、有个性发展差异的人。只要提供适当的条件，几乎所有的人都能学会一个人在世上所要学会的东西。

第二，确定了轻负高质、高效率和高质量并举的新教学质量观。教学活动要耗费师生的时间和精力以及使用图书资料和仪器设备。教学质量的取得是有成本的。在应试教育中，一些学校采取违背教育规律的做法，如任意延长教学时间，搞题海战术，让学生做大量机械练习。课外活动时间、晚上、双休日以及各种自修时间都被用于补课、加班。这些做法表面上看来似乎增加了教学的投入（时间），实际上使得学生无法自主地支配时间完成作业和学习任务，丧失了学习的主动性和积极性，扼杀了学生的学习兴趣。教师不能合理地、自主地利用教学时间和精力。师生所花的时间严重超过培养人才所必需的社会劳动时间，造成了巨大的浪费，教学质量形高实低。衡量教学质量应具体审视效果因素和效率因素，效果即教师培养学生的数量和质量，效率即教学时间和精力的投入和产出的比例。单位教学效果下投入的时间和精力越少，或单位时间内的教学效果越好，则教学质量越高。

北仑区提出了轻负优质的教学质量观，并落到实处。

　　第三，建立了"目标—实施—矫正"的教学评价程序。众所周知，教学目标是一切教学活动的出发点和归宿点，明确具体的、科学化的教学目标对师生的教和学具有期望、定向、激励和调控的功能，在评价过程中制定的教师、学生和学校的评价指标体系和量表，实质上是对教学活动主体的行为目标的达成度的具体规定。在注重形成性评价的教学实践中，教学质量评价的实施和教学目标的达成是并行不悖的过程，评价中的反馈对于达成目标具有十分重要的意义。反馈矫正是教学中的重要环节，它在教学流程中发挥重要的调节功能，通过广大教师的努力，前置性反馈、效应性反馈、达成性反馈得到普遍应用，反馈信息的手段日趋多样化，反馈信息的处理和矫正日趋科学化。

　　第四，构建了系列化的教学质量评价模式。应试教育的教学质量评价制度以单一和片面的升学率为标准来评价具有不同性质特点的各个地方、学校、教师和学生的学习结果，将它们分为少数升学率高、分数高和少数升学率低、分数低的学校、教师和学生，并给予完全不同的待遇。

　　建立科学、完整、系统的全面素质教育取向的教学质量评价体系是实现由应试教育向素质教育转轨的重要举措。北仑区以全面素质为导向，以整体优化为中介，以高质量和高效益为目标，建立了不同层次的地方、学校、教师和学生的教学质量评价体系，对学校办学水平采用办学条件、管理水平、学生的教学质量兼容并包的统一的分层的评价。教师评价以师德、师绩、师效为基本内容，建立综合评价指标体系，采用自评、集体评价、统计分析、座谈和问卷等多种方法。学生学习质量的评价做到评价指标、过程、方式和方法的全面性和多样性。由此初步构建了系列化的教学质量评价模式。

　　第五，完善了自我矫正的教学质量评价系统。传统教学质量评价的功能主要是"评分数、定等级、贴标签"，它起不到获取教学信息的反馈作用，也不能有效地调控教学过程，教学过程是"自由式"的，对教育学的有效性及教学效果的好坏，没有完整的调控和保证体系。现代教学质量评价是一个反馈矫正系统。教学过程中的每一步都必须经过它来判断是否有效。如果无效，就要采取相应的变革措施。为此，北仑区在实践中建立了教学活动的自我矫正系统，为教学质量的普遍提高提供了监督调控机制。

　　第六，构建了实施全面质量管理的教学管理机制。传统的教学质量管理只注重质量检查环节，而忽视管理创造教学质量的全部过程；只注重管理教学过程的某个环节或某个阶段，而忽视教学工作过程中全部环节和各个阶段。教学工作有一定的程序，是一个动态的发展过程。这个过程包括教学质量目标的确定、教学计划的制订和教师的教学设计、师生的教育教学的活动、教学效果的检查与评价、教学总结等一系列相互关联的教学环节。教学质量就是在师生的教与学这个全过程中形成的。因此，要想稳定地控制教学进程，大面积提高教学质量，就要抓好全程管理。从纵向上看，要从学生入学的起点班开始抓起，不放过任何一个年段，直到毕业。从横向上看，教师的教与学生的学都可划分为若干个环节，教和学都要遵循计划、实施、检查和总结四个步骤。教学质量全程管理就是要把质量生产和形成的各个环节都把握好，立足于整体来解决质量问题。

第八章　基础教育学校质量文化的塑造

当前,学校发展是挑战和机遇并存,困难和问题同在。一方面,在知识经济发展和学历社会变迁的进程中,尽管终身教育成为不少国家教育改革和发展的基本指导思想,但是学校教育作为终身教育的核心组成部分,依然占据优先发展的战略地位,学校建设特别是一流学校建设计划越来越得到政府和社会的重视。另一方面,学校组织建设也存在一些现实困难,一些薄弱学校难以成为一个十分吸引学生、教师的地方。学校组织文化的作用在于建立起组织行为和组织过程得以发生的边界范围。学校组织文化有助于创造该组织的共同象征、信念和价值。学校文化建设在学校发展中起着关键作用,它可以使学校的教职员工重新凝聚在一起,使他们在学校里的生活充满意义,并使学校获得持续发展的动力。

著名比较教育学家康德尔指出:"教育不能摆脱文化形式的影响,因为它就是在这种文化形式中发挥其功能的。一种教育制度,一定会受到某种文化形式中各种力量的影响,这些力量决定了它的性质,规定了学校应处理的问题。"[①]考察教育与文化的关系,对于认识学校教育的改革和发展具有重要意义。

文化既能促进变革,又能阻碍变革。不同学校具有特定的传统和特色。学校是一个以育人为目标的机构,教职员工在自己的专业方面具有高度的自主性,担当专门化的工作角色。从个体角度看,教职员工文化涵盖对自己、对自己的工作、对自己的学校的认知,它既包括价值观和态度,又包括行为方式。从社会的角度看,文化为群体所分享。文化不仅具有社会结构的特征,还具有象征性的一面。文化的内核是大家所共有的信念。它有助于确定自己是谁、自己在做什么、自己为什么要做这件事、自己是否受到肯定

[①]　康德尔:《教育的新时代:比较研究》,王承绪等译,人民教育出版社 2001 年版,第 41 页。

或者排斥。

　　追求学校教育的卓越的质量，可以有两种途径：一是改进教育的技术和方法，以更好地满足学生的需求；二是在学校内形成一种视质量为生命的质量文化。诚然，文化不属于技术范畴，但是特定的技术有助于形成文化。

　　学校的质量文化分析旨在探明学校教职员工如何通过他们之间的相互作用形成质量的过程。

第一节　质量文化的含义、意义和特征

一、质量文化含义

　　学者们对质量文化作了不同的概念界定。弗兰克·格里纳（Grena）指出："质量文化就是人们与质量相关的习惯、信念、价值观和行为模式。"[①]文化与人们的内心世界相关。

　　陈玉琨指出："文化，既是过程又是成果。它是不断追求自身自由、自觉的本质过程，以及在这一过程中达到的广度和深度。"教育的质量文化就是人在完善自身的过程中，教育质量观念不断更新与对质量追求不断深化的过程，以及在这一过程中取得的成果。

　　质量文化是组织文化，是成员对其所在组织的氛围的认同，它包含人们的价值观和信念、思考方式及对环境的应对方式。

　　组织文化包含六个基本要素：(1)遵守的礼节。当组织成员相互作用时，他们用同样的语言和术语表达看法，并遵守礼仪和礼节。(2)规范。工作中的行为规范直接或间接地影响人们的行为。(3)居于支配地位的价值观。一个组织支持并期望它的成员分享该组织的主要价值观。在学校中，值得称道的价值观包括师生的高水平表现、低缺席率、低退学率和高效率、高效益。(4)观念。组织中存在如何对待内部人员和外部客户的基本看法。(5)规则。在组织中存在基本的处事方式及需要贯彻执行的指导方针。(6)感情。这是在组织的发展过程中，在成员交往方式中表现出来的总体气氛。

---

　　① 弗兰克·格里纳：《质量策划与分析》，何桢译，中国人民大学出版社 2005 年版，第 2 页。

在学校里,人们通过行为方式和思维方式形成一种文化,这种文化反过来又影响他们的行为方式和思维方式。学校文化由习惯、信念、价值观和行为模式组成。

质量文化是学校文化的一个重要组成部分。质量文化可分为积极的质量文化和消极的质量文化。积极的质量文化是学校里的教职员工力求做得更好,以切实满足学生的需要的文化。消极的质量文化是指着眼于掩饰缺陷、规避问题的文化,即在教育质量较低时,教育者忙于查漏补缺、掩饰缺陷。

二、质量文化的意义

文化的功能在于把社会组织黏合到一起,它表明组织成员达成的共识所产生的价值或社会理想和信念所产生的作用。文化对于组织来说具有很强的影响力。一个组织的文化的传承和创新对于组织来说意义重大。

质量文化能直接或间接地影响人们对质量的看法。

谷津进指出:"所谓质量管理,并不是因为有质量管理这一项目,而是因为有参与质量管理的人。参与质量管理活动的人如何带着问题对自己的工作环境和工作态度进行改善和维持,并通过这样的改善活动,重视自己的工作,使自己的工作不但能够达到生气勃勃的状态,而且能够持之以恒地一直保持下去,这一点才是质量管理的根本。"[①]成功的质量管理的标志是要能够在组织中形成一套大家认同和遵从的质量文化。在组织中形成浓厚的追求质量的氛围,大家都能在平时和工作中自然而然地将谈论话题聚集在质量方面,自然而然地将自己的工作围绕质量目标而进行,关心质量成为一种生活习惯。

在学校质量文化发展过程中,管理者发挥着重要作用。罗伯特·伯恩鲍姆指出:"在大多数组织中,管理人员的责任恐怕主要不是创造文化,而是在某种文化产生之后去扶持它。在大多数情况下,校长仅仅凭不断提出新观点、新目标和新的象征,是断然创造不出一种新的文化的。不过,他们可以通过经常为其呼吁,排除那些文化人士的干扰来加强和保护业已存在的文化,并通过其他方法对文化进行不断的改造。正如组织的其他方面和所

---

① 谷津进:《质量管理事件》,陈立权译,商务印书馆国际有限公司1993年出版,第161页。.

有其他系统一样，文化也常常丧失其正能量，或者走向一致，或者趋于混乱。避免组织文化的分裂是管理人员的主要职责。"①

在学校发展过程中，人们碰到的核心问题是师生员工的凝聚力增强问题。人们会探讨以下一系列问题：哪些因素可以使学校的师生员工重新团聚在一起，使他们的日常生活充满意义，并使学校获得可持续发展呢？这个因素是学校越来越完备的制度吗？这个因素是学校越来越漂亮的校园吗？这个因素是学校的良好的氛围吗？

在学校管理中，硬件建设和软件建设应并重。只重视学校的硬件建设，而忽视学校的软件建设的做法是一种目光短浅的做法。在人们的心目中，设施的改善是易于控制和管理的，而价值观、文化这些软件因素是不容易控制和操作的。彼得斯和沃特曼指出："企业文化是最软的物质，究竟有谁相信倡导它的精神分析家、人类学家和社会学家？企业家肯定不相信。然而，企业文化又是最硬的物质。违反'IBM 公司意味着服务'这一最高公司信条，你就会失去企业，公司的工作保障计划根本无用。Digital 公司是疯狂的（软的），Digital 公司是无政府状态的（软的），Digital 公司的员工根本不知道他们为谁工作！但一位同事说，他们知道质量，他们生产出来的产品是最好的（硬的）。因此，'软的就是硬的'。"②缺乏文化的企业很快就会被淘汰。缺乏文化的学校也难以成为好学校。

三、质量文化的特征

质量文化具有以下四个基本特征：

第一，质量文化是动态发展的。质量文化是处在不断的变化和发展过程中的。一切组织都有自己的文化，都有自己的质量文化，只不过这种文化有强弱之分、和谐与不和谐之分。学校组织也不例外。学校的组织文化规定学校组织的主要倾向性，它规定组织行使权力通常必须遵循的一套行为规范。学校组织文化能抑制组织的发展和有效性，也能为组织的发展和有效性提供便利。当学校组织文化十分强大与和谐时，组织就会处于快速发

---

① Birnbaum R. How College Works: The Cybernetics of Academic Organization and Leadership. New York: Jossey-Bass Inc. Publishers, 1998: 79.

② 托马斯·彼得斯、罗伯特·沃特曼：《追求卓越：美国优秀企业的管理圣经》，戴春平译，中央编译出版社 2003 年版，第 298 页。

展时期。

第二,质量文化建设是一个过程。关于学校组织的质量文化,人们可以构建一个独特的分析模型。从开放系统的观点看,质量文化是一个输入、转化、输出的过程。文化主要包括理念、规则、感情、行为常规、规范和价值观六大要素。学校组织以信息、人和物资的形式从环境中输入生产要素。输入的生产要素经过转化,成为实现组织目标和满足教职员工需要的外显行为。在学校运作过程中,管理过程(能动性、决定、沟通和变化)和组织结构(工作描述、评估制度、控制系统和奖励机制)对质量文化产生巨大的影响。在学校里,输出可能是学生的知识、技能、态度或学生的出席率、巩固率、升学率、毕业率等指标的评价结果。学校组织不仅影响外部环境,也受到外部环境的影响。在输入、转化和输出的不同环节,文化是一个始终相伴随的因素。罗伯特·伯恩鲍姆指出:"在所有组织中,象征性的管理行为有着重要的意义。不过,在过程文化中,它们的意义也许更大一些。过程文化是组织的一个特征……由于参与人员难以或不可能看到他们的活动有效性的反馈,所以,他们尤其重视事情是如何办成的。"①

第三,质量文化是有差异的。每一所学校都有其独有的特征。从某种意义上讲,每一所学校就像每个人的人格一样,是各不相同的。但是,学校之间的差别是由诸多因素造成的。学校管理结构不同,管理效能也不同。导致学校之间的文化差异的最重要原因之一是学校内部的价值取向不同。每一所学校,随着时间流逝,那些传统文化因素开始获得意义。它有助于学校的教职员工产生归属感,并能够激发他们对学校的忠诚心。同类学校之间会拥有相同的核心价值标准,尽管这些价值标准可能通过略有不同的程序反映出来。

第四,质量文化是有一定异质性的结构。结构复杂的组织并不单独表现出某种典型的信念、价值观和行为方式,而是表现出文化的异质性。换句话说,在学校组织中,可能存在不止一种文化。一方面,正式的文化之间存在成员的理想观念和成员行为方式之间的差别,正式的文化是多样化的;另一方面,组织的不同功能团体中可能存在不同的文化,学生、教师和管理团队的文化各不相同。

---

① Birnbaum R. How College Works:The Cybernetics of Academic Organization and Leadship. New York:Jossey-Bass Inc. Publishers,1998:81.

第二节　北仑区基础教育学校质量文化的打造方式

一、开展中小学校园文化建设示范学校评估

建设健康向上的校园文化,优化育人环境,树立良好的校风学风,是陶冶学生情操、张扬学生个性、培养学生良好行为习惯的有效举措,也是学校正常运行,提高办学质量的有效保证。学校校园文化建设的内容包括:加强物质文化建设,以美化校园环境;加强制度文化建设,以强化管理机制;加强课余文化建设,以丰富校园文化生活;加强舆论文化建设,以形成优良校风;创造和谐的人际关系,以优化育人环境;营建班级文化,以营造人格培养的良好氛围。

对于学校文化建设来说,有必要成立学校文化建设领导小组和工作小组,对校园文化建设进行全面规划,制定、健全、落实各项规章制度,通过广播、宣传窗、黑板报、校园网等途径,在全校范围内征集优秀校园文化标语和征集优秀书画作品,统一装裱悬挂,开展校园文化建设各项专题活动,进行总结评比表彰。

为充分发挥校园文化建设在树立和弘扬社会主义核心价值观、扎实推进和谐校园建设、提升办学质量水平中的重要作用,促进北仑区中小学拥有体现鲜明教育内涵和特色的学校质量文化,北仑区自 2009 年开始在全区中小学中进行校园文化建设示范学校评估工作。

校园文化建设示范学校评估的具体做法包括以下两个步骤:首先,各校以上级文件精神为依托,对照《北仑区中小学校园文化建设示范学校评估标准》,认真做好"校园文化建设示范学校"的自评、自查工作。其次,自评分在90 分以上的学校可以在 2009 年 10 月 8 日前填写好《北仑区中小学校园文化建设示范学校评估标准》评分表,连同自评、自查工作总结(含亮点、特色工作)以及申请报告,报区教育局教育业务科,参加后续评审。2009 年 10月,北仑区教育局组织力量对申报学校进行评估,评选和表彰北仑区"校园文化建设示范学校"(见表 8-1)。

表 8-1　北仑区中小学校园文化建设示范学校评估标准(试行稿)

一级指标	二级指标	评估内容及参考分值	评估方式	自评(分)	评估(分)
基础建设(80分)	自然环境10分	1. 校园布局有整体规划,校内花草树木错落有致、疏密合理,校内无土不绿(除运动场),达到"春有花、夏有荫、秋有香、冬有绿"(2分)	现场查看		
		2. 校园环境整洁,地面无纸屑、墙面无污迹,食堂设施齐全,卫生整洁,从业人员操作规范,无安全事故发生;厕所整洁,冲洗及时,无异味;学生宿舍整洁有序,充满温馨(3分)	现场查看		
		3. 校内各处室布置合理,特点明显;教学楼及生活区能根据学生的年龄特点悬挂名人画像及学生的优秀艺术作品;校内行为提示语、提示牌富有学校特点(3分)	现场查看		
		4. 学生教学辅助用房精心布置,充分体现学生的年龄特征和各自的功能,有个性(2分)	现场查看		
	形象标识8分	5. 学校各种形象标志统一、美观;校徽、校旗使用规范;师生能熟唱激励师生奋进的自创校歌(3分)	随机抽查		
		6. 学校校风、学风、教风、校训主题词充分结合学校办学特色,能在校内以不同的方式进行展现,师生人人了解和熟记其内涵(3分)	问卷		
		7. 学校网站有反映学生精神生活的专题栏目;校园广播站每周一次,电视台每月一次对学生开展宣传教育,数字化校园建设推进有成效(2分)	查阅资料		
	人文环境6分	8. 学校班子成员信念坚定、团结协作、步调一致,始终能以积极的精神面貌带领学校发展(2分)	座谈		
		9. 师生关系平等、民主、和谐;教师间工作密切配合、关系融洽;学生间团结友爱、和睦相处;"四类弱势群体"帮扶有措施、有落实(2分)	座谈、查阅资料		
		10. 师生衣着端庄大方,言行文明;学生行为规范、自信、有礼貌,参加集体活动整齐有秩序(2分)	随机抽查		
	校园文化活动32分	11. 学校办学规范,教师教学认真严谨,学生学习自主愉快,无教师精神虐待、体罚学生和经常拖课现象,绝大多数教师受到学生的欢迎和认可(4分)	座谈、问卷		
		12. 学校坚持素质教育思想,不仅关心全体学生的学业进步,而且重视学生综合素质的提高,措施有力,操作规范,富有成效(2分)	查阅资料		

续表

一级指标	二级指标	评估内容及参考分值	评估方式	自评(分)	评估(分)
基础建设（80分）	校园文化活动32分	13.学校坚持利用重大节日和纪念日等开展各类主题教育，每学期3次以上（3分）	查阅资料		
		14."高中生业余党校、初中生团校、小学生队校"办学目标明确、运作规范；培训内容和培训方式能充分体现科学性、时代性、针对性和实效性；每学年学员培训不少于24课时（3分）	查阅资料学生座谈		
		15.以学校为主体已建立学校、家庭、社会三结合的"互动管理"网络；家长学校集中培训每学期不少于2次，家长参与率达到90%以上（4分）	查阅资料		
		16.学校每年举行1次艺术节、体育节、科技节活动，学生参与率达到100%；学生体育锻炼时间每天不少于1小时（4分）	查阅资料		
		17.积极开展书香校园的创建活动，以读书节、读书汇报会、读书反思交流活动、经典书籍大家读等形式广泛开展读书、读报活动，每年不少于3次，读书活动已经成为校园师生自觉的习惯（5分）	查阅资料		
		18.学校图书馆藏书量根据规定配备，并能逐年增加；有借阅制度，做到每生每两周不少于借阅1次，暑、寒假能固定时间向学生开放（2分）	查阅资料		
		19.学生社团活动内容丰富，参与面广，高中、初中每学期有1～2期引领学生精神成长的自编刊物（报刊）（3分）	查阅资料		
		20.师生积极参加社区公益活动，反响好；学校资源向社区开放，效果好（2分）	查阅资料		
	班级个性文化10分	21.每月一次主题教育活动和每周一次班队活动，能根据学生的需求进行设计，学生参与热情高（3分）	问卷、座谈		
		22.班级布置兼顾共性与个性，充分体现个性化、科学化与温馨感；墙壁、地面、黑板报成为班级展示文明形象的窗口（4分）	现场查看		
		23.小学三年级以上班级均有体现学生自主发展、自我约束、自觉行动的班级公约；班级已经形成了积极、健康的班级主流思想（3分）	现场查看		
	制度文化14分	24.学校发展规划和年度工作计划具体明确，被广大教师认可；师生严格遵守各项规章制度（2分）	查阅资料		
		25.党、工、团队组织地位受保障且作用明显；校务公开、执行好，学校重大决策和财务情况交教代会讨论和审计，教代会提案能认真落实和解决（3分）	查阅资料、座谈		

续表

一级指标	二级指标	评估内容及参考分值	评估方式	自评(分)	评估(分)
基础建设（80分）	制度文化14分	26.学校已开放学生心理咨询室并确保每周有10小时开放时间;未成年人违法犯罪预警机制、学生不良心理访谈制度、家校定期联系制度等学生成长帮扶制度齐全,效果良好;一年内无违反教师职业道德和学生违法犯罪事件发生。学生听证会等学生倾诉平台充分发挥作用(5分)	查阅资料		
		27.校本教、研、训整合力度大,机制有保障,教师参与积极性高,全体教师专业发展目标或计划有落实,教师发展性评价全面实施,学习研究氛围浓,成效大(4分)	查阅资料		
特色与成果20分	特色工作	28.有校园文化建设相关课题的行动研究,建设工作体现出时代性、创新性、先进性,创建成果获区三等奖以上或在区以上大会中进行公开交流(3分)	查阅资料		
		29.学校校园文化建设工作经验被市、省、国家级各类媒体每转载、报道1次分别加1分、3分、5分(同一信息按最高级别加分,不重复)	查阅资料		
		30.校园文化建设工作获得区、市、省、国家级集体先进荣誉称号分别加2分、4分、6分、8分	查阅资料		
	加分项目	31.近两年内学校获得区、市、省级德育工作先进集体分别加2分、3分、5分(按最高级别计算)	查阅资料		
		32.学校在每学年区、市、省体育、艺术、科技类比赛中获得团体前3名分别加1分、3分、5分(每项按最高级别计算)	查阅资料		
		33.学校近两年获得(评为)区、市、省级各类与校园文化建设相关集体先进荣誉每一项目分别加2分、3分、5分(每项按最高级别计算)	查阅资料		

在具体评比中,哪个学校如果发生下列情况,本年度示范校评估就被一票否决:(1)有学生被公安机关处以治安拘留以上处罚现象;(2)学校有师生集体中毒等重大伤亡事故发生;(3)有教师殴打、体罚和变相体罚学生事件发生;(4)发现有学生涉毒、参赌、聚众斗殴、偷盗、参加邪教等现象。

2009年,在学校自行申报的基础上,经区教育局组织相关部门进行综合评估,评定北仑中学、泰河中学、东海实验学校、九峰小学、淮河小学、蔚斗小学、白峰小学、区实验小学为北仑区首批校园文化建设示范学校。区教育局希望以上学校再接再厉,进一步凝练校园文化精神,创新机制与手段,发挥文化育人的浸润和涵化作用,在区域教育质量提升方面真正发挥应有的示范作用。

2012年9月18日至21日,区教育局对郭巨学校、新碶小学、北仑职高等 12 所中小学开展第二批校园文化建设示范学校评估验收工作。在郭巨学校，评估组首先听取了康海东校长关于校园文化建设的汇报。康海东校长从打造物质文化方面的精致的环境、构建制度文化方面的严谨的体系、营造活动文化方面的竞争的氛围、熔铸精神文化方面的敬业的灵魂、提升生态文化方面的和谐的内涵五个方面，对校园文化建设作了全面的概括。在学校自评自查的基础上，检查组查阅了相关的台账，并实地察看了校园的环境文化建设情况，通过师生访谈对学校的精神文化及活动文化进行深入了解。检查组认为，郭巨学校的校园文化建设认识到位，方案切实可行，目标也十分明确，学校还为校园文化的创建提供了丰富的载体，尤其是学校的走廊文化、墙壁文化、科研文化、课程文化等给检查组留下了深刻的印象。通过对郭巨学校等十多所学校的实地考察，区教育局评出了第二批校园文化建设示范学校。

北仑实验小学实施文化立校、文化强校策略，充分发挥学校文化对质量提升的保驾护航作用。学校文化体现在学校的自然环境、形象标识、人文环境、校园文化活动、班级个性文化、制度文化、特色工作等方面。实验小学的教师信奉一个理念，即一所好的学校，墙壁也会说话。学校是专门培养人、教育人的地方，它不仅仅是一个教室、操场的概念，同时也是一个环境、文化的理念。校园文化所营造的育人氛围无时无刻不在发挥着作用。

以校园文化建设示范学校评比活动为契机，北仑实验小学重视校园的活动文化、制度文化和精神文化建设，走内涵式发展的道路，全面推动校园文化建设上档升级。实验小学以"追求卓越，崇尚一流"的精神，着力打造"人文实小、魅力实小"百年峥嵘、薪火相承的文化品牌，大力弘扬"书香、诗香、翰香"三香校园文化，根据"简洁、美观、实用、校本"的学校文化建设的方针，加强环境文化、制度文化、班级文化、社团文化、书香文化、教学文化、课程文化等软硬件校园文化建设，取得了显著成效。

学校通过超前规划和精心设计，新布置了荣誉墙、诗歌走廊、愿景墙、大小诗人展板、社团展厅、三思箴言、文化石、文化墙、经典国学走廊、花坛等景观，使之成为学校一道亮丽的风景线。

文化墙更是学校文化追求的精髓所在，它涵盖了学校发展历史、校徽、校歌、校训、校风、教风、学风、学校精神、学校愿景、办学目标等方面内容。

各班教室外布置了文化名片，教室内布置了常规栏、特色栏、诗歌栏、竞赛栏、日积月累角、图书角、生物角、孝心角等个性化角落。

这些举措,使校园物质环境文化得到了明显的优化。

在精神文化建设方面,学校进一步明确了"文明、勤奋、活泼、向上"的校训,"严谨、规范、开创、协和"的校风,"求真、求实、求活、求精"的教风,"勤学、乐学、善学、博学"的学风;提炼了"手拉手向前走"的学校愿景;发扬"实、容、宁、司、宜"的学校精神;凝练"培养有活力的学生,造就有魅力的教师,创建有实力的学校"的办学目标;倡导"做有根的教师,当有为的学子"的师生人生价值引领;崇尚"求真、向善、尚美"的师生精神追求,贯彻"时不再来,敏而好学"的行动准则,并邀请知名校友、著名儿童文学作家鲁克先生和著名美学家於贤德教授题写,使学校精神文化建设内涵更加丰富。

近年来,实验小学在注重校园环境文化建设和人文文化建设的基础上,致力于学校文化特色的建设,把重心移位到办学哲学和精神塑造中,并延伸到学校教育的各个环节、各个部位中,以文化提升质量,以文化引领发展。通过孜孜不倦的努力,具有学校鲜明特色的学校质量文化日益彰显,受到有关领导、专家的好评和广大师生的喜爱。

北仑区小港三小的校园文化建设也颇具特色。小港三小以校园物质(环境)文化为校园文化建设的基础,以校园精神文化为校园文化建设的核心,以校园制度文化为推进校园文化建设的保证,以校园行为文化为校园文化建设的成果和外在表现。在精神文化方面,学校将办学理念融于自己的教学和德育工作中,在日常各种活动中不断强化和落实这一办学理念,给学生心理、人文和人道上的关怀。在物质文化方面,学校强化绿色校园建设,让校园的每一处景点都有人文的内涵。在环境营造方面,学校加强班级特色建设,让校园为学生的成长搭设一个发展平台,在绿色校园文化的影响下进行"自我教育",按照"清新、高雅、和谐、开放"的原则,建设优良的环境文化,让校园充满艺术性、教育性,体现出浓郁的文化气息,重点优化学校人文环境,加强学校文化设施建设,努力营造书香浓郁、文明和谐的校园文化环境。在制度文化方面,学校同时完善学校管理制度。在学生管理中,引入文明学生、文明班级评比制度,提倡学生个性张扬,在各项活动中表现、展示自己,让学生在自我管理和自我教育中得到提升。通过全体师生的共同努力,小港三小成为一所有活力、有内涵、有品位的新农村发展中有代表性的学校。

北仑区郭巨小学开展了班级文化建设评比活动,全校各班级充分展现了具有良好育人氛围的班级特色文化,营造出和谐向上的班级氛围,积极推进校园文化建设。

走进郭巨小学,一间间教室、一幅幅美丽的画卷在眼前展开,教室温馨而优雅,班级特色、学校篆刻特色文化精彩纷呈,各种栏目应有尽有,让人应接不暇,充分集聚了师生的智慧、审美情趣和艺术才华。

郭巨小学一直以来高度重视班级文化的建设,每学期不断思考、不断创新。学校要求各班集体充分发挥班级文化的育人功能,让教室里的每一块墙面都会说话,力争班班都有独创,班班都有特色;努力营造富有成长气息的班级文化氛围,提高班级生活质量,让班级成为学生学习的集体,让班级成为学生向往的乐园。

二、形成良好的学生学业质量评价机制

北仑区各义务教育阶段学校实施由教育部牵头的"中小学生学业质量分析、反馈与指导项目"。教育部中小学生学业质量分析、反馈与指导项目,旨在通过对中小学学生学业质量是否达到课程标准进行问题分析和诊断反馈,从而更有针对性地指导和改进教育教学工作。开展中小学生学业质量测评是指导中小学教学过程、提高教学工作质量和效能的重要平台,是建立规范的教育质量管理制度、开展基础教育质量管理的基础性工程,也是引导学校、社会树立正确教育质量观的必然要求。

学业质量测评工作有利于教育行政部门建立和利用中小学生学业质量动态分析系统,提高科学决策水平;有利于教研部门发扬科学精神,结合数据进行有针对性的教学研究与指导工作;有利于教育工作者树立正确的教育质量观念,改进人才培养模式,促进中小学形成"轻负担、高质量"的教学质量管理机制。

教育部中小学生学业质量分析、反馈与指导项目以国家颁布的课程标准为依据,除通过纸笔测验测查学生的学业能力外,还要通过书面问卷向校长、教师和学生调查了解学生学习背景信息。北仑区开展中小学生学业质量测评工作的主要任务是:在教育部项目组的指导与帮助下,组织好中小学学业质量测评,全面摸清学生的学业质量和教学管理的现状,明确行政决策、学校教与学中存在的问题与不足;加强测评的后续研究,改进教学管理与实施的政策、策略与方法,切实改善教学环境,提升学生的学业质量;逐步建立起基于与他人、与自己、与课程标准比较之上的动态化和本土化的中小学教学质量测评机制,以适应基础教育内涵发展和加快实现教育转型提升

的需要。

北仑区教育局成立区中小学生学业质量测评工作领导小组,负责组织实施工作。领导小组组长由时任宁波市北仑区教育局副局长的俞斌同志担任,成员由教研室、教育业务科等科室负责人和各校校长组成。领导小组下设区中小学生学业质量测评办公室(简称"区测试办"),办公室设在区教育局教研室,由张曙波、李舜静同志任办公室主任,负责项目实施的组织协调、与教育部项目组及上级部门的业务联系、项目分析报告反馈应用与整改指导、测评项目本土化研究与实施等工作。

区测试办具体管理督察好本区范围内测评学校的考务培训、试卷保密、组织实施等测评工作。测评考点原则上设在各自学校内,由校长担任主考,由主考指定考务负责人、保卫保密负责人、宣传后勤医务负责人,选聘非任课教师担任监考教师,全面安排考点的考务工作。各个学校严格按照《宁波市中小学生学业质量测评考务工作手册》(另行颁布)要求,周密计划,精心组织相关人员培训,明确操作规程,认真做好各个环节的每一项工作。

在测评工作中,北仑区中小学生学业质量测评工作领导小组提出以下三个方面的要求:

(1)学业质量测评与传统考试有明显区别。学生学业质量的测评是一种常态条件下对学生学习情况的检测,与传统考试有着根本的区别。这种测评以科学抽样为基础,反映学科教学多方面的信息,重在对学校和地区教学过程进行诊断分析,重在测评之后对学校和地区教学工作进行有针对性的指导。因此,各个学校要加大对项目测评工作宣传动员的力度。测评学校在准备测评时,不得打乱正常的教学秩序,不得停课或加班加点对抽测学生进行集中复习和辅导,不能因测评而加重学生的课业负担。

(2)正确对待和应用测评结果。对学生进行学业质量测评,旨在为改进教育教学、提高教育质量服务,为教育行政部门科学决策和教研部门指导教学服务,学业质量测评原始数据不向任何部门和个人公开,不对学生个人、学校或地区的学科测评结果进行任何形式的排名。任何教育行政部门和个人都不得擅自将测评的具体结果向社会公布。

(3)规范测评工作,严格测评纪律。测评期间,各地各校应确保参加测评师生的安全,杜绝考试作弊行为,不得向学生收取任何费用。测试、问卷试题和答题卡由宁波市教育局统一提供,其他考务和师生考试用品准备所需经费由各校承担。

就测试对象和测试内容而言,2011 年中小学生学业质量分析测试的测试对象为小学四年级学生和中学九年级(初三)学生。四年级学生参加小学语文和数学的测试,九年级(初三)学生参加中学语文、数学、英语(含听力)和科学的测试。除了通过纸笔测验测查学生的学业能力外,本次测试还将通过问卷调查了解学生学习的背景信息。问卷调查包括学生问卷(中学、小学各两种)、教师问卷(中学、小学各一种)和校长问卷,共有七种问卷。问卷对象为:参测学校所有四年级和九年级(初三)全体学生;小学四年级所有语文、数学任课教师;九年级(初三)所有语文、数学、英语任课教师和参测学校所有初中科学教师;所有参测学校的校长和主管教学的副校长。

三、积极开展学生社团建设和评比活动

北仑区还积极开展学生社团的建设和评比工作,作为学生文化建设的抓手。2010 年 11 月 25 日,北仑区教育局颁布《关于加强中小学学生社团建设的实施意见》(简称《实施意见》)。《实施意见》指出:"为进一步繁荣校园文化,转变育人模式,进一步规范和促进我区每所学校学生社团健康发展,持续推进学校'体育、艺术 2＋1 项目'建设,创设更多有利于学生自我选择和符合学生兴趣、爱好、特长的平台,培养学生主动参与、自主合作的发展意识与自我教育的能力,不断提高学生社团活动水平和学生综合素质,特开展学生社团的建设和评比工作。"

《实施意见》根据北仑区实际情况,就开展中小学学生社团建设提出以下四条意见:

第一,统一思想认识,清醒地认识到开展学生社团建设的重要性。加强中小学生社团建设,是坚持育人为本、优化育人模式的内在要求,是创新和深化未成年人思想道德建设的重要途径。中小学学生社团开展融思想性、知识性、趣味性于一体的活动,能把中小学生共同的兴趣爱好和积极性充分地调动起来,增强学校德育工作的互动性、针对性和实效性。加强中小学社团建设,是传承和培育校园文化的客观要求。社团是学生活动的主要阵地,社团建设是实施素质教育的良好途径,是开发学校课程的重要支撑,也是推进特色学校建设的有力措施。学生社团能极大地满足学生的个性发展需求,有利于学生开阔视野、增长知识、培养能力、陶冶情操。学生社团具有实践锻炼和教育功能,为学生综合素质的提高提供了广阔舞台。

第二,明确目标任务,切实明确开展学生社团建设的目的性。北仑区学

生社团建设目标包括:以"让每一位学生每学期至少参加一个学生社团"为目标,引导学生广泛参与各级各类社团活动,力争到 2012 年,全区各中小学达到每班拥有 1 个社团组织,每所学校都成为"十有学校"(即每校均有常年训练的田径队、球队、合唱队、舞蹈队、器乐队、书画社、棋类社、科技社、校园自编操和特色项目等),让每一个学生都能较好地掌握两项运动技能和一项艺术技能。学生社团建设的主要任务包括:整合教育资源,发展学生社团,创造良好条件,开展多彩活动;制定相关制度,建设管理并重,丰富校园生活,提升综合素质;积极探索学生社团工作的规范化、系统化、课程化、品牌化之路,努力把学生社团建设成为学生成长成才过程中的课外学习、实践基地和大舞台。

　　第三,完善管理机制,努力加强中小学学生社团建设的规范性。一是完善领导机制。每所学校都应该将中小学生社团活动纳入到未成年人思想道德建设的整体工作之中,建立学生社团工作领导小组,全面负责学生社团的开发建设、活动策划和组织管理等工作。实行校长负责制,分管校长任副组长,并由分管学生工作的相关部门具体管理,其他部门共同关心支持。加强学生社团骨干队伍建设,切实为学生社团配备专业指导教师,高度重视学生社团负责人的选拔培养,鼓励各校聘请专家学者、社会知名人士、专业人士和家长志愿者担任学生社团荣誉社长,指导学生社团建设,让学生在活动中与专家、名人对话,不断提高人文素养。二是加强组织建设。每所学校立足校内外实际,按照学生社团创建标准,筹划建立数量规模适当的各个年级组社团、学校中心社团、草根型社团、精品社团相互衔接的社团组织体系,确保每一位学生在校期间每学期至少参加一个学生社团,为学生搭建展示个性特长的平台,满足学生的多元化需求。组建学生社团可以由对某一方面感兴趣的同学自发联合组成,人数可多可少,也可以由学校在广泛的调查研究的基础上,根据学生的兴趣、爱好,结合学校传统项目、特色项目、素质教育实施、师资优势、研究性学习、"体艺 2+1 项目"、社会实践以及学科延伸拓展的需要,指导学生组建相关社团,争取使尽量多的学生加入社团组织,参与社团活动。三是修订制度章程。各个学校加强学生社团的自主化管理,依据《北仑区中小学生社团管理办法》,制订校本化的《学生社团管理办法》,在社团成立、审批、活动开展、权利义务、工作考核、评优奖先、监督管理、队伍建设等重点环节明确管理目标、内容、办法。学校领导要督促学生社团制定、执行《社团章程》和内部工作制度,对学生社团及其成员的行为加以规范,实现社团建设的规范化、制度化,确保学生社团健康、持续、稳定运作。

第四,开展丰富多彩的活动,讲求中小学学生社团建设的实效性。活动是社团的生命。各个学校支持和引导学生社团依据国家法律法规,按照各自的《社团章程》,结合学生年龄特点、兴趣特长,因势利导,独立自主地开展学生喜闻乐见的活动。一是活动设计方面,顺应需要,贴近生活,百花齐放,灵活多样,不拘一格。活动开展体现通俗性、高雅性、益智性和趣味性,体现校园文化特点,让学生参与活动策划、组织、总结等全部环节。二是活动领域方面,体现广泛性、多样性、实践性,有利于培养和锻炼学生多方面的素质,活动范围可以涵盖文化类、科技类、实践类、公益类、体育类、艺术类、技能类、娱乐类等多个领域。三是活动组织方面,发挥学生的主动性和创造性,提高活动的参与率和互动性,强化中小学生社团的实践环节,让每一个学生都能在社团实践活动中寻找到一个岗位、扮演一个角色、获得一份体验。突出成员主体间的精神沟通,激励学生表达观点、张扬个性,真正成为社团的主人。四是活动范围方面,体现开放性和机动性,社团活动可以定期举行,也可以随机举行,可以是校内活动,也可以深入新农村、工厂、企业、机关、社区、场馆等进行参观、考察,以增长见识。五是活动效果方面,使中小学生在社团自治自理、健康发展的过程中拓宽视野,加强交往,增强体验,提高综合素质。各个学校根据实际情况,适时举办优秀社团评比展示、社团文化节、社团活动展演等,进一步活跃社团活动,扩大社团在学生中的影响,为学生社团的发展创造条件、搭建舞台、营造氛围、注入活力。

为了更好地促进社团的建设,北仑区逐步建立和完善社团评价机制和激励机制。

就完善评价机制而言,科学全面的评价体系是实现学生主动参与社团活动、达成社团建设目标的重要保证。各所学校把学生社团活动作为学校贯彻党的教育方针,推进素质教育的重要组成部分,以育人功能、组织过程和活动效果为主要指标,以年度考核为主要方式,积极探索中小学生参与社团活动情况的考评机制,科学评定学生社团的活动和建设情况,将学生在社团活动中的表现纳入到学生综合素质评价中去,鼓励学生积极参与社团活动。

就完善优化激励机制而言,每所学校鼓励中小学生参加各种形式的社团活动,使中小学生社团活动开展正常化,活动形式多样化,活动组织规范化。学校积极创造条件,组织学生参加省内外各类相关竞赛活动,以赛促建。学校定期对表现优秀的学生社团、成效显著的社团活动、工作出色的社团负责人、积极参与社团活动的学生个体、成绩突出的社团指导教师和工作人员给予适当的表彰和奖励。从 2010—2011 学年起,区教育局对各个学校学生社团建设情况组织考核评估,原则上每两年组织一次,考评结果纳入年度综合考核。同时,每两年举办社团文化节,组织优秀学生社团展评活动,评选表彰北仑区优秀学生社团、优秀指导教师。

四、开展学校综合质量创建工作

为了形成一种积极的质量文化,北仑区相关学校着力抓好综合质量创建工作。具体做法包括以下五个:

一是提供明确的质量提升目标和测评体系。为提高学校教育质量,北仑区每所学校均制定了各个层次的质量目标和测评体系。为教职员工指定明确的质量目标是激励他们增强对质量的重视程度的重要手段。人们依靠两种力量来约束其行为,一种是外部力量,另一种是内部力量。单纯由管理层代替教职员工制定的目标以及为达到这一目标而完成的工作,被称为外部约束。质量目标包括组织目标、过程目标和工作目标。由管理层和员工共同制定的目标、由教职员工自己确定所要完成的工作,被称为内部约束。学校管理层须为教职员工提供实现其内部约束所需的环境。

二是持续关注校内外质量检测。只有不断地强调质量的重要性,才能增强全体教职工的质量意识。利用测评手段检测不同环节和方面的质量,不仅能为教职员工提供一些重要的信息,还能使他们始终保持敏锐的质量意识。各个学校除了积极参加国家、省、市、区的教育教学质量的测查外,还有意识地组织学校内部的质量检测和分析,包括课堂教学的常规性的检查、听课和学生评价。

三是学校管理层实施全面质量管理。在管理上,人们须重视质量改进工作,但是光这样还不够。为了引起整个学校相关人员的重视,最重要的是要向全体教职员工表明学校管理层对质量管理活动的执行力的关注,北仑区各个学校提出"向管理要质量,向管理要效率,向管理要效益"的口号。加强对学校教育教学的科学管理,自觉地将全面质量管理的理念和方法运用到日常工作之中,极大地促进了管理效能和水平的提高。

四是促进教职员工的个人发展和积极参与。教职员工的培训对于教职员工的个人发展来说有着十分重要的意义。北仑区校本教研、校本科研、校本管理建设蔚然成风,这些方面工作理念新、方法新、举措多,效果显著。从道理上说,要想激发教职员工改进质量的行动,先要改变教职员工的态度,进而改变教职员工的行为。但是,事实恰恰相反。只有先改变教职员工的行为,才能改变他们的态度,心理学家将这种现象叫做"认知上的不一致性"。积极参与是一个行之有效的改变教职员工行为的原则。北仑区广大学校的教职员工积极参与教育质量提升活动,并获得了新知识,感受到了质量管理的益处,取得了成就感。

五是强化对教师员工的表彰和奖励。表彰是对教职员工的出色工作表现的公开认可。奖励是指对教职员工的优异表现的物质奖励,诸如增加工资、奖金。表彰的形式多种多样,可以是一个书面的表扬,比如"你的工作做得很好"之类的表扬,也可以是适当的或者象征性的奖励。象征性的奖励可以是有形的,如一顿晚餐;也可以是无形的,如一封表扬信、送教职员工去参加正式的会议。表彰应该是真诚的,并且要符合本校的文化特点。北仑区通过完善绩效工资制和其他教师奖励机制,有效地激发了教师工作的积极性。

第三节　北仑区创建基础教育学校质量文化的特色

北仑区借助学校文化质量建设项目载体,在文化育人和质量提升方面成效斐然。几年来,区内每所学校都坚持以"文化育人、和谐发展"为核心,以"树魂立根"为重点,运用浸润、涵化和整合等方式,明确自己的办学目标和定位,构建个性鲜明又体现时代特征的学校文化,从而促进学生的个性全面发展。每所学校注重显性和隐性的学校质量文化建设,营造健康、和谐的教育氛围,为质量提升保驾护航。北仑区创建基础教育学校质量文化的特色主要体现在以下四个方面。

一、物质文化建设以信息化建设为引擎

北仑区物质文化建设方面的特色是开展数字化校园建设评估,推进学校的信息化建设步伐。

进行数字化校园建设评估工作是推进北仑区中小学教育信息化工作的一项重要内容,每所学校以此为契机,进一步提升学校教育信息化建设、配

备、管理、应用和研究水平。根据北仑区关于数字化校园建设考核评估的有关要求,至 2012 年年底,北仑区有三分之一以上中小学达到市级标准和区优秀数字化校园评估标准。每所学校在每年 3 月至 5 月间对照《关于开展全市中小学"数字化校园"达标评估工作的通知》和《北仑区中小学数字化校园建设与评估标准(试行稿)》的指标要求,自评自查并做好相关材料整理和准备工作;北仑区教学仪器与设备站在 5 月底组织人员依照《北仑区中小学数字化校园建设与评估标准》对各申报学校进行评估,并择优向市推荐和评出区级优秀校和示范校。

二、制度文化建设重视学生行为规范践行

北仑区制度文化建设方面的重要特色是实施行为规范示范学校评估。

为了认真贯彻《中共中央国务院关于进一步加强和改进未成年人思想道德建设的若干意见》精神,深入贯彻落实教育部新颁布的《中小学生守则》《中学生日常行为规范》《小学生日常行为规范》《宁波市中学生日常行为规范(试行)》和《宁波市小学生日常行为规范(试行)》,提高广大中小学生思想道德素质,形成良好的校风、学风、教风,促进学生德、智、体、美全面发展,培养社会主义事业的建设者和接班人,北仑区在中小学中开展创建"行为规范示范学校"活动(评估标准见表 8-2)。各校把创建活动作为进一步加强和改进未成年人思想道德建设的重要抓手,列入学校工作的重要议事日程,以此为契机,完善对学生的日常管理与教育,并将创建"行为规范示范学校"与文明单位(学校)建设结合起来,与"创诚信校园、做诚实学生"教育活动结合起来。各个学校在创建"行为规范示范学校"活动过程中,抓住实施过程中的教育、体验、考核、提高四个基本环节,精心设计教育活动。对认真开展"行为规范示范学校"创建活动并取得显著成绩的学校,由区教育局命名为"行为规范示范学校",并授予铜牌,进行表彰。北仑区中小学"行为规范示范学校"创建过程中,第一批申报对象原则上是已被评为区以上(含区级)文明单位(学校)的中小学,个别虽未被评为文明单位(学校)的中小学,若创建措施有力、成效显著的也可列入第一批申报"行为规范示范学校"。每年 9 月底前各校完成自查,并对照评估标准提出申报,10 月份区教育局组织力量进行检查评估,11 月底前命名好第一批"行为规范示范学校"。各个学校从实际出发制订创建规划和实施办法,确保创建活动质量。

表 8-2　北仑区中小学"行为规范示范学校"评估标准

项目	内容指标	分值（分）	得分（分）
基本要求	1.学校德育工作领导机构健全,并有专人负责《中小学生日常行为规范》的贯彻实施	2	
	2.学校有实施《规范》的教育和行动计划,全体教师在日常教育中积极向学生宣传《规范》的内容,使《规范》教育有机渗透到学科教育中去	2	
	3.学校有严明的纪律和严格的制度管理,行政值日、教师值周、班级值周体系完善	2	
	4.学校有系统、健全的对班级和学生检查、评估、考核的方法,并有效组织实施	3	
	5.学校有组织学生参加净化、绿化、美化校园的劳动制度	3	
	6.学校有健全的清洁卫生制度、节水节电制度、公物爱护制度、安全防范制度	3	
	7.学校的校风主题词明确,并在校园的醒目处加以宣传	2	
	8.学校教育与家庭教育、社会教育"三位一体"密切结合,有警校共建、军校共建、家长学校等系列制度	3	
	9.积极开展健康、有益的文体活动,除经常的课余活动外,学校能定期举行运动会、艺术节（周、月）、文艺汇演等活动	3	
	10.校广播站、电视台、网站、黑板报、墙报、宣传窗等各种宣传阵地定期开播或刊出,内容健康,富有时代特色,有教育意义	2	
	11.师生崇尚科学,反对邪教及封建迷信,远离毒品,具有正确的世界观、人生观、价值观	2	
	12.注重德育课程建设,充分发挥团队组织的作用	2	
	13.师生遵守社会公德和传统美德,诚实守信,言行一致	2	
活动效果	1.学校环境整洁、优美,墙上无脏痕,桌面无涂刻,地面无痰迹,学生具有良好的卫生习惯	3	
	2.校园内,教育、教学等课外活动秩序良好,无追逐打闹、大声喧哗等现象	2	
	3.办公室、教室、寝室用具安放有序,寝室内被褥、衣服折叠整齐,没有低级庸俗的画照	3	
	4.学生举止文明,谈吐文雅。不打架,不骂人,不说脏话,不吸烟,不喝酒,不赌博,不偷窃,不参加封建迷信或宗教活动	5	
	5.学生不唱、不听不健康歌曲,不看色情、凶杀、迷信的书刊和录像,不进营业性电子游戏室、网吧、舞厅、酒吧和音乐茶座,遵守网络道德,文明上网	5	
	6.学生勤劳俭朴、礼貌待人、尊敬师长,教学区无吃零食现象	5	

续表

项目	内容指标	分值（分）	得分（分）
活动效果	7.师生穿着、打扮整洁大方，无佩戴首饰	3	
	8.师生已养成随手关灯（电风扇）、关水龙头的习惯，校园内没有"长明灯"，水龙头不放"长流水"，无浪费粮食现象	3	
	9.良好的校风、教风、学风已形成，上课主动听讲，作业不抄袭，考试不作弊	5	
	10.校园文体活动活跃，80%学生参加课外兴趣小组活动	3	
	11.90%以上学生能讲出本校校风主题词，并能理解其意义，会唱校歌	3	
	12.除小学低年级以外的所有学生知道并理解《规范》的全部内容	3	
	13.全校师生关心国家时事政治，定时收看新闻节目。除小学低年级学生以外的所有学生能完整地独唱国歌，讲出规范地升降国旗的程序	4	
	14.学校师生遵纪守法，无违法犯罪的现象	6	
	15.学生之间相互帮助，团结友爱，真诚相待，不拉帮结伙	3	
	16.95%以上的学生成为校行为规范达标生，90%以上的班级成为校行为规范的达标班	3	
	17.学生积极参加生产劳动、社会实践和学校组织的其他活动，自觉遵守交通法规和公共秩序	3	
	18.大型集会迅速、整齐、有序、文明，不做与会议无关的事，不说与会议无关的空话	3	
特色性工作或效果			

三、组织文化建设以创建高质量学校和学习型组织为核心

北仑区组织文化建设方面的特色是开展创建高质量学校的活动和学习型组织的创建活动。

高质量学校是具有高品质的学校，北仑区在高质量学校创建过程中主要采取以下措施：（1）每所学校提出创建高质量学校的发展愿景。高质量学校须确立一种新观念，即知识面前人人平等，人人拥有足够丰富的知识和良好的发展前途。学校提供足够多样的机会，让所有学生都学会重要的、有挑战性的和有趣味的学习内容。重要的、基本的知识不仅仅是为少数尖子生

准备的,而是为所有学生准备的。不管学生所处的环境和所追求的职业理想如何不同,这些基本知识都是必须学习和掌握的。(2)教师精选学习内容。高质量学校选择和强调最重要的知识和技能。学校使学生注重理解的质量而不是呈现信息的数量。学生自觉形成独立获取知识的能力。(3)教师强调学生的积极学习。学生将被动接受知识的时间减少到最低限度,将主动学习的时间增加到最大限度。学生用更多时间,有时独立地,有时与别人一起,做实验和进行探索,自己理解所学内容,自己进行发现式学习。(4)学校强调学生的合作学习。学校将能力和水平不同的学生混合编排在一个班级里,决不按照能力高低分快慢班和分组。学生的学习不再注重竞争性的学习,学习动力主要是内源性的动力。学生以民主合作的方式进行学习。(5)教师实施多样化教学。教师以更多样的和更平衡的方式进行教学。学校提供新式教师培训和指导,以促使教师转变教学方式。(6)学生有效使用信息技术手段。学校具有切合需要的网络设施、软件资源。学生在课堂内外能便捷高效地利用信息技术工具。(7)教师对学生的个别差异作出及时有效的反应。教师将持续增长的学生文化、语言和社会经济地位方面的差异看做是机会和挑战。课程内容和教学方法均充分考虑学生的个别差异。(8)教师进行学习结果评价。教师依据知识和技能的特性决定评价方式。教师能正确地解释学生会做什么,而不是单纯依赖标准化考试的结果得出结论。(9)学校形成开放式管理和教育的气氛,使学校组织充满生气和活力。

自 2009 年开始,北仑区开展各类学习型组织的创建活动。为全面提高全区人民的整体素质和生活质量,着力推进社会主义新农村建设和构建和谐北仑,经北仑区社区教育指导委员会研究,决定在全区范围内评选 2009 年度各类学习型组织,凡符合《北仑区各类学习型组织评估指标体系》基本条件的家庭、社区、街道(乡镇)、单位、企业、行政村均有资格申报。评选项目和名额包括:(1)街道(乡镇)管辖的家庭、社区、行政村、事业单位,以街道(乡镇)评选为主,评出"学习型家庭"4800 个,评出"学习型社区"若干个,评出"学习型单位"若干个,评出"学习型行政村"若干个;(2)区管辖的事业单位、街道(乡镇),以区评选为主,评出"学习型单位"20 个,评出"学习型街道(乡镇)"2 个;(3)所有企业均由区总工会负责评选,总计评出"学习型企业"50 个。已评上学习型家庭、社区等各类学习型组织的,不参与评选。

在评选办法和程序方面,各街道(乡镇)应对辖区内的上报材料进行初审,根据实际情况和相关条件筛选并确定各类学习型组织名单,区有关单位负责评选的事业单位、街道(乡镇),若申报学习型企业、单位、示范街道(乡镇),也应填写区管辖事业单位、街道(乡镇)学习型组织申报表,并将申报材料交区社区教育学院。区社区教育指导委员会相关成员单位负责对全区上报材料进行认真审核,并在11月中旬采取听汇报、查资料、开座谈会、抽样问卷调查等方式进行评审。在各职能部门综合评审后,确定符合条件的入选名单。具体分工为:区妇联负责"学习型家庭"评估验收;区总工会负责"学习型企业"评估验收;区民政局负责"学习型社区"评估验收;区文明办负责"学习型单位"、"学习型行政村"评估验收;区教育局负责"学习型街道(乡镇)"评估验收。对评上各类学习型组织的家庭、社区、街道(乡镇)、单位、企业、行政村,区社区教育指导委员会适时予以表彰,并在相关新闻媒体上进行宣传报道。

四、精神文化建设关注质量文化经营

北仑区各中小学精神文化建设的特色是开展实施质量文化经营活动。质量文化经营活动主要包括以下五个方面:(1)创设良好的学校组织氛围。学校组织氛围是指学校组织内部的总体环境质量。良好的学校组织氛围是学校师生共同努力的结果。(2)努力促成学生、教师和校长的各个方面的行为的有序、和谐,共同追求事业和人生的成功。(3)学校评比和宣传优秀教师,借此推动学校的发展。校长和学校其他管理者真诚地对待教师,尝试为教师多做实事。校长为教师更好地完成工作提供必要的资源。校长的行为友好、开放、平等并且有支持性。(4)创设教师敬业乐群的氛围。教师们喜欢他们的同事、工作和学生,而且他们为取得优异的业绩而努力。教职员工的士气高涨,他们在完成工作的同时感觉他们的自我实现需要得到了满足。教职员工对学校里的和谐关系感到满意。(5)创设严肃有序的学习环境。学生努力学习,刻苦钻研。

北仑区每所学校积极从事质量文化经营活动,主要采取如下六个做法:(1)确定合理的发展目标。学校的办学目标是以培养人为核心的,学校的发展目标是成为有特色的学校。(2)实行民主管理。在进行具体的决策时,学校管理层综合运用不同的决策机制和手段。(3)追求卓越。学校管理层努力营造一种不断追求优异品质的学校文化,以期持续改进工作,追求质量卓越。(4)注重表现。学校根据教职员工的工作表现来对个人和团队进行考

评和奖励,时刻提醒教职员工注意自己的工作表现。(5)积累经验。学校及时有效地总结工作中的经验并加以推广。(6)形成亲密的人际关系。学校积极营造一种良好的人际关系,使得员工能够公开地交流意见和感想,提出自己的诉求,而不必担心因提意见而受到批评。

参考文献

中文文献

[1] 21世纪教育论坛组委会.基础教育再把脉.苏州:苏州大学出版社,2002.

[2] 毕淑芝,王义高.当今世界教育思潮.北京:人民教育出版社,1999.

[3] 陈新汉.评价论导论.上海:上海社会科学院出版社,1995.

[4] 陈玉琨,赵永年.教育评价.北京:人民教育出版社,1989.

[5] 陈玉琨.教育评估的理论和技术.广州:广东高等教育出版社,1987.

[6] 陈玉琨.教育评价学.北京:人民教育出版社,1999.

[7] 程书肖.教育评价方法技术.北京:北京师范大学出版社,2004.

[8] 程凤春.教育质量特性的表现形式和内容——教育质量内涵新解.教育研究,2005(2).

[9] 程培杰.教育评价与督导.沈阳:辽宁师范大学出版社,1999.

[10] 单志艳.如何进行教育评价.北京:华语教学出版社,2007.

[11] 单中惠.外国中小学教育问题史.济南:山东教育出版社,2005.

[12] 丁朝蓬.新课程评价的理念与方法.北京:人民教育出版社,2003.

[13] 厄内斯特·波伊尔.基础学校:一个学习化的社区大家庭.王晓平,等译.北京:人民教育出版社,1998.

[14] 范晓玲.教学评价论.长沙:湖南教育出版社,2008.

[15] 福斯特.质量管理:集成的方法.何桢译.北京:中国人民大学出版社,2006.

[16] 高军玉.为学习而发展:小学生电子档案袋评价研究与实践.贵阳:贵州人民出版社,2006.

[17] 高文秀,刘钧海,康健民.教学实验与评价.北京:北京师范大学出版社,2001.

[18] 格兰特・威金斯. 教育性评价. 国家基础教育课程改革"促进教师发展与学生成长的评价研究"项目组译. 北京:中国轻工出版社,1998.

[19] 龚益鸣. 现代质量管理学. 北京:清华大学出版社,2007.

[20] 顾春. 社会主义市场经济条件下的基础教育. 北京:知识出版社,1998.

[21] 顾明远. 教育大辞典(第 1 卷),上海:上海辞书出版社,1988.

[22] 郭文安,陈东升. 国民素质建构与基础教育改革. 北京:人民教育出版社,1997.

[23] 国家教育委员会基础教育司. 面向 21 世纪开创基础教育的新局面. 北京:北京师范大学出版社,1997.

[24] 国家教育委员会基础教育司. 中国小学生学习质量研究报告. 北京:人民教育出版社,1997.

[25] 洪松舟,汪琪. 区域教育质量监测的几个基础性问题的决策与思考. 当代教育科学,2009(17).

[26] 侯赛因・卡迈勒・巴哈丁. 教育与未来. 王道余译. 北京:人民教育出版社,1999.

[27] 胡玲. 教育质量的内涵、评估及改进策略——联合国教科文组织对提高教育质量的关注. 大学研究与评价,2008(11).

[28] 黄光扬. 教育测量与评价. 上海:华东师范大学出版社,2002.

[29] 季明明. 中小学教育评估. 北京:北京师范大学出版社,1997.

[30] 江泽民. 江泽民文选(第 3 卷),北京:人民出版社,2006.

[31] 姜风华. 现代教育评价. 广州:广东人民出版社,2003.

[32] 蒋建洲. 发展性教育评价制度的理论与实践研究. 长沙:湖南师范大学出版社,2001.

[33] 教育部. 国家中长期教育改革和发展规划纲要(2010—2020). 北京:人民教育出版社,2010.

[34] 教育发展与政策研究中心. 发达国家教育改革的动向和趋势(第 1 集). 北京:人民教育出版社,1986.

[35] 教育发展与政策研究中心. 发达国家教育改革的动向和趋势(第 2 集). 北京:人民教育出版社,1987.

[36] 教育发展与政策研究中心. 发达国家教育改革的动向和趋势(第 4 集). 北京:人民教育出版社,1992.

[37] 教育发展与政策研究中心. 发达国家教育改革的动向和趋势(第 5 集).

北京:人民教育出版社,1994.

[38] 教育发展与政策研究中心.发达国家教育改革的动向和趋势(第 6 集).
北京:人民教育出版社,1998.

[39] 教育发展与政策研究中心.发达国家教育改革的动向和趋势(第 7 集).
北京:人民教育出版社,2004.

[40] 金娣,王刚.教育评价与测量.北京:教育科学出版社,2002.

[41] 靳希斌.市场经济大潮下的教育改革.广州:广东教育出版社,1998.

[42] 瞿葆奎.教育学文集:教育评价.北京:人民教育出版社,1989.

[43] 克劳斯比.零缺点的质量管理.陈怡芬译.北京:生活·读书·新知三联
书店,1991.

[44] 拉塞特,维迪努.现在到 2000 年教育内容的全球展望.马胜利,高毅,丛
莉,刘玉俐译.北京:教育科学出版社,1992.

[45] 乐毅.学区学校质量管理的一种有效尝试:以美国得克萨斯州布拉索斯
伯特独立学区为例.教育理论与实践,2004(9).

[46] 李岚清.李岚清教育访谈录.北京:人民教育出版社,2003.

[47] 李雁冰.课程评价论.上海:上海教育出版社,2002.

[48] 联合国教科文组织国际教育委员会.学会生存:教育世界的今天和明
天.北京:教育科学出版社,1996.

[49] 梁红京.区分性教师评价.上海:华东师范大学出版社,2007.

[50] 刘本固.教育评价的理论与实践.杭州:浙江教育出版社,2000.

[51] 刘本固.中学教育评价.长春:吉林教育出版社,1990.

[52] 刘志军.课堂评价论.桂林:广西师范大学出版社,2002.

[53] 柳斌.柳斌谈素质教育.北京:北京师范大学出版社,1998.

[54] 吕达,周满生.当代外国教育改革著名文献(美国卷·第二分册).北京:
人民教育出版社,2004.

[55] 吕达,周满生.当代外国教育改革著名文献(美国卷·第三分册).北京:
人民教育出版社,2004.

[56] 吕达,周满生.当代外国教育改革著名文献(德国·法国卷).北京:人民
教育出版社,2004.

[57] 吕达,周满生.当代外国教育改革著名文献(苏联—俄罗斯卷).北京:人
民教育出版社,2004.

[58] 吕达,周满生.当代外国教育改革著名文献(美国卷·第四分册).北京:

人民教育出版社,2004.

[59] 吕达,周满生.当代外国教育改革著名文献(美国卷·第一分册).北京：
人民教育出版社,2004.

[60] 吕达,周满生.当代外国教育改革著名文献(日本·澳大利亚卷·第一
分册).北京：人民教育出版社,2004.

[61] 吕达,周满生.当代外国教育改革著名文献(英国卷·第二分册).北京：
人民教育出版社,2004.

[62] 吕达,周满生.当代外国教育改革著名文献(英国卷·第一分册).北京：
人民教育出版社,2004.

[63] 毛家瑞,孙孔懿.素质教育论.北京：人民教育出版社,2000.

[64] 米亚拉雷.关于大学教学论的当代思考.华东师范大学学报(教育科学
版),1994(2).

[65] 聂厚德.基础教育评价.成都：四川教育出版社,1994.

[66] 戚业国.管理创新与学校发展.西安：陕西师范大学出版社,2004.

[67] 秦玉友.教育质量的概念取向与分析框架——联合国教科文组织的研
究与启示.外国教育研究,2008(3).

[68] 任春荣.区县级教育质量监测的研究初探.中国考试,2009(2).

[69] 陕西省咸阳市教育局.义务教育督导与评估.西安：陕西人民出版
社,1991.

[70] 邵瑞珍.学与教的心理学.上海：华东师范大学出版社,1990.

[71] 沈南山,李森.美国中小学政治绩效评价制度改革及其启示——以马里
兰州绩效政策为例.比较教育研究,2009(9).

[72] 沈玉顺.现代教育评价.上海：华东师范大学出版社,2002.

[73] 唐华生.县域基础教育质量监控体系的多维构建.四川文理学院学报,
2010(5).

[74] 唐晓杰.课堂教学与学习成效评价.南宁：广西教育出版社,2000.

[75] 陶西平.教育评价辞典.北京：北京师范大学出版社,1998.

[76] 托斯坦·胡森.论教育质量.施良方译.华东师范大学学报(教育科学
版),1987(3).

[77] 王斌兴.新课程学生评价.北京：开明出版社,2004.

[78] 王德清,欧本谷.教育测量与评价学.重庆：西南师范大学出版社,2000.

[79] 王海林.现代质量管理.北京：经济管理出版社,2005.

[80] 王汉澜. 教育测量学. 开封:河南大学出版社,1987.

[81] 王汉澜. 教育评价学. 开封:河南大学出版社,1995.

[82] 王立志,李钊. 产品质量概念模型及其评价指标体系研究. 未来与发展,2010(5).

[83] 王孝玲. 教育评价的理论与技术. 上海:上海教育出版社,1999.

[84] 王义高. 当代世界教育思潮与各国教改趋势. 北京:北京师范大学出版社,1998.

[85] 王毓. 国外教育质量监控述评. 外国教育研究,1999(6).

[86] 魏冰. TIMSS 中的科学素养. 外国中小学教育,2001(1).

[87] 温州市广场路小学. 面向 21 世纪提高小学生学习质量. 杭州:杭州出版社,2000.

[88] 文喆. 论教育质量监控. 教育科学研究,2003(12).

[89] 吴钢. 现代教育评价基础. 上海:学林出版社,1997.

[90] 吴洪成. 教育质量目标构建. 重庆:西南师范大学出版社,2002.

[91] 吴文侃,杨汉清. 比较教育学. 北京:人民教育出版社,1999.

[92] 肖远军. 教育评价原理及应用. 杭州:浙江大学出版社,2004.

[93] 谢安邦,谈松华. 全国义务教育学生质量调查与研究. 上海:华东师范大学出版社,1997.

[94] 徐芬,赵德成. 成长档案袋的基本原理与应用. 西安:陕西师范大学出版社,2002.

[95] 徐辉. 当代国外基础教育改革. 重庆:西南师范大学出版社,2001.

[96] 徐勇,龚孝华. 新课程的评价改革. 北京:首都师范大学出版社,2001.

[97] 雅克·德洛尔. 教育:财富蕴藏其中. 联合国教科文组织总部中文科译. 北京:教育科学出版社,1996.

[98] 燕国材. 素质教育概论. 广州:广东教育出版社,2002.

[99] 杨明. 2003 年国际学生评价计划:评价目的、评价内容和评价方案. 课程·教材·教法,2007(6).

[100] 杨晓江. 教育评估纵论. 南京:江苏教育出版社,2007.

[101] 姚大平,汪明杰. 基础教育正在发生着深刻的变化. 合肥:合肥工业大学出版社,2005.

[102] 一帆. 澳大利亚国家评估项目. 教育测量与评价,2011(8).

[103] 于京天,王义君. 基础教育改革报告. 济南:山东教育出版社,2003.

[104] 袁振国.论中国教育政策的转变:对我国重点学校平等与效益的个案研究.广州:广东教育出版社,1999.

[105] 恽代英.构建网络环境下的区域性学习质量监测系统.浦东教育,2009(2).

[106] 翟天山.教育评价学.武汉:武汉工业大学出版社,1992.

[107] 张楚廷.素质:中国教育的沉思.武汉:华中科技大学出版社,2001.

[108] 张春莉.走向多样化的评价:小学生学习能力评价的理念、方法和实践.上海:上海教育出版社,2005.

[109] 张德伟,梁忠义.国际后期中等教育比较研究.北京:人民教育出版社,2006.

[110] 张理海.教学评价技术.沈阳:辽宁教育出版社,1988.

[111] 张卫光,孙鹏.北京市海淀区小学义务教育教学质量分析与评价研究报告.北京:北京师范大学出版社,2010.

[112] 张希仁.基础教育评价.南昌:江西高校出版社,1990.

[113] 张延明.建设卓越学校:领导层、管理层、教师的职业发展.北京:北京大学出版社,2004.

[114] 张勇,龚孝华.新课程的评价改革.北京:首都师范大学出版社,2001.

[115] 张玉田.学校教育评价.北京:中央民族大学出版社,1987.

[116] 赵洪海.面向 21 世纪中小学素质教育论纲.济南:山东教育出版社,2000.

[117] 赵中建.教育的使命.北京:教育科学出版社,1999.

[118] 中国教育年鉴编辑部.中国教育年鉴(1982—1984).长沙:湖南教育出版社,1986.

[119] 钟启泉.基础教育课程改革纲要(试行)解读.上海:华东师范大学出版社,2001.

[120] 周满生.世界教育发展的基本特点和规律.北京:人民教育出版社,2003.

[121] 朱德全,宋乃庆.现代教育统计与测评技术.重庆:西南师范大学出版社,1998.

英文文献

[1] Anthony C. US Corporate Executive Knowledge of ISO9000 Lacking Quality. Quality Progress,1993.

[2] Levine D. U. Unusually Effective Schools：A Review and Analysis of Research and Practice. School Effectiveness and School Improvement，1990(3).

[3] Deming W. E. Out of Crisis. Cambridge：MIT Press，1986.

[4] European Report of May 2000 on the Quality of School Education：Sixteen Qualily Indicators，http：//europa. eu/scadplus/leg/en/cha/c11063. htm.

[5] Feigenbaum A. Total Quality Control. New York：McGraw-Hill，1983.

[6] Julan J. M. Juran on the Quality in Past Century. Paper Presented to the ASQ Annual Quality Congress，1995.

[7] Longman Dictionary of Contemporary English. London：Longman Group Company，1978.

索　引

后　记

　　基础教育是指学生在小学、初中、高中阶段所接受的教育。对于任何一个国家来说,基础教育是一种关乎每一个国民的基本素养形成的教育。从人才培养和人力资源开发的角度看,基础教育是民族复兴和繁荣的根基。基础教育着力培养初级人才,其突出的特点是人才培养面广量大,没有好的基础教育,就难以为社会各界输送大批素质优良的熟练劳动力。一流的基础教育为后续阶段学校的人才培养奠定了坚实的基础。之所以小学、初中和高中的教育被称为基础教育,是因为这些学校担负着培养全体学生的基本素质,为他们学习做人和今后进一步接受专业教育和职业教育打好基础,为提高民族素质打好基础的光荣使命。

　　当今社会正在发生极为深刻的变革,世界政治秩序在重构之中,多极化发展轮廓初步凸显,经济全球化在波动过程中艰难前行,科技发展动力强劲、步伐迅猛,文化融合和冲突不断引向深入。我国经济社会发展处于快速推进、急剧转型、结构重组的新时期,旧的深层次的矛盾在积累的过程中有待及时化解,而新矛盾和新问题不断涌现,深化改革的呼声再次高涨。面对国内外环境施加的巨大压力和挑战,基础教育改革和发展可谓任重道远。基础教育的工作重点是全面贯彻党的教育方针,全面实施素质教育,全面提高教育质量。

　　当前,基础教育发展呈现出新的阶段性特点。随着普及九年义务教育工作的顺利推进,儿童和少年有学上的问题基本得到解决,而上好学的问题日益突出。基础教育数量增长和规模扩张的问题基本解决,但是质量提高和效益提高问题仍是一个大难题。办人民群众满意的教育,其核心是让全体人民群众都能接受合乎基本标准和要求的教育,越来越多的受教育者能享受优质教育。

　　基础教育质量是基础教育工作业绩的总体表现,它通过基础教育基础设施的优质化、课程设置和实施的合理化、课堂教学的高效化、学校管理的科学化、学校评价的有序化、学校文化的鲜活化加以展示和呈现。对学校中的师生来说，基础教育质量高就是学校的各个方面的工作适合人的需要，展示人的魅力，发挥人的作用，实现人的价值。离开了人的本质力量的自由的、全面的和充分的展示与实现，所谓的教育质量就是一种虚幻的质量。

基础教育质量对于教育的整体运行来说意义重大。质量是基础教育活动的基本要素。有质量的基础教育才是人们切实需要的教育，无质量的基础教育是空虚的教育和假劣的教育。质量是基础教育效益提高的基础。基础教育工作必须讲求成本效益和费用效果之比。无质量的基础教育是一种极大的浪费。质量是学校生存和发展的法宝。高质量是学校的生命线，有竞争，求质量，学校发展才会有压力、动力和活力；无质量的学校日渐衰落，最终会被无情地淘汰。质量是提升教育生活品质的核心因素。有质量的基础教育让人获得愉悦的享受和非同凡响的成就感；而无质量的基础教育使人压抑、郁闷、气馁和失望。

基础教育质量提升是一个系统工程，主要的提升路径包括充足的投入、合理的运作和科学的评价。就充足的投入而言，基础教育必须有足够的经费投入和物质资源保障，做到办学条件的标准化和优质化，同时，建设一支数量充足、素质高、结构合理、责任心强的教师队伍。就合理的运作而言，基础教育必须有科学的指导思想的引领，设计和使用合理的课程，进行生动有趣的教学，从事规范化的管理，开展丰富多彩的学校活动。就科学评价而言，基础教育必须引入强大的动力机制、透明的信息传输机制、奖罚分明的激励机制。而这三个机制的设计和使用无不以科学的评价的开展为基础。评价机制是指挥棒，利用得好，就能大大促成目标的及时有效的达成。

基础教育质量提升有三个根本指向：一是追求全面的质量提高，即促进全部学校的质量提高、每个教师的专业水平的提高和学生的质量提高、学生的各个方面的素质的提高和个性全面发展。二是追求持续的质量提高。质量提高不是一蹴而就的，质量提高也不是一劳永逸的，它需要人们坚持不懈的努力和长远的目标设定和达成。三是跃迁式的质量提高。质量提高不是一个线性的变化过程，它是一个在不同阶段出现质的飞跃的过程。在抓教育质量的过程中，该出手时就出手，顺应质量变化的规律性，因时因地因人制宜，则质量提高就变得简便易行。

北仑区是浙江省基础教育改革的先行者，一直以来基础教育发展都走在全省的前列。自 20 世纪 80 年代以来，在实施和普及义务教育、进行教育综合改革、区域推进素质教育、进行基础教育课程改革实验等项工作中，大胆改革，锐意创新，既推进了基础教育的全面长足发展，又形成和积累了丰富的成果和经验，是我国地方基础教育改革百花园中的一朵奇葩。

北仑区将基础教育评价改革视为促进质量提升的重要抓手，精心设计评价机制，扎实推进评价改革。北仑区在创新基础教育质量评价机制方面主要有两个基本亮点：一是建立和完善现代督导评价机制。实施发展性督导评价。督导评价的目标是办好每一所学校，让每一个学生都能享受良好的教育，而不是仅办好部分重点学校，致使不同学生接受差异过大的教育。督导评价的改革包括将督导评价的理念由注重划一的标准和要求的达成转向注重和而不同的有差异的发展，督导评价的重点从注重分数的考核转向办学水平的竞争，督导对象由注重督学转向督政和督学的有机结合，督导模式从带任务的督导转向常态化督导和发展性督导的结合。二是将课堂教学质量评价视为质量提升的关键举措。全区每所小学和中学均制定了课堂教学评价意见表。教学评价意见表设定了评价指标、评价要素、评价等级。具体指标包括教学目标、教学策略、学生活动、教学氛围、教学效果、教学特色、等级认定、教师自我反思。教学评价意见表为教师及教学人员提供衡量效果好坏的标准和信息反馈。教学评价意见表具体有如下五个特点：一是贯彻以学生为本的理念；二是综合考查教学的效果；三是将评价教师和评价学生有机地结合在一起；四是体现评价的开放性；五是评价方案简便易行。

本课题研究成果注重展示改革开放以来尤其是新课程改革以来北仑区基础教育质量提升方面的丰富多彩的新探索和新经验。本研究成果在研究方法上注重国际视野和本土实践的结合、理论分析、政策制定和实践运作的结合、经验总结和案例分析的结合。在研究内容的叙述方面，完整地展示了基础教育质量提升和评价的内在逻辑。从世界教育改革动向和趋势的角度看，各个主要发达国家均将基础教育质量提升作为基础教育发展的重中之重来抓。我国自改革开放以来，在不同时期有不同的基础教育质量改进的政策诉求，并采用不同的质量管理策略和方法。基础教育质量是一个多因素、多属性、多功能的复合体，基础教育质量评价在基础教育发展过程中发挥着重要的引导、激励和调节功能。北仑区基础教育工作推进合乎我国基础教育重大改革的节拍，在三个不同阶段实现了质量提升的跨越式发展。北仑区以发展性督导评价为手段，全力实现办人民群众满意的教育目标的实现。区内各个学校制定和实施三年发展规划，进行自我评价，并着力提升学校办学的现代化水平。每一所学校均制定了学科教学评价意见表,对教学质量进行了系统的分析和评价,同时制订了学科学生评价实施意见,全面衡量了学科教学的实际效果。北仑区在创建特色学校、建设校园文化的过程中,将学校质量文化建设作为学校文化建设的基础工程,重点管好抓好。

本课题研究成果由浙江大学教育学院博士生导师杨明教授、浙江同济科技职业学院赵凌副研究员、宁波市北仑区教育局教研室李舜静撰写,具体分工如下:第一、四、五、六、七章由杨明撰写,第二、三章由赵凌撰写,第八章由杨明、赵凌和李舜静撰写,宁波市北仑区教育局教研室张曙波和李舜静同志参加了课题研究和资料收集、整理工作。

在完成课题研究和书稿撰写之际,笔者非常感谢北仑区教育局胡小伟局长、俞斌副局长和浙江大学教育学院的徐小洲院长、刘正伟副院长对课题研究的精心组织和指导。感谢北仑区相关科室张曙波、李舜静等同志和部分学校老师在研究过程中给予的支持和帮助,感谢在本书撰写过程中所参阅的资料的作者,感谢浙江大学出版社的吴伟伟编辑在审校书稿中付出的辛劳。

编　者

2013 年 6 月

图书在版编目(CIP)数据

北仑机制:区域基础教育质量评价研究 / 杨明,赵
凌,李舜静著. —杭州:浙江大学出版社,2013.9
ISBN 978-7-308-11983-2

Ⅰ.①北… Ⅱ.①杨… ②赵… ③李… Ⅲ.①区(城
市)—地方教育—基础教育—教育质量—教育评估—宁波市
Ⅳ.①G632.0

中国版本图书馆 CIP 数据核字(2013)第 184480 号

北仑机制:区域基础教育质量评价研究

杨　明　赵　凌　李舜静　著

责任编辑　吴伟伟 *weiweiwu@zju.edu.cn*
封面设计　木　夕
出版发行　浙江大学出版社
　　　　　　（杭州市天目山路 148 号　邮政编码 310007）
　　　　　　（网址:http://www.zjupress.com）
排　　版　浙江时代出版服务有限公司
印　　刷　杭州日报报业集团盛元印务有限公司
开　　本　710mm×1000mm　1/16
印　　张　15.5
字　　数　262 千
版 印 次　2013 年 9 月第 1 版　2013 年 9 月第 1 次印刷
书　　号　ISBN 978-7-308-11983-2
定　　价　45.00 元

版权所有　翻印必究　　印装差错　负责调换

浙江大学出版社发行部联系方式　（0571)88925591;http://zjdxcbs.tmall.com